Les dessous des marques

Les dessous des marques

Une lecture des marques comme signes des mythes contemporains

Sous la direction de

Julien Féré

Directeur de la communication SNCF Voyages,
Professeur Associé au CELSA,
Docteur en Sciences de l'information et de la communication

ellipses

Pictogrammes : © bearsky23 – fotolia.com

ISBN 9782340-046160

32, rue Bargue 75740 Paris cedex 15

www.editions-ellipses.fr

Table des matières

Merci à tous mes co-auteurs pour leur engagement, leur bienveillance face à mes relances ou mes remarques et leur volonté de transmettre un peu de leurs réflexions et de leurs expériences. Vous êtes ma famille, mes amis, mes liens professionnels très proches et je suis fier que ce livre en soit le témoin.

Merci à mon éditrice et à sa maison d'édition pour leur confiance renouvelée, et leur accompagnement permanent jusqu'après « l'accouchement » livresque.

Merci à mes relecteurs et critiques au long cours, Anne, Mélanie, Margot, Pascal.

Merci à nos lecteurs – qui demeureront le plus souvent anonymes – n'hésitez pas à entrer en contact !

Introduction

« Le dessous des marques » n'est pas une suite au « dessous du marketing et de la communication ». Par suite on entend une évolution et un ajout. Ces deux opus ont conservé leur indépendance et peuvent se lire d'un seul tenant, séparément, ou l'un à la suite de l'autre dans n'importe quel ordre.

En revanche, ce deuxième projet éditorial que je mène avec les Éditions Ellipses préfigure une forme de « collection ». Des ouvrages – souvent collectifs – dédiés à l'exploration d'un thème, de ses pratiques professionnelles, de ses imaginaires, dans le champ de l'information et de la communication. Avec une approche similaire, qui mêle didactisme (des méthodologies, des décodages, des études de cas) et distance critique (regard analytique, déconstruction, prise de recul).

En réunissant des praticiens éclairés et des universitaires, cet ouvrage s'interroge sur la place des marques dans notre société contemporaine, et sur la façon de les faire exister dans un monde où les frontières de la communication semblent floues : communication commerciale (et donc marque marchande ?), communication interne (et donc marque employeur ?), communication corporate (et donc marque entreprise ?)...

Dans notre société, tout comme la personne semble recouvrir une multitude de visages (consommateur, citoyen, mari, parent, etc.), la marque semble endosser une multitude de rôles. Depuis sa fonction fondatrice, rassurer sur l'origine et la qualité constante d'un produit, jusqu'à des missions beaucoup plus contemporaines comme garder le contact avec sa communauté dans un moment de crise comme celui du Coronavirus, pendant laquelle une partie des chapitres ont été écrits.

Comme par sédimentation, ces différents rôles ne s'annulent pas, ni ne s'opposent, mais ils s'accumulent. C'est donc à une « archéologie » de la marque que je vous invite en parcourant cet ouvrage. Vous pourrez procéder comme un scientifique rigoureux, commencer par la première partie et tout lire jusqu'à la dernière ligne. Ou au contraire vous livrer à une ballade dans le temps et la vie des marques, chaque chapitre étant conçu pour accueillir un lecteur indépendamment de la macrostructure de l'ouvrage... Même si les uns et les autres se font référence et créent un discours qui dépasse le simple découpage en « parties ».

Bien que l'ouvrage challenge en grande partie la conception de la marque comme un « être vivant », une métaphore filée qui transparaît dans tous les échanges des professionnels du secteur, il s'articule autour de trois grands temps de la « vie » (parallélisme biologique dont il semble impossible de sortir !) d'une marque. Sa naissance, c'est-à-dire l'ensemble des démarches stratégiques, d'outils et de codes graphiques qui sont nécessaires à sa conception. Sa vie, c'est-à-dire les domaines dans lesquels se déploie la marque ; ses moyens de subsistance, d'existence voire d'expansion. Et enfin sa mort. Car la plupart des ouvrages de branding traitent des ingrédients nécessaires à la création de marques, quand ceux sur le plan de communication s'intéressent à la façon d'animer cette même marque. Ici, nous avons pris le parti de consacrer un plein chapitre sur les stratégies de fermeture, d'évolution ou de révolution de marque. Quand il est nécessaire et impérieux de changer pour pouvoir survivre...

Comme pour le premier opus de la collection « les dessous de... », l'ouvrage est marqué par son temps, avec de nombreux exemples et des études de cas contemporains. Mais sa visée – au-delà de cette dimension illustrative – est de proposer des façons de réfléchir, ou tout simplement d'interroger les réflexions professionnelles, pour aller à la rencontre des imaginaires puissants qui gravitent autour des marques. Une autre façon d'accéder aux mythes que nous décortiquait déjà Roland Barthes, en passant par le champ des professionnels du branding... Pour les consommateurs que nous sommes tous, une façon de passer de l'autre côté du miroir...

Préface

Si ce livre s'était intitulé *Le dessus des marques*, je n'aurais pas eu grand-chose à dire. Car, bien que les marques soient justement faites pour être vues, cette partie émergée qui pourrait sembler essentielle, m'importe peu en fait.

Ce qui est fascinant dans les marques, c'est ce que l'on ne voit pas *a priori*, ce qui n'est pas dans l'image ; c'est le comment, le pourquoi ; c'est l'histoire, l'aventure, l'accident, la rencontre, les hommes et les femmes qui sont derrière.

Je me suis intéressée aux marques assez tard, presque par nécessité.

Mon premier guide a toujours été le client, les clients. Pour réussir dans le business, l'important est avant tout d'imaginer, concevoir, puis de produire et d'offrir, au (futur) client, une offre, un produit ou un service, qui répond à ses fameux besoins, qui correspond à l'aboutissement d'une longue recherche, ou suscite un soudain coup de cœur.

Il s'agit de créer une connexion entre le produit et l'acheteur. Cette connexion fera une vente. Mais ce n'est pas suffisant, une marque va bien au-delà. Une marque engage un dialogue avec le client avant l'achat, délivre une expérience autour du produit ou du service, puis poursuit la relation bien après. Une marque crée cette relation dans la durée. Les marques digitales connaissent bien ce principe.

J'ai trouvé cela lorsque je suis arrivée chez voyages-sncf.com en 2004 : une audience exceptionnelle, un moteur de vente ultra-efficace et un marketing relationnel en explosion. Et pourtant, j'ai toujours eu un doute sur la marque. « Voyage avec un s tiret du 6 SNCF point com »... Tellement impossible à prononcer et à mémoriser que tout le monde disait VSC ! Je me suis longtemps dit que c'était un drôle de nom, qui avait le mérite d'être descriptif, mais pas vraiment une marque...

Que lui manquait-il ? Une forme de simplicité, et une intention, qui allait au-delà d'être un guichet virtuel. Nous avons décidé, en 2017, d'aller au bout de la simplicité, de faire du site le portail d'entrée et le facilitateur pour toutes les mobilités SNCF, et de créer la marque « oui.sncf ». Nous avons fortement craint la baisse de la notoriété, la perte de repère pour nos millions de clients, et la fuite du chiffre d'affaires. Sacré pari que de changer le nom du premier site de e-commerce français. Bien sûr, nous avons accompagné cette migration vers oui.sncf. Mais les clients eux-mêmes ont en réalité tout de suite adopté ce changement, comme une étape naturelle vers la maturité de ce service.

Car l'intention et l'ambition qui l'habitent constituent les fondations d'une marque, et la rendent naturelle et compréhensible pour les clients.

L'exemple qui illustre pour moi ce point, c'est la naissance de la marque TGV INOUI. Là où certains ont voulu dénoncer un subterfuge marketing [...], il s'agit en réalité d'une étape de transformation profonde de l'entreprise.

Voici l'histoire.

Faut-il changer de marque lorsque l'on s'appelle TGV ? Que l'on est mondialement connu et universellement reconnu comme le champion de la grande vitesse ferroviaire ? Et que l'on fait partie du patrimoine français, avec un taux de notoriété frôlant les 100 % ?

Non ! Il faudrait être fou.

Faut-il changer de marque lorsque l'on s'appelle TGV, que la prouesse technologique de la Grande Vitesse est devenue une commodité, que l'on est devenu un nom commun, tantôt aimé, tantôt détesté, que l'on est encore assimilé au service public bien que jamais subventionné, et que des opérateurs étrangers s'apprêtent nous concurrencer dès décembre 2021, en entrant sur le marché avec des positionnements clairs et des marques neuves et fortes ?

Oui ! Il faudrait être fou de ne pas le faire.

Ce débat pourrait nourrir un autre livre, et alimenter des discussions interminables d'experts de la marque, où chacun aurait sans doute raison.

Aucun de ces arguments n'a emporté la décision. C'est l'interne, ce sont les opérationnels qui ont fait basculer.

Car la vraie question était la suivante : comment, après 30 ans de monopole sur la grande vitesse, résister à l'arrivée de concurrents agressifs et décidés à gagner des parts de marché, et à ne pas perdre la bataille ?

Définir une promesse pour les clients, mettre en place des standards de qualité exigeants et s'y tenir, augmenter le confort, installer le wifi gratuit ; baisser les prix et être plus accessibles pour les voyageurs sensibles, mieux répondre aux voyageurs d'affaires ; délivrer un service en gare, à bord, et à distance plus attentionné, plus proactif ; produire mieux pour être plus efficace ; produire moins cher pour baisser les prix et réinvestir. Des centaines de millions d'investissement, des milliers de jours de formation, une réinvention des métiers et des process internes pour écouter le client, nous nous étions engagés à marche forcée depuis 2015 dans un programme de transformation complet de l'entreprise et de ses 20 000 salariés.

Est-ce que cela ne méritait pas qu'on lui donne un nom ?

Pour rendre visibles tous ces efforts, pour redonner de la fierté à ceux qui assurent le service au quotidien, pour changer les lunettes de voyageurs et leur faire voir que, oui, TGV a changé, il faut pouvoir l'exprimer, le dire simplement avec un mot, un emblème, bref une marque.

C'est ainsi qu'est né TGV INOUI, tout simplement pour exprimer l'engagement et la fierté de 20 000 collaborateurs auprès de 100 millions de clients.

Car une marque c'est la synthèse de tout ce que l'on veut dire aux clients, une expression condensée de l'ambition de l'entreprise. Ce n'est pas une fin en soi, c'est la construction d'un projet, c'est une aventure humaine.

Si vous lui donnez tout cela, elle vous le rendra !

Rachel Picard

Chapitre 1

Créer une marque

Dans le monde de la « start-up nation », le sujet de la création de marque est devenu le corollaire de tout projet entrepreneurial qui se respecte. Et avec la multiplication des micros structures qui fleurissent sur différents marchés, les « marques » fleurissent (et meurent) en fonction de l'évolution des secteurs, des innovations et des nouveaux usages.

Le « coût d'accès » à la création de marque a notablement baissé, rendu possible par la démocratisation des outils graphiques, une forme de vulgarisation des théories de la marque et des procédures juridiques simplifiées. Pour quelques dizaines d'euros, on peut en dix minutes protéger pour un an un nom de domaine et ses différentes extensions. Pour quelques centaines d'euros, on peut déposer un nom à l'INPI (Institut national de Protection des marques). Et pour la même somme, trouver en ligne un « graphiste » qui pourra exécuter ou créer (en fonction du prix et du profil) une approche de logo et de charte graphique.

Derrière cette hyper-accessibilité, en fait, l'écart entre les marques « officielles » et les marques « clandestines » s'est creusé. Tout le monde est capable de créer un nom, mais peu arrivent à le faire exister sur leur marché et dans la tête des consommateurs. Alors que les coûts d'entrée à la publicité ont baissé– notamment sur les réseaux sociaux, où on peut créer une campagne en ligne pour cinquante euros – la notoriété semble être de plus en plus coûteuse. Et sur les marchés en croissance (chauffeurs privés, livraison à domicile, etc.) elle s'achète à coup de millions parfois inutiles.

Comme si la prolifération des marques rendait leurs existences à toutes plus précaires. Une sorte de loi du plus fort révisée, de théorie de l'évolution qui vise à renforcer les géants. Pour s'en convaincre, il suffit d'observer sur une trentaine d'années le classement des marques mondiales dévoilé tous les ans par Interbrand qui permet de « coter » l'actif immatériel des entreprises. Certes, les géants de l'agroalimentaire se sont fait voler la vedette par les compagnies technologiques (Microsoft, Apple, Amazon, Google). Cependant, ces évolutions sont longues et les micromarques qui se lancent aujourd'hui mourront par milliers avant de donner naissance à un nouveau Google.

Le chapitre qui suit est dédié tout entier à la naissance des marques. Il ne fait pas l'économie d'une approche historique, pour bien comprendre les différents rôles des marques et la permanence du modèle qui prévalait à leur apparition. Il s'intéresse à différents secteurs : les services, le conseil, la cryptomonnaie, car aujourd'hui, que ce soit en BtoB (entre entreprises) ou en BtoC (sur des marchés tournés vers le consommateur), plus personne ne fait l'économie d'une marque. Elle permet de se valoriser et elle se valorise en fonction de la qualité du produit ou du service promu. Une « marque » de fabrique en somme...

Cette partie, tout comme les suivantes, mêle des points de vue, notamment universitaires, sur la question des marques, des débats sur des questions de société sur le rôle des marques et des récits de créations de marque. Elle ne donne pas des outils concrets pour construire cette marque (pinceaux, logiciels, etc.), mais propose des outils théoriques pour penser et peser l'importance de cet acte de création.

L'essentiel de « Créer une marque » en un clin d'œil

1.1 Rétrospective et perspective

- Le rôle de la marque dans nos sociétés contemporaines par Karine Berthelot Guiet (CELSA Paris Sorbonne)

1.2 Débats : Le statut d'une marque, difficile à définir…

- Échange : « La marque, un humain comme les autres ou une intelligence artificielle ? », échange entre Julien Féré et Mélanie Rauscher
- Échange : « Marque globale ou marques locales ? Pour ou contre la régionalisation ? », échange entre Julien Féré et Mélanie Rauscher
- Étude de cas : création de marque dans la cryptomonnaie, une petite histoire design… par Mélanie Rauscher

1.3 Méthode : Comment créer une marque ?

- Étude de cas : « La stratégie d'orchestration pour faire naître une tendance : Apérol » par Pascal Laroche (agence Premium)
- Étude de cas : « Le rôle de la marque dans le processus d'innovation. Faire naître une marque ou remotiver l'essence d'une marque existante » par Virgile Brodziak (agence Wunderman Thompson Paris)
- Étude de cas : Sopra Steria Next, créer une marque en impliquant les parties prenantes internes et externes, de la conception au reveal par Malika Kaoua (Sopra Steria Next)

1.1 *Rétrospective et perspective*

Le rôle de la marque dans nos sociétés contemporaines

Karine Berthelot-Guiet

La marque, une histoire de communication

En quelques décennies, entre trois siècles, la marque est devenue l'élément phare de la consommation. On se repère désormais peu par les fabricants, producteurs, distributeurs et commerçants mais plutôt par le phénomène de communication qui les englobe et les subsume : la marque. Après plus d'un siècle d'existence, elle remplace, symboliquement, tout un système, un univers liant la production, la mise sur le marché, la distribution et la vente. Les acheteurs vont de moins en moins dans telle boutique, tenue par telle personne dont ils apprécient la valeur des choix de marchandise, parce qu'elle la produit, la commande ou la choisit chez des grossistes ou des producteurs. Ce système de choix, de garantie de la qualité, de valorisation des marchandises, de lien tend à être concentré dans le pouvoir d'un signe, ou d'un système de signes, la marque.

Il serait cependant réducteur de ne voir dans la marque qu'un phénomène de transformations des liens entre producteurs, vendeurs et acheteurs. Pour comprendre sa place dans une société comme la société française, c'est-à-dire ou une économie capitaliste prévaut, il faut élargir le point de vue pour embrasser l'importance prise par la consommation dans tous les aspects de la vie quotidienne. La marque apparaît alors comme un système de signification qui nous permet de comprendre et de participer à la consommation dans ses aspects sociaux. La marque éduque à la consommation, enfants, adolescents et adultes de tous âges ; elle éduque plus globalement au monde qui nous entoure et aborde, dans ses propres termes, des thématiques sociales qu'elle fait ressortir tout en les banalisant.

La marque, langage, lien, médiation : acheter du sens

La marque et ses supports-porteurs de discours spécifiques, à savoir le packaging, la publicité et toutes les formes de communication qui s'y rattachent, sont le trio de médiations inventées au dix-neuvième siècle par les producteurs pour se ménager un accès presque direct aux acheteurs. Ils cherchaient ainsi à contourner, minimiser et même à supprimer le rôle tenu jusqu'alors par les détaillants, basé sur la relation forte de confiance entre l'acheteur et le commerçant. Il était, en effet, bien difficile pour les producteurs de s'assurer que les revendeurs choisissent leurs produits puis les promeuvent auprès de leurs clients. La marque, signe du producteur, le packaging, pour que le produit vendu emballé et non en vrac porte la marque, et la publicité, pour faire savoir que cette marque existe, qu'elle est de valeur et qu'elle garantit une qualité égale ou meilleure au fil du temps.

Chemin faisant, il s'agit de faire passer l'acheteur du statut de client d'un commerçant à celui de consommateur d'une marque qu'il va exiger en boutique, la réclamant parce qu'il a confiance dans le gage de qualité et de garantie qu'elle représente. La confiance dans la relation de personne à personne est peu à peu remplacée par celle que l'on donne à un signe et ce signe devient, au fil du temps, capable non seulement de se substituer symboliquement au produit mais aussi de donner de la valeur à la boutique et au commerçant qui le commercialise. Comme le dit Jean Baudrillard, les marques sont un signe de valeur qui conduit à acheter du sens. La transformation de la marchandise en signe à valeur garantie, en valeur signe met la marque au cœur du système.

Du point de vue des sciences de l'information et de la communication, la marque est, par nature, communicationnelle et doit être explorée en tant que processus et médiation, à la fois communiquée et communicante. La marque est, en même temps, un artefact économique, sémiotique, social et culturel. Elle assure la médiation marchande qui vient d'être décrite et communique une médiation sociale d'appartenance, de distinction, de différenciation, de reconnaissance sociale. La marque permet de dire aux autres à quel groupe social l'on appartient, souhaite appartenir, s'identifie et ceux dont on se distingue.

La marque permet la démonstration du savoir choisir. Dans un seul mouvement elle pose le statut social, le construit et le communique. Elle est aussi médiation symbolique en complétant ou remplaçant la valeur d'usage par une valeur de signe qui permet que l'on consomme la marque à travers ses signes autant qu'à travers ses produits, dans une forte euphémisation des aspects marchands. C'est, à ce titre, une médiation culturelle, d'un point de vue anthropologique, car elle est ancrée, d'une part, dans un système de valeurs tout en participant à sa production, et, d'autre part, car elle rend ce système compréhensible et acceptable.

La marque effectue aussi une médiation symbolique dans la mesure où elle substitue la valeur de signe à la valeur d'usage. L'objet nous importe moins, ou autant, pour l'usage que nous en faisons que pour ce qu'il dit. Au-delà, la marque est une médiation culturelle, c'est-à-dire anthropologique, car elle rend compréhensible, et ce faisant acceptable, notre environnement quotidien. Elle ancre ce dernier dans un système de valeur tout en nous en donnant la traduction.

La marque est, dans ses moyens de communication, et particulièrement dans toutes les formes de publicité, une médiation spectaculaire et ludique. Comme le souligne Jean Baudrillard, c'est un spectacle qui assure une régulation de la société au sens où les grands spectacles des monarchies comme des démocraties offrent des divertissements qui sont autant de mises en scène du pouvoir. La médiation spectaculaire fonctionne souvent conjointement avec les médiations esthétique et érotique décrites par Edgar Morin ; le jeu des trois médiations, spectaculaire-ludique, esthétique et érotique, permet à la marque d'accéder à une sorte de pouvoir de persuasion liée à l'idée de gratuité du spectacle ainsi généreusement dispensé.

La marque, dans la société contemporaine, fait sens, donne du sens, balise le sens, elle est donc profondément de nature sémiotique. En tant que médiation sémiotique, elle est une sorte de programme qui cadre les échanges et les interactions possibles. Selon Baudrillard, elle est le véritable et unique langage de la consommation, elle produit de la connivence et de l'appartenance, à la faveur de ce qu'il nomme un « impressionnisme signifiant », un phénomène de condensation du sens qui fait entrer dans le système de la marque toutes sortes d'objets, de relations et de significations éparses. La marque est un super-signe ou un méta-signe. Elle a la double fonction de signaler le produit, d'être un repère et de concentrer un ensemble de connotations émotionnelles qui servent alors son véritable but qui reste l'échange marchand, la vente.

La marque est, en même temps, l'origine des discours de la consommation et leur point de concentration qui réunit dans un tout cohérent des produits, des objets, des discours et des imaginaires en circulation. C'est une matrice sémiotique, un sens condensé surdosé qui plonge ses racines dans les grands imaginaires collectifs. Dans un mot, un signe, se condensent les grands rêves sociaux ; la marque use pour cela de discours « déjà là », qu'elle reprend. Les imaginaires, les stéréotypes, les discours communs lui permettent paradoxalement d'assurer ce rôle.

Examinons maintenant deux des rôles sociaux contemporains de la marque, à savoir sa propension à fournir des « vies mode d'emploi » et sa capacité à faire circuler des stéréotypes qui changent au fil du temps et des transformations sociales.

La marque : consommation mode d'emploi et stéréotypes

La marque contribue, depuis qu'elle existe, au déploiement à une échelle de plus en plus large du système de la consommation de masse. Elle touche tous les aspects du marché, même des aspects non marchands, et permet un repérage rapide par étalonnage, une mise en comparaison simplifiée de tous les aspects de la vie sociale, pour la maison, l'habillement, les loisirs et parfois la santé, les études, etc. La consommation permet une distinction qui repose sur les marques, balises instaurant certaines distinctions et participent à les rendent intelligibles à une large population.

Dans cette perspective, la mise en place des marques et de leurs communications, à partir du XIXe siècle, a joué et joue encore, pour la population, le rôle de livre d'image géant ou de dictionnaire encyclopédique suivant l'âge et la génération, montrant et, plus fortement, indiquant ce qui doit être consommé, pourquoi, avec quel bénéfice personnel et social. Bien que cette valeur éducative de la marque et de ses discours puisse sembler paradoxale, c'est finalement une de ses missions les plus anciennes. Ce balisage, mode d'emploi de la consommation et de la vie quotidienne, joue un rôle social majeur même s'il est motivé par le bénéfice marchand. Il a permis l'expansion de la consommation des produits d'hygiène, de gestes quotidiens et l'adoption de certains de produits de plaisir comme ce fut le cas pour le chocolat, les confiseries et les gâteaux secs au début du siècle précédent.

Ce mode d'emploi publicitaire de la vie en famille et en société proposé par les marques s'appuie également sur différents dispositifs d'apprentissage, dont les premiers furent les expositions universelles et les grandes foires (Benjamin, 1989). Les marques s'intègrent également dans les apprentissages à l'école ou chez le médecin (Marti, 2015). Dans le même temps, la publicité classique, mode de communication majeur pour les marques, ancre leurs discours dans des narrations démonstratives, distrayantes, spectaculaires, pédagogues, imaginatives, qui donnent en même temps un mode d'emploi de la société. En cela, le discours publicitaire propose, aux adultes et enfants, autant de contes qui rendent possible et garantissent la pérennité d'un vivre ensemble profondément lié à la consommation.

Prenons l'exemple contemporain de l'éducation aux thématiques liées au vieillissement et au grand âge que mène, lentement mais sûrement, un certain nombre de marques et de distributeurs depuis déjà quelques années. Il s'agit, dans ce cas, d'éduquer pratiquement toute la population, ou ce que l'on peut appeler le « grand public », pour mieux vendre aux personnes âgées.

De fait, depuis quelques années, les *baby-boomers* forment la première génération qui a atteint massivement la qualification de *senior,* tout en étant à la fois prise dans des logiques liées au statut de grands-parents et à celui d'aidants pour leurs propres parents. Du point de vue du marketing, les *baby-boomers* sont une double cible : d'abord en tant que consommateurs à fort pouvoir d'achat qui affectionnent voyages, loisirs avec leurs amis mais aussi enfants et petits-enfants et, ensuite, parce qu'ils aident leurs parents sur de nouveaux chemins de la consommation comme ceux du maintien à domicile et des moyens d'aide à la vie quotidienne.

Ces voies de consommation sont inédites car aucune génération ne les a connues et difficiles car les personnes dans le grand âge sont souvent réticentes face aux changements. C'est pourquoi il n'est pas aisé de s'adresser directement à elles ; les marques choisissent plutôt de s'adresser à leurs enfants, à savoir les *baby-boomers.* Ces derniers, alors qu'ils pourraient déjà avoir besoin des produits et services concernés, notamment à cause des changements corporels dus au vieillissement, ne se sentent pas forcément concernés. Les marques s'exercent donc au périlleux exercice qui consiste à parler du vieillissement et de produits adaptés à une population susceptible d'acheter doublement, mais qui risque de se braquer si l'on s'adresse à elle frontalement à propos du vieillissement.

Certaines marques ont commencé à contourner ce problème en présentant les produits liés au vieillissement comme des produits tout à fait classique de consommation de masse, s'adressant à un large éventail de personnes d'âges différents. La marchandisation et la massification doivent agir au plus profond en étant présentes sur tous les supports communicationnels des marques pour arriver à ce que ces *seniors* qui s'ignorent, les *baby-boomers*, se sentent concernés.

Ainsi les marques utilisent la publicité pour produire cette vie mode d'emploi et mettent en pleine lumière, à des heures de grande écoute, des thèmes parfois encore « tabous » il n'y a pas si longtemps comme les problèmes de cholestérol ou diabète jusqu'au sujet plus délicat des fuites urinaires féminines et masculines. Ces dernières voient des marques grand public comme *Always*, ou plus spécifiques comme *Téna*, communiquer aux heures de *prime-time*, montrant de très jeunes *seniors* à l'aise avec cette question. Ces marques produisent plusieurs messages : elles affirment que les questions liées à l'âge trouvent des solutions de consommation de masse, que vieillir ne veut plus dire être exclu du monde des consommateurs et que l'offre marchande sera adaptée, à la fois fiable et acceptable d'un point de vue esthétique. Ce faisant, les représentations des personnes vieillissantes se transforment, passant d'un stéréotype à un autre.

La marque est un programme sémiotique et culturel marchand qui cadre les interactions et les communications qu'elle génère et qui l'entourent. Elle met en intelligibilité une réalité complexe, en la stabilisant et en réduisant les possibles : la valeur opératoire des représentations ne fonctionne que par une énonciation stéréotypique (Berthelot-Guiet, 2013 et Kunert, 2014). Le travail sémiotique intense qui s'articule autour de la marque et de ses discours repose sur l'utilisation de discours déjà présents dans la société, de symboles bien connus et de fragments de discours déjà dits. Le recours à la stéréotypie et à l'intertextualité est indispensable pour que les récepteurs puissent construire rapidement du sens. Quelle que soit la marque, que ses discours éduquent, divertissent ou informent, ils le font *via* des stéréotypes qu'ils concourent à transformer.

Les discours à destination des *seniors* sont, à cet égard, éclairants. Il y a encore peu, les *seniors* n'étaient pas une cible marketing, ils étaient considérés comme perdus pour la consommation en général et celle des produits des nouvelles technologies en particulière. On les considérait comme englués dans des habitudes. Les *baby-boomers* ont, dans la société, transformé cette représentation et, de ce fait, les marques et la publicité ont commencé le travail de transformation du stéréotype, choisissant de représenter des personnes « pas si âgées », très dynamiques, arborant un beau bronzage constant, de magnifiques chevelures blanches et s'adonnant avec joie et sourire à des activités physiques. Le stéréotype du *senior* toujours jeune regardant avec confiance vers le futur et son pouvoir d'achat était né : au lieu de devenir vieux, ils restent jeunes. Cette nouvelle génération apparaît comme une construction socio-marketing plus acceptable, ce nouveau stéréotype chassant l'ancien.

Le rôle de la marque dans la société contemporaine est à la fois varié et majeur. Le travail de formation à la consommation et de transformation des représentations est constant, permettant à la société d'admirer le spectacle qu'elle donne d'elle-même dans le discours des marques que son système économique a engendré.

1.2 Débats : Le statut d'une marque, difficile à définir…

Échange : « La marque, un humain comme les autres ou une intelligence artificielle ? »

Mélanie Rauscher et Julien Féré

Ce texte ainsi que toutes les autres tribunes qui sont présentes dans cet ouvrage ont été publiées entre septembre 2019 et février 2020 sur le site Internet du magazine de prospective Usbek & Rica. À la demande du titre, Mélanie Rauscher et Julien Féré ont réfléchi au statut des marques dans notre société et à leur avenir, en croisant ce sujet avec les thématiques structurantes de la société : environnement, technologie, (dé)consommation, etc. Ces textes constituent des séquences « d'échanges » émaillés d'exemples concrets qui permettent de nourrir le débat sur ces grands enjeux sociétaux et d'éclairer le futur…

Algorithmes, programmatique, interfaces virtuelles, avatars, réseaux sociaux… La façon dont nous entrons en contact avec les marques est de plus en plus intangible. Alors qu'à une époque, le produit et le packaging étaient considérés comme les fondamentaux de la marque, on peut désormais se revendiquer comme « intime » de celle-ci sans jamais avoir d'interaction physique avec ses produits. Par ailleurs, la « plateformisation » de pans entiers de la consommation rend cette médiation encore plus virtuelle. Par exemple, avec Deliveroo, le client choisit un type de cuisine, plutôt qu'un restaurant.

Face à cette nouvelle donne, que vaut la bonne vieille métaphore de la marque « organisme vivant », voire humaine ? Est-on toujours dans cet artisanat biologique ? Ou bien est-ce que l'ère des plateformes a engendré la généralisation de robots automatisés, capables de s'adapter à chacun à l'aide d'algorithmes, pour créer l'illusion d'une relation personnalisée ?

La plateformisation des industries, va-t-elle tuer les marques traditionnelles ?

J. F. : Hôtellerie, livraisons à domicile, voyage, transports, coiffeurs… peu de secteurs sont épargnés par la plateformisation de leurs marchés, et l'industrie des services est touchée de plein fouet. Plus la différence entre deux propositions de valeur est faible, et plus l'industrie souffre de cette mutation. L'intérêt pour le client ? Une disponibilité immédiate et une baisse du coût net (au moins au début) en ayant recours à un intermédiaire qui mutualise toutes les offres présentes à un seul endroit. Le danger pour les marques : un alignement des prix par le bas, la perte de la relation directe avec les clients et un commissionnement des « apporteurs d'affaires » qui fait baisser les marges. Sans compter une fragilisation du *business model* qui est due à une forte dépendance à des intermédiaires qui dictent leurs règles du jeu car ils font le marché.

Pourtant, contrairement à ce que laissent entendre les scénarios catastrophes, cette plateformisation est une opportunité pour les marques. Car s'il est facile à court terme de choisir la standardisation par le bas, la différenciation (par la qualité de service, par la façon de faire, par l'expérience proposée) permet d'en sortir par le haut. En fidélisant une clientèle et en se libérant du lien de servilité, ou en devenant tellement désirable pour la plateforme que l'on renverse la relation de pouvoir.

Car cette nouvelle donne nous renvoie en fait à l'origine du mot « marque » : en anglais, « brand » appartient à la même famille que notre « brandon », ce sceau que l'on apposait sur du bétail au fer brûlant pour identifier l'appartenance. Traceur de propriété, il est bien vite l'indicateur d'une origine (d'un terroir, d'une spécialité, d'un savoir-faire) et de la constance des qualités supérieures du produit. La marque est un rempart face aux mauvaises surprises et aux déconvenues des plateformes. Derrière des offres qui paraissent standards – une nuit d'hôtel (juste un lit) ou une coupe de cheveux (quelques centimètres derrière la nuque) – se cachent mille détails qui font qu'une expérience de marque nous fait rêver ou nous fait pleurer…

M. R. : Cette émergence des plateformes a par ailleurs créé un nouveau marché et donc des nouvelles marques : les plateformes elles-mêmes ! En effet, afin de se différencier de la concurrence et gagner le coeur (et la fidélité) des consommateurs, les plateformes ont repris les mécaniques des marques dites « traditionnelles ». La plateforme ASOS est un beau cas d'école. Elle commercialise une large gamme de marques de vêtements et d'accessoires, aux prix et styles très variés. Mais elle ne se contente pas de s'occuper de la mise en relation entre une marque et son consommateur final. Elle a construit un récit de marque singulier : grâce à la richesse de son offre et la simplicité d'usage de son site, chaque client peut se créer un style unique et exprimer ainsi son individualité. C'est une marque adjuvante qui encourage l'épanouissement individuel à travers le style vestimentaire. Sa dernière campagne publicitaire, avec son accroche « Be Curious », invitait justement à explorer les possibles stylistiques. Une posture qui prend vie de façon cohérente à travers son offre, puisque ASOS propose des lignes pour chaque morphologie et portefeuille (ASOS Petite, ASOS Curvy, ASOS Maternity, ASOS White, ASOS Design, etc.). Amazon semble également prendre ce tournant : de simple médiatrice, la marque est devenue créatrice de contenus (*via* ses produits de marque Amazon). Finalement, au-delà d'une logique de volume et d'une démarche « algorithmique », nombreuses sont les marques à faire le choix de l'émotionnel. Et Julien et moi sommes d'accord là-dessus : il n'y a que ça de vrai...

Face à la multiplication des algorithmes et des suggestions, la marque est-elle en train de devenir une mosaïque multiple ?

J. F. : Ce qui change fondamentalement dans l'approche des marques – et pour cela, le numérique et la personnalisation des interfaces en sont grandement responsables – c'est le périmètre « à géométrie variable » d'une marque. Grâce aux systèmes d'achat programmatique (de la publicité adressée, en fonction des centres d'intérêts, du surf, du profil supposé de la personne), de retargeting (une pression publicitaire plus grande exercée sur les consommateurs qui ont manifesté un intérêt) et des algorithmes (une personnalisation des « suggestions » d'achat en fonction d'un profil d'acheteur ou de visiteur), l'expérience d'une marque peut être très différente d'une personne à une autre. Pour certains – ceux qu'elle a décidé d'exclure de ses « bassins d'audience » – elle sera discrète voire inaudible, pour d'autres elle deviendra soit un compagnon de vie, soit une nuisance permanente et intrusive.

En revanche, si les outils pour « approcher » les individus ont changé, le principe fondamental reste le même et est une des bases du marketing : il faut « nourrir » la relation avec les prospects les plus proches de la marque et donc intensifier les moyens qui sont mis pour entrer en contact avec eux. Ces nouvelles armes s'ajoutent aux programmes de fidélité, aux mailings et autres surprises d'anniversaire qui constituent l'arsenal de contacts. Des progrès ont été faits sur la personnalisation : soit en prenant mieux en compte un historique d'achats (pour proposer par exemple le nouveau tome d'une série qu'un client a commencé à acheter), ou pour créer des « jumeaux statistiques » qui traduisent des « chances » qu'un article vous plaise en fonction de votre historique d'achat (c'est la suggestion Deezer ou la rubrique « ceux qui ont acheté cet article ont aimé » de fnac.com).

M. R. : Une marque peut tout à fait proposer des offres personnalisées à ses clients et avoir une posture cohérente, saisissable et singulière. Netflix, par exemple, met en avant des suggestions adaptées aux préférences du client (basées sur les films/séries vues précédemment). Pour autant, l'univers autour de la marque, de son fameux « Netflix & chill », est partagé par tous, peu importe la multiplicité des expériences.

Les marques « plateformes » et technologiques sont-elles plus froides, plus robotisées que les marques « traditionnelles » ? A-t-on créé des « super-marques » transgéniques ?

J. F. : Ironie du sort? Aujourd'hui, quand on allume sa télévision durant la page de publicité, on se rend compte que la majorité des marques présentes sont des distributeurs en ligne. Amazon, Booking, etc. utilisent les « vieux » médias pour communiquer. Et la TV ne s'est jamais mieux portée ces dernières années qu'en 2019, les écrans sont saturés et la relation de force régie/client s'est inversée.

Que traduit ce phénomène? Tout d'abord que les « gisements » de prospects sur le digital s'épuisent et qu'une fois que les canaux de performance de Google ont été saturés, il est difficile de transformer plus. Mais au-delà de la logique mécaniste, que ces marques « digital natives » aspirent à être aimées et à dépasser leur statut fonctionnel. La publicité Amazon qui romance un commentaire d'internaute le montre. Au travers de l'énumération des fonctionnalités (livraison rapide, retours, etc.) la marque veut devenir incontournable dans la vie des gens en s'associant à leurs souvenirs et à leurs moments de vie les plus forts. Accéder au statut de marque à part entière qui rentre dans l'histoire de chacun et provoque des émotions. La séparation « marque traditionnelle » vs « pure player » a disparu, nous sommes revenus au temps de la mythologie de marque !

M. R. : Cette question met en opposition d'un côté la chaleur d'une relation humaine authentique, sincère, artisanale et de l'autre la froideur d'un rapport calculé, planifié, industrialisé. La réalité est bien moins binaire. Au même titre que les pure players s'inspirent des marques traditionnelles en s'ancrant dans « le réel », les marques traditionnelles se sont digitalisées pour personnaliser leurs offres grâce à la data auquel ce média donne accès. Contrairement aux idées reçues, la compréhension des parcours consommateurs permet d'enrichir l'expérience de chacun, plutôt que la dépouiller de sa charge émotionnelle. Cela peut même renforcer l'attachement à la marque, à l'instar des marques traditionnelles qui osent à présent intégrer des nouvelles technologies dans leurs boutiques. Par exemple, le concept store L'Occitane à New York a intégré une réalité virtuelle dans sa boutique, qui permet d'effectuer une balade en Provence. Technologie et émotion ne sont pas forcément contradictoires.

Pourquoi le fantasme d'une marque est-il de devenir « comme » une personne ? Pourquoi doit-on penser la marque à notre image ?

J. F. : Il y a peut-être quelque chose de divin là-dedans... ou de démiurge : Dieu créa les hommes à son image, et les hommes créent les marques comme des personnes...

Métaphore mise à part, pour moi, il y a un facteur conscient qui est que l'émotionnel est vecteur de souvenirs, et que le souvenir à une valeur importante dans la bataille concurrentielle que se lancent les marques. Cela rejoint la question précédente : en la dotant d'attributs sensibles, les professionnels du marketing et de la communication cherchent à faire grandir et perdurer la marque. En dépassant les attributs fonctionnels, ils créent des mécanismes d'attachement que Proust nous dévoile lorsqu'il évoque sa fameuse Madeleine. Au-delà des arguments rationnels (prix, goût, qualité...), le lien unique qu'une marque va réussir à créer est la meilleure barrière à la concurrence.

Plus inconsciemment, la marque est pensée comme un être humain car elle est un concept complexe. Il est toujours plus facile d'utiliser une métaphore pour parler de quelque chose d'intangible, et de comparer un concept à quelque chose que l'on connaît. Ainsi, en lui donnant une forme humaine, on permet son appropriation en interne. En lui donnant des caractères, on permet à chaque personne qui la manipule, des équipes marketing aux forces de vente, de se l'approprier et d'être cohérent. La marque humaine est un artifice qui crée de la cohésion interne et donne à chacun l'impression de donner vie à un géant. Comme ces marionnettes immenses que l'on voit parfois dans les défilés et qui sont articulées par plusieurs personnes comme si elles prenaient vie...

M. R. : Cette métaphore permet aussi de créer une entité en laquelle les consommateurs pourront avoir confiance. Effectivement, les individus font confiance à ce qu'ils/elles connaissent ou du moins à ce qui correspond à leur organisation du monde. Un outil clé utilisé dans les agences de communication pour créer une marque cohérente est la roue des archétypes. Le concept d'archétype fut élaboré par Carl Jung, psychiatre suisse, qui s'est inspiré de la mythologie grecque pour définir douze profils types existants dans le monde, soit des représentations archétypiques partagées par l'inconscient collectif. La roue, conçue par Myers-Briggs, est composée de douze profils, allant du créateur, fou du roi, rebelle, héros à l'innocent. Lorsqu'une marque reste fidèle dans toutes ses expressions (visuelles et textuelles) aux caractéristiques d'un archétype, du fait de son universalité, elle s'assure d'inspirer confiance au commun des mortels (ou du moins à sa cible de prédilection).

Échange : « Marque globale ou marques locales ? Pour ou contre la régionalisation ? »

Mélanie Rauscher et Julien Féré

Brexit, montée du nationalisme, repli sur soi... les preuves d'une société qui cherche à se protéger sont de plus en plus nombreuses. Après des années de conquête de l'Europe, d'ouverture des échanges et de mondialisation de la culture, il semble que le balancier soit reparti dans l'autre sens.

Preuve en est, de grands groupes aux marques mastodontes se sont effondrées – le groupe Danone par exemple a vu ses franchises internationales (Activia ou Actimel) reculer au profit de pépites (Les 2 Vaches, Michel & Augustin) qui prônent les valeurs du local, du raisonné et d'une communication horizontalisée, voire humanisée. Mais contrairement à la naissance de la construction des marques, au XIXe siècle, où derrière une enseigne se cachait une entreprise familiale, ces nouvelles marques locales prennent souvent le masque de la start-up pour cacher des multinationales. Ainsi, Innocent – même si ses liens avec la maison mère ne sont pas mis en exergue – est dans le giron de Coca-Cola... Quelles sont les nouvelles règles de construction des marques – locales, globales, glocales – et va-t-on vers une approche de la valeur par marché dans la construction des marques...

Pourquoi les consommateurs préfèrent le local ?

M. R. : Le local est à la mode, car les évocations qui l'entourent résonnent positivement dans l'esprit des consommateurs contemporains. Auparavant, acheter des marques internationales comme Coca-Cola, Nike, Macdonald's était la revendication d'un état d'esprit moderne, progressiste, qui croyait en un monde plus interconnecté, plus uni, plus en paix. Aujourd'hui, suite aux crises économiques consécutives et aux scandales autour des grandes multinationales, les individus se tournent vers ce qui paraît plus sûr, ce qui a fait ses preuves pour les anciennes générations : le local. De nombreux imaginaires entourent le local dans l'inconscient collectif. Le local, c'est d'abord la garantie d'une certaine traçabilité, d'une transparence sur la chaîne de valeurs. Les consommateurs sont rassurés de pouvoir savoir d'où vient un produit (son lieu, son producteur, etc.). Ainsi, les marques d'œufs ou de lait mettent en avant sur leur packaging les agriculteurs qui se cachent derrière le produit. Le local, c'est aussi la promesse d'une plus grande sincérité. Loin de l'univers de l'industrie, chaque produit est créé avec passion, amour et attention. Et *in fine*, c'est la garantie d'une plus grande qualité. Enfin, le local renvoie à une certaine spontanéité, une touche humaine qui manque en ces temps où la rencontre physique se fait de plus en plus rare. En termes de design, cela se traduit par des matériaux bruts (authenticité), par de l'imperfection (artisanat), par des formes rondes (générosité).

J. F. : Pour moi, le local est une réaction de repli face aux multiples peurs qui caractérisent notre société contemporaine. Scandales alimentaires : face à une impression de non contrôle de ce que l'on mange, les gens se disent qu'il est plus sain de manger ce qui est produit proche de soi. Besoin d'un nouveau modèle social : concurrence déloyale, coûts de main-d'œuvre plus bas, circuits alimentaires opaques, le local est une façon de se dire qu'on rétribue ceux qui sont proches de soi, voire soi-même au profit des autres – indéfinis. Peur d'une perte d'identité, le local est une façon de renouer avec des valeurs, un terroir et une façon de faire (cuisiner, manger, partager) qui nous rappellent nos racines.

Mais comme souvent dans le monde de la consommation, les industriels et les consommateurs agissent en simplifiant. Plutôt que de faire de la pédagogie sur ce que l'on peut produire en France et ce que l'on doit importer, plutôt que d'expliquer que loin ne veut pas forcément dire mal, on brandit des drapeaux français, on met en avant le *Made in France* et on surfe sur une peur, tout en l'alimentant. Je ne pense pas que le monde industriel ait lancé cette vague de repli sur soi, qui se concrétise par la montée des extrêmes en politique, ou des choix historiques comme le Brexit. Mais force est de constater que la tentation d'en profiter est trop forte, et que Marks&Spencer y va de son porc 100 % anglais, Harrys de ses œufs 100 % français et autres joyeusetés locales. Comme si le lait produit d'un côté de la frontière était meilleur que de l'autre côté...

La non-marque est-elle une réponse à ce local ?

M. R. : Lorsqu'on pense « marque », on pense au marketing, à la communication, à la manipulation des esprits... Les marques dites locales, qui se veulent dans une approche plus sincère et moins « capitaliste », se parent de codes « non-marketés », (cf. Article « L'Anti-consumérisme, un mode de consommation comme les autres? », p. 305), comme pour donner l'illusion qu'elles ne sont pas vraiment marques. Déjà, rappelons la définition d'une marque : est marque tout nom déposé. Ensuite, bien que les codes visuels évoquent l'authenticité (et l'équipe marketing qui se cache derrière est sûrement très sincère dans sa démarche), ils sont toutefois choisis et correspondent aux règles visuelles établies d'un marché. Chaque code visuel est chargé de sens, comme l'a si bien expliqué Roland Barthes, et si une marque souhaite donner à voir un récit d'elle-même juste, elle doit choisir les codes visuels adéquats. Ainsi, derrière chaque marque et territoire graphique, il existe une stratégie. Et derrière chaque papier kraft, chaque photo d'agriculteur sur une bouteille de lait et chaque petite vache qui danse sur un pot de yaourt, il y a une marque qui a réfléchi au message qu'elle souhaitait transmettre. Ainsi, même la marque la plus « non-marque », la plus locale et la plus authentique dans son revêtement, est marque... et donc stratégie de communication.

J. F. : Pour compléter la réponse de Mélanie, je pense que cette volonté d'ultra-locale non marketée se heurte à un paradoxe : tout comme Paul Watzlawick explique dans le cas de la communication « on ne peut pas ne pas communiquer », on ne peut pas ne pas marketer. Le meilleur exemple au cœur de ce paradoxe est la marque « c'est qui le patron? La marque des consommateurs ».

Au départ, une initiative louable : supprimer les intermédiaires et redonner aux producteurs le fruit des profits générés sur la vente des produits. Mais dans l'histoire qui se déploie, tout vient contredire le principe de départ de non-marque ou d'anti-marque : un logo, un nom, une baseline, et une histoire racontée aux consommateurs qui rappelle les plus belles sagas des marques classiques.

Tout comme Danette, qui pendant des années a fait l'élection du parfum des consommateurs, C'est qui le patron propose aux consommateurs de voter pour les produits qui vont rejoindre les rangs de la marque. Tout comme Loué, la marque propose une démarche de qualité et des cahiers des charges qui permettent de montrer patte blanche sur le plan de la production. Enfin, son fondateur exploite ce créneau de non-marque pour utiliser la plus vieille arme de communication des marketeurs... les relations presses, et la bonne vieille visibilité gratuite.

Alors, le summum de la non-marque, qui se déclare comme telle, est celle qui exploite de façon la plus jusqu'auboutiste les ficelles du marketing. Et sans critique car elle le fait – ou du moins elle déclare le faire – pour la bonne cause!

L'étape après l'ultra-local, c'est la personnalisation?

M. R. : Pas forcément. À son origine, être locavore dans un monde capitaliste, c'est un acte de consommation politique. Adhérer au local, c'est glorifier le collectif, au détriment de l'individu. Par mon acte d'achat, je place le pouvoir, l'harmonie et le bien-être de la communauté au-dessus du mien. Après l'ultra-local, nous pouvons imaginer un monde où chaque localité devient auto-gérée par ses habitants, (quasi) auto-suffisante et solidaire. Et si le local était un signe précurseur de l'abolition du capitalisme, de l'individualisme, de la mondialisation et l'apogée de la solidarité communautaire à petite échelle? Et pourquoi pas?

J. F. : En fait, la personnalisation de l'alimentation est déjà l'œuvre. Elle se fait au niveau du foyer – depuis longtemps – et c'est la personne responsable des achats qui était jusqu'à présent à la manœuvre de cette personnalisation. Avec la montée des modes de consommation alimentaires alternatifs (veganisme, sans gluten, bas calorie, etc.), cette consommation se fait de plus en plus individuelle et le « repas de famille » vole un peu en éclat. On fait des aménagements : des repas végétariens de temps en temps, ou des plats avec et sans viande pour un même plat, chaque personne en charge de la cuisine cherche des stratégies pour s'adapter. Dans cette logique, les marques qui arrivent à fédérer malgré les différences (alimentaires) de par leur composition et qui sont plébiscitées par toute la famille, jouent le rôle de rassembleuses. Alors plus que de local, on parle de consommation adaptée aux besoins (et aux envies – il s'agit toujours de plaisir) de chacun...

Certaines marques dérogent à la règle et revendiquent leur exotisme... pourquoi ?

M. R. : L'évasion reste un besoin primordial pour l'être humain et l'exotisme répond justement à ce désir d'ailleurs ! Du fait de son universalité et de son intemporalité, l'exotisme existera toujours et sera attendu, peu importe la tendance du moment. Toutefois, il est intéressant de voir comment l'imaginaire autour de l'exotisme et son appropriation par les marques en conséquence évoluent selon les spécificités de chaque époque. Avant les années 2000, les marques exotiques proposaient une évasion... évasive : une parenthèse enchantée sensorielle dans sa salle de bains dans un ailleurs non-identifié, tel un touriste occidental dans un hôtel standardisé All Inclusive dans les Caraïbes. Aujourd'hui, l'évasion est bien plus... locale ! Il ne s'agit plus de profiter des richesses d'ailleurs, mais plutôt de les célébrer pour leur singularité et leur authenticité. Derrière l'achat d'une noix de coco à boire (comme on peut trouver dans les rayons frais de Monoprix par exemple) ou d'un Maté, le consommateur montre au monde son ouverture d'esprit, sa curiosité pour les cultures lointaines, son désir de préserver et promouvoir les rituels de consommation d'autres localités que la sienne... (même si l'avocat a parcouru plus de 9 000 km pour arriver dans son assiette). Les marques exotiques bâtissent leur récit aujourd'hui sur cette « lointaine localité » : Bien que Patagonia soit une terre paradisiaque difficilement atteignable, cela reste un lieu existant dont l'ancrage géographique est très clair et dont il faut préserver les ressources.

J. F. : Comme souvent dans les comportements humains, il existe un effet de balancier. Alors que les consommations de produits basiques (lait, pain, farine, légumes, viandes) se cristallisent sur de l'ultra-local, l'exotisme et le multiculturalisme n'ont jamais autant panaché nos assiettes. Les rayons « exotiques » étaient cantonnés à des niches dans les supermarchés, mais la livraison à domicile démultiplie les possibles. On peut décider de passer d'un continent à l'autre en fonction des repas, et ce depuis chez soi, sans même sortir au restaurant. Et la cuisine se panache également. Les ingrédients exotiques (sauce soja, matcha, quinoa) intègrent la cuisine traditionnelle et rejoignent des recettes populaires de notre territoire.

La cuisine « fusion » n'est plus l'apanage des grands chefs : Sodebo fait des bols incas, et les rayons traiteurs utilisent le lointain pour créer des effets de variété et des effets de mode. Rana panache ses pâtes fraîches à l'infini : au curry à l'indienne, à la grecque à la feta, transcendant son italianité pour nous promettre du voyage.

Comme pour Rana qui se base sur son héritage italien traditionnel, le produit qui répond à la quadrature du cercle est celui qui nous fait voyager mais qui nous rassure sur son origine et sa composition locale. Une forme de dissociation entre les évocations (le signifié) et ce qui compose le produit (le signifiant), un oxymore origine-évocation...

Quelles sont les marques qui parviennent à être pertinentes en local tout en étant globales ?

M. R. : Les marques qui réussissent le mieux aujourd'hui sont celles qui parviennent à articuler le global avec le local. Nike, Apple, Coca-Cola... que des marques internationales qui maîtrisent parfaitement l'équilibre. La formule est simple dans la théorie, bien que complexe dans son application : Pour toucher le plus grand nombre, le récit fondateur d'une marque doit toujours avoir une portée universelle. Le dépassement de soi pour devenir son propre héro pour Nike ; la liberté d'être différent pour Apple ; le partage comme source de bonheur pour Coca-Cola. Même les grandes marques françaises qui capitalisent sur leur origine, parlent en fait de valeurs universelles. Lacoste par exemple, capitalise sur la liberté (de mouvement et d'esprit). Une valeur certes française, mais surtout universelle. Ainsi, un tel récit laisse toute la liberté, à travers le discours et les activations, de l'adapter aux réalités locales. Évian par exemple, vend à tous la promesse d'une jeunesse d'esprit et de corps éternelle. En France, tel que dépeint dans la communication (notamment le packaging), cela est possible grâce à la pureté et l'origine naturelle de l'eau. Aux USA, une culture bien plus ouverte aux innovations et bien plus friandes d'eaux modifiées (arômes, vitamines, nutriments etc.), c'est la présence d'électrolytes dans l'eau qui sert de preuve aux bienfaits de l'eau d'Evian et les campagnes de communication revendiquent cela.

J. F. : Pour moi, l'exemple archétypal est IKEA. Une marque qui ne renie pas ses origines (et qui en fait même son histoire fondatrice : le smaland), mais qui adapte son modèle en fonction de la demande et de la pertinence locale. Une marque qui vient d'un pays, d'une origine, et qui se vend comme exotique, en proposant les traditions de la Suède, ses couleurs, sa gastronomie et qui a en même temps inventé un style international, symbole de la modernité, qui s'adapte à tous les besoins et qui parle au plus grand nombre. Un panachage dans la tradition... et une preuve que pour aller quelque part et se transformer – être moderne – il faut être ancré dans ses racines...

Étude de cas : Création de marque dans la cryptomonnaie, une petite histoire design…

Mélanie Rauscher

La crypto-monnaie, un monde mystérieux et incompris pour grand nombre de personnes. Autour de cette notion, de nombreux imaginaires cohabitent : celui du digital, du darkweb, du caché, de l'illicite, du terrorisme, de la volatilité, de la spéculation, etc. Des univers d'association qui varient selon la cible. Car la crypto-monnaie, dans les 12 premières années de sa vie, n'a cessé de changer de fonction, de proposition de valeur et de clientèle. Nous allons voir le rôle déterminant de la marque dans la création des fondations de cette monnaie et son adoption grandissante par des publics aux profils mutliples.

Voici les grandes étapes de vie de la cryptomonnaie depuis sa naissance : née du mouvement cypherpunk en 2008 *via* le Bitcoin, elle séduit en premier lieu des communautés politisées, proches des mouvements crypto-anarchiques et en second lieu, des communautés de « geeks » digitaux passionnés de technologie et/ou de finance. Elle incarnait une proposition alternative, marginale, qui s'adressait exclusivement à un public de connaisseurs. Pourtant, neuf ans après la création de la première crypto-monnaie, elle sortit des tréfonds du web et attira le regard d'une cible bien plus large. En effet, en 2017, la crypto-monnaie connut une forte médiatisation et un fort engouement : de 300 dollars en octobre 2016, le Bitcoin frôla la barre des 20 000 dollars en décembre 2017 ! Cette même année, des entreprises financières naquirent avec comme volonté de la démocratiser et de permettre à tout à chacun de devenir investisseur à son tour. D'alternative au système financier actuel à jetons de transaction pour les initiés, elle se mua en outil d'investissement pour tout portefeuille. Une marche lente vers la dépolitisation et la normalisation.

À chaque étape, la marque a joué un rôle décisif dans le succès grandissant de la crypto-monnaie. Même si ce n'était pas intentionnel, le message et le design des premières marques de crypto-monnaies correspondaient bien aux aspirations de ses premiers clients dits marginaux. Les nouvelles marques financières qui se sont saisies de la monnaie tentent quant à elles d'injecter davantage de valeurs contemporaines normées, avec des designs de marque adaptés aux codes actuels.

Aujourd'hui, la crypto-monnaie est à la croisée des chemins. Elle est toujours engluée dans un récit de la marginalité, qui ne fait *a priori* pas bon ménage avec gestion de son argent. La réussite des nouvelles marques de crypto-monnaies et financières résidera dans leur capacité à faire preuve de pédagogie, à insuffler la confiance et à injecter de l'émotionnel. Une mission de taille, puisqu'il s'agit *in fine* de renouveler l'imaginaire qui entoure cette monnaie, avec des notions plus positives telles que la liberté et l'expression de soi. La crypto-monnaie doit désormais opérer une forme de renaissance.

Alors, à quoi ressemble une marque « marginale », issue de la culture digitale, qui propose une alternative au statut quo ? Ses cibles, *a priori* réfractaires au marketing, ont-elles véritablement cédé à la tentation du branding ? Quelles stratégies de marque pour passer d'un marché niche à un marché plus grand public ? Comment passer de scepticisme à enthousiasme et confiance ? À quoi ressembleront les marques de crypto-monnaies dans le futur ? De 2009 à aujourd'hui (et demain !), retour sur la petite histoire design de la crypto-monnaie.

La naissance de la crypto-monnaie : un projet politique porté par le Bitcoin

La crypto-monnaie, un projet politique alternatif rendu possible grâce à une technologie

Le Bitcoin, la première crypto-monnaie, a été créé en 2008 par un cryptographe connu sous le nom de Satoshi Nakamoto, dont l'identité (ou les identités, s'il s'agit d'un groupe) véritable reste à ce jour inconnue. Elle est aujourd'hui la cryptomonnaie de référence. Nombreux sont ceux à ne connaître que celle-ci et à confondre les deux notions. Ce n'est pas un hasard si elle a été lancée sous fond de crise financière mondiale, moment historique où nous avons vu les limites d'une dépendance vis-à-vis du système bancaire traditionnel. Le Bitcoin est né de l'ambition d'anéantir les banques centrales, les monnaies nationales. Cette monnaie veut redonner le pouvoir au peuple et permettre à chacun d'être son propre banquier. Avec une adoption massive, fini le dollar, fini l'Euro, fini le Yuan : toute transaction et échange de valeur se ferait avec le Bitcoin. Sa création prend racines dans une idéologie techno-utopique, selon laquelle les ordinateurs peuvent libérer et protéger les hommes. Une philosophie politique anti-système, crypto-anarchique et résolument révolutionnaire en somme, porté par un mouvement nommé cypherpunk.

Illustration

Comprendre la blockchain, la technologie révolutionnaire à l'origine du Bitcoin

Ce projet politique alternatif est devenu possible *via* la crypto-monnaie grâce à la technologie blockchain, un registre informatique infalsifiable qui peut être utilisé tant pour les transactions financières que pour n'importe quelle chaîne de valeurs.

Très simplement, lorsqu'une personne A veut transmettre de la valeur à une personne B, chaque étape dans la transaction est inscrite de façon immuable dans des blocs. À chaque intervention dans la chaîne de valeur, un nouveau bloc est créé. L'ensemble des interventions forme alors une chaîne de blocs, reliés les uns aux autres par un langage cryptographique. Tout est visible par l'ensemble des participants de cette chaîne. Si un pirate voulait s'infiltrer dans la transaction, il faudrait qu'il/elle modifie chaque bloc, sans se faire attraper par l'un des usagers – une mission vouée à l'échec et extrêmement difficile tant cela demanderait de temps, de cerveaux et d'énergie (électrique).

Grâce à la blockchain, la crypto-monnaie permet des transactions :

- sécurisées : Les transactions peuvent se faire directement entre individus, de façon sécurisée, de portefeuille digital à portefeuille digital. Cela est possible, car il existe un contrôle qui garantit le bon déroulement. Il est effectué tant par les utilisateurs du système et les deux partis de la transaction (grâce à la transparence sur la chaîne de blocs, ils peuvent voir s'il y a une tentative de modification des blocs existants), que par les calculs mathématiques et leur complexité (qui rendent difficile/impossible une intervention non-désirée par les deux partis). En d'autres termes, la sécurité est garantie par la puissance des machines ;
- sans intermédiaire : Ainsi, plus besoin d'instance régulatrice, tels que Paypal, Visa, sa banque privée, une banque centrale ou un gouvernement. La confiance en une autorité centrale pour garantir le bon déroulement d'une transaction bascule dans la confiance en un code mathématique et cryptographique[1]. La monnaie n'appartient par ailleurs à personne, mais bien à tous ses utilisateurs. C'est sûrement la raison pour laquelle son fondateur n'a jamais révélé son identité, car la paternité est rejetée ;
- anonymes : Enfin, les transactions en crypto-monnaie sont anonymes – ceci explique pourquoi elle a attiré des profils qui veulent agir cachés, pour financer le terrorisme ou acheter des drogues par exemple. Mais cet anonymat aide également des individus aux intentions bien moins discutables, comme les citoyens qui ne font pas confiance en leur État et souhaitent bénéficier d'un système bancaire sécurisé.

1. *The Economist*.

Le Bitcoin, le design d'une nouvelle monnaie ou d'un nouveau logo ?

La monnaie du Bitcoin, telle que nous la connaissons aujourd'hui, a été désignée en 2010, de façon collaborative entre ses utilisateurs pionniers, sur le forum Bitcointalk. C'est l'utilisateur Bitboy qui, suite à des discussions, publia une proposition design le 1er novembre 2010 qui reçut l'approbation du groupe. Il s'agit du logo tel que nous le connaissons aujourd'hui. Bien que son public pionnier ne soit *a priori* pas des spécialistes de la marque, ils ont tout même choisi de façon intuitive des signes qui portent le sens du Bitcoin de l'époque. Ils ont trouvé un équilibre entre éléments design référents et codes visuels alternatifs.

Ce n'était pas *a priori* exercice facile, car le design d'une devise répond habituellement à deux impératifs qui ne s'applique pas au Bitcoin : celui de (1) garantir son authenticité (afin de limiter sa reproduction illégale) et celui (2) d'illustrer l'identité nationale, notamment à travers les figures mythiques de la nation (les dieux, les héros, les figures historiques)[1]. La première exigence n'a pas lieu d'être, puisque la technologie blockchain empêche sa contrefaçon. La deuxième non plus, puisque le Bitcoin n'appartient à aucun groupe spécifique, au même titre qu'il appartient à tout le monde. Ainsi, au lieu de porter la mythologie d'une nation, son iconographie va plutôt refléter sa croyance en la puissance des machines. Une idéologie comme point de ralliement, une monnaie comme signe de ce même ralliement. Finalement, la devise Bitcoin a été conçue d'un point de vue design comme un logo, plutôt que comme une monnaie. Bien qu'elle reprenne les codes visuels de la monnaie, ses signes portent le sens du projet politique, de ses ambitions, de ses valeurs et de son ancrage.

Illustration

Décryptage du design du Bitcoin

bitcoin

Le Bitcoin avait pour ambition de se diffuser au plus grand nombre. Ainsi, son design a été conçu à partir de référentiels partagés par tous, afin de faciliter la compréhension du projet et son appropriation.

- Un design qui donne à voir à tous sa vocation monétaire et de s'affirmer comme nouveau référent : Pour cela, des référentiels visuels connus de tous et attribués à la monnaie ont été utilisés (le B traversé de deux barres, en référence au Dollar, la monnaie référente du système financier mondial ;

1. https://www.bilan.ch/opinions/hervé-rigal/comment-le-branding-permettra-aux-cryptomonnaies-de-faire-la-difference.

le rond orange telle la pièce de monnaie et à l'or ; une proximité visuelle et colorielle avec les marques Visa et Mastercard[1]).

- Un design qui illustre l'alternative pour le futur : Tout en s'appuyant sur l'existant, son design se devait de renouveler les codes traditionnels – ou du moins de leur apporter une subtilité qui permet de s'affirmer comme différent (le B barré orienté vers l'avant contraste avec la stabilité des monnaies traditionnelles ; l'italique du mot Bitcoin montre cet élan vers l'avant). De plus, le look&feel général très minimaliste, à l'opposé d'un design trop professionnel, trop « marketé », correspond bien également à un état d'esprit révolutionnaire, en marge des normes sociétales.
- Un design très inspiré digital pour affirmer son origine unique – une création provenant d'Internet, lieu de l'Open-Source et de la diffusion libre des savoirs. Ce logo a par ailleurs été émis sous licence libre et est donc utilisable par tous.
- Un design qui donne à voir son idéologie et projet politique : La devise – ou la signature – du Bitcoin, « Vires In Numeris » a été trouvé sur le forum Bitcointalk en 2011[2]. Une phrase latine qui se traduit par « le Pouvoir par les Nombres ». Le choix du latin n'est pas anodin – il évoque l'universalité et renvoie à un imaginaire politique démocratique. Le sens de la phrase parle de la force technologique de Bitcoin – c'est bien la puissance et la complexité des calculs mathématiques nécessaires à la création de la monnaie et la validation de ses transactions, qui garantit la solidité du réseau. Enfin, elle fait bien sûr référence à son idéologie techno-utopique, où les ordinateurs vont libérer et protéger les Hommes. À noter que cette signature a très peu de visibilité auprès du grand public aujourd'hui.

Le succès de ce design est difficile à juger. Il a réussi à devenir le code visuel référent du Bitcoin auprès d'un public déjà initié. Toutefois, il suffit de taper « Bitcoin logo » ou « Bitcoin devise » sur Google Images, pour constater que de nombreuses réinterprétations existent. C'est bien là le problème lorsqu'il n'existe pas d'entité régulatrice : son image ne peut être contrôlée. De plus, des utilisateurs reprochent à ce design de n'être qu'un logo et non pas une monnaie. Le *B dollar* n'est pas un symbole existant. Certains militent pour un changement, à l'instar de Bitcoinsymbol.org, qui propose une alternative.

1. https://journalducoin.com/guides/debuter-cryptomonnaies/petite-histoire-creation-logo-bitcoin/
2. https://journalducoin.com/guides/debuter-cryptomonnaies/petite-histoire-creation-logo-bitcoin/

Le Bitcoin, une réussite en demi-teinte

Douze ans plus tard, bien que le Bitcoin reste le référent de la crypto-monnaie, il semblerait toutefois que son projet politique ait échoué. Il n'est pas parvenu à s'affirmer comme monnaie établie, ni même comme une alternative véritablement crédible au système financier traditionnel. Cet échec est lié tant à des caractéristiques produit qu'à une marque qui n'est pas à la hauteur. Les meilleurs atouts du Bitcoin sont aussi ses plus grands défauts.

Dans un premier temps, sa liberté, grâce à l'absence d'un contrôle centralisé : Cela explique sa très forte volatilité et implique qu'il n'existe aucune protection pour l'utilisateur – si par exemple vous perdez votre clé USB dans laquelle se trouvent vos crypto-monnaies, il n'existe aucune solution pour vous. Vous avez perdu votre argent. Avant 2012 et l'arrivée d'acteurs plus sérieux comme Coinbase ou Robinhood (partie 3), cette absence de régulation s'appliquait également pour les sites permettant l'achat du Bitcoin. Quelques plateformes sortaient du lot comme E-toro, mais acheter des Bitcoins avec sa devise nationale s'avérait de façon générale compliqué, risqué et incertain. D'un point de vue marque, l'absence d'une gestion centralisée ne permet pas de garantir une cohérence dans son design et ses prises de paroles. Son propos est alors dilué, son message perd forcément en puissance.

Dans un second temps, sa sécurité, grâce à son immuabilité : Cela est rendu possible grâce au minage, un processus informatique qui permet de vérifier et enregistrer sur la blockchain toute transaction. Malheureusement, celui-ci est extrêmement polluant – en une année, c'est l'équivalent de la consommation totale d'un pays comme la Jordanie ou Sri Lanka[1]. C'est bien parce qu'il exige tant de calculs complexes réalisés par des milliers d'ordinateurs, qu'il est énergivore et donc non-piratable ! Caractéristique de plus en plus difficile à assumer en ces temps de prise de conscience du réchauffement climatique.

Enfin, bien que le design de la monnaie porte sa vision et ses valeurs, elle a été conçue par et pour une cible déjà adhérente. Très digital, un peu gimmick, comme un faux jeton, le Bitcoin n'inspire pas forcément confiance, pourtant essentielle quand il s'agit d'argent. Cela renforce l'imaginaire autour de pratiques douteuses et empêche donc une forte adhésion. Son design est dénué de valeurs plus universelles qui puissent résonner chez tous. Il n'est pas à la hauteur de ses ambitions politiques.

Aujourd'hui, le Bitcoin s'est partiellement détourné de ses ambitions politiques et est devenu davantage un placement financier, en misant sur son gain de valeur futur. L'engouement pour le Bitcoin en 2017 reposait justement sur l'espoir d'un enrichissement facile. À partir de 2011, des nouvelles crypto-monnaies sont nées et ont permis de renforcer cette utilisation spéculative, et de diversifier ses usages. D'un projet révolutionnaire d'ordre collectif, ces monnaies digitales sont devenues des outils pour réaliser des projets individuels à des fins financières.

1. https://cryptoast.fr/etude-pollution-bitcoin/

Le travail sur la marque et l'imaginaire a accompagné l'entrée dans cette nouvelle étape de vie des crypto-monnaies.

Le développement de la crypto-monnaie : naissance des Alt-coins pour accompagner l'évolution des usages

Les Alt-coins, une alternative financière adressée aux passionnés de la finance et de la technologie

À la suite de la création du Bitcoin, de nouvelles crypto-monnaies ont vu le jour : les Alt-coins, soit les coins alternatifs. Des alternatives à l'alternative, en d'autres termes. Le premier Alt-coin, Namecoin, est apparu en avril 2011. Et depuis ce jour, le taux de naissance de nouveaux Alt-coins est exponentiel. Il en existe aujourd'hui plus de 5 000. Par rapport au Bitcoin, chaque Alt-coin revendique un avantage compétitif : soit ils sont des versions améliorées d'un point de vue technologique (moindre consommation énergétique, vitesse accrue des transactions, etc.) ; soit ils proposent un nouvel usage et se spécialisent sur une thématique ; soit les deux. Dans les deux cas, l'achat d'Alt-coins est lié à une passion pour la finance, la technologie et un désir de s'enrichir, plutôt que de renverser l'équilibre financier mondial. Une démarche individualiste plutôt que collective en somme.

Leurs principaux clients sont des hommes de moins de 35 ans (donc digital natives) aux revenus élevés et travaillant dans la finance, dans l'ingénierie ou les services informatiques[1]. Ils se transforment en véritables traders derrière leurs ordinateurs : ils s'informent sur les forums dédiés, partagent leurs prévisions et développent des stratégies de placement (souvent un mélange de court et long terme, à savoir des achats et reventes d'Alt-coins fréquents mêlés à des placements plus durables, notamment sur le Bitcoin et les Alt-coins les plus connus). Une cible experte, niche et séduite par le produit et l'activité spéculative dans toute sa complexité. Les principales marques des Alt-coins s'adressent clairement à eux.

Les plus connues aujourd'hui sont l'Ether, le Litecoin, Ripple, Zcash, Tether pour n'en citer que quelques-unes[2]. Chacune revendique un avantage concurrentiel par rapport au Bitcoin : Litecoin réduit le temps de minage des blocs et donc la vitesse des transactions ; ou encore Ether est une devise qui permet de faire des levées de fonds (ce qui est appelé un ICO) pour un projet plus large autour d'applications décentralisées, basé sur la technologie blockchain, le « smart contract ».

1. https://www.verdict.co.uk/who-buys-cryptocurrency/
2. https://www.bilan.ch/economie/ces_cryptos_qui_rapportent_plus_que_le_bitcoin

Illustration

Analyse du design des principaux Alt-coins

Litecoin Zcash Ethereum Tether

Tout comme le Bitcoin, chaque coin est un symbole ou une lettre dans un rond, comme des logos de marque. Le design et le discours de ces marques reposent sur les caractéristiques du produit ou la technologie et font souvent référence au Bitcoin. Le nom Litecoin dit simplement qu'il est une version « allégée », à savoir moins énergivore, que le Bitcoin. Le token de ZCash ressemble de loin à celui du Bitcoin, avec un design très minimaliste, digital et gimmick. Les noms comme Ethereum ou Tether évoquent la technologie, voire des galaxies parallèles de l'ordre de la science-fiction. L'insigne dans le logo d'Ethereum est par ailleurs un losange, forme géométrique qui renvoie aux mathématiques, aux calculs. Des attributs de marques rationnels, centrés sur le produit, suffisant pour affirmer l'expertise de l'entreprise et conserver ainsi une clientèle naturelle déjà initiée. Toutefois, leur développement potentiel semble limité tant que leur récit n'évoquera pas le bénéfice pour le consommateur final. Sans évolution de la marque vers une dimension plus émotionnelle et une approche plus pédagogique, l'utilisation des Alt-coins ne pourra se diffuser à grande échelle.

Les Alt-coins, des « tokens » identitaires représentatifs des communautés digitales

Au-delà d'une logique individualiste, la cryptomonnaie et son océan de coins soudent une communauté digitale autour d'un centre d'intérêt commun. Au fur et à mesure du développement des Alt-coins, des micro-communautés sont nées.

Les *aficionados* de la cryptomonnaie ont des espaces de discussion dédiés, comme le forum Bitcointalks.com ou reddit.com, site web communautaire fondé en 2005, qui proposait à l'origine du contenu autour de la programmation et de la science[1]. Ils ont même leur propre langage à base de références technologiques, futuristes, de cliparts et de mèmes, inspirés de la culture geek digitale.

1. https://fr.wikipedia.org/wiki/Reddit

Illustration

La culture geek cryptographique

Voici quelques exemples de cette culture cryptographique, décalée et humoristique :

- le mème autour de Carlos Matos, un investisseur new-yorkais qui a fait une présentation très exubérante et enthousiaste de la cryptomonnaie Bitconnect ;
- l'expression « To The Moon » ou son alternative l'emoji fusée, qui signifie que le prix d'une crypto-monnaie monte soudainement et très rapidement ;
- l'image d'un indien entièrement revêtu d'or, pour se moquer des acheteurs d'Alt-coins qui disent être « in it for the tech » (soit qu'ils investissent simplement par passion pour la technologie) et non pour le gain potentiel ;
- l'expression « When Lambo » pour signifier qu'il est justifié de vendre ses crypto-monnaies. Elle vient d'un certain Peter Saddington qui avait investi en 2011 1 000 Bitcoins pour quelques dollars et qui a pu grâce à leur revente 6 ans plus tard s'acheter une Lamborghini.

Ces références partagées créent une culture de groupe. Les Alt-coins servent d'outils pour symboliser cette appartenance communautaire et affirmer sa singularité. Au sein même de la grande famille de la crypto-monnaie, des micro-communautés se sont constituées et les Alt-coins sont ses signes de ralliement. Telles des équipes de foot, les adeptes vont appartenir à la team Bitcoin, la team Ethereum, la team Litecoin, etc. Sur les forums de discussion, chaque équipe va s'affronter, argumenter pour justifier de la supériorité de sa monnaie et bien sûr investir pour influencer le cours de l'histoire. D'autres Alt-coins se sont développés pour soutenir des communautés déjà existantes, toujours avec un fond d'humour, à l'instar du Cagecoin, une monnaie pour les fans de l'acteur Nicolas Cage. En termes de design, l'inspiration digitale et l'auto-dérision sont fortement présentes. Ou le womencoin, une cryptomonnaie réservée aux femmes qui milite pour l'égalité. En parallèle du signe de ralliement qu'ils incarnent, des nouveaux usages se sont développés, comme le Bootycoin, pour acheter de la pornographie en tout anonymat. Au-delà de sa valeur financière, les monnaies digitales ont une valeur identitaire. Des marques comme toutes les autres qui permettent à tout un chacun d'affirmer son individualité et les spécificités de son groupe.

Illustration

Analyse du Dogecoin

Un coin devenu mythique illustre parfaitement la culture de l'auto-dérision de cette communauté digitale : Le Dogecoin[1]. Il est né en décembre 2013, d'une « private joke » entre initiés de la cryptomonnaie. Sur un forum, deux individus ont eu l'idée de créer une monnaie à partir du célèbre mème Internet « Doge » avec le chien Shiba Inu. Contre toute attente, son succès fut fulgurant : il a atteint une capitalisation à hauteur de 2 milliards de dollars en 2018 et est aujourd'hui la 29e cryptomonnaie en termes de valeur.

Cette réussite s'explique d'abord par le design de la marque : sur le site et le jeton se mêle le Doge avec son regard affolé et la célèbre police Comic Sans. Une reprise des codes et du langage humoristique d'une communauté niche qui a permis de créer de la proximité, de cultiver de la complicité et d'inviter à l'appropriation.

Ensuite, elle a également séduit un grand nombre, car un usage unique s'est développé naturellement. Dans la culture Internet, rien n'est imposé par une entité supérieure – c'est bien l'utilisation spontanée des internautes qui va en définir sa fonction. Puisque ce coin part d'une blague, il n'a pas été compris comme étant un investissement permettant de s'enrichir, mais plutôt comme un outil de transaction pour des micropaiements. Les transactions n'excèdent donc pas les 10 euros. Et cette crypto-monnaie est devenue un outil pour les internautes pour se récompenser mutuellement d'une publication ou commentaire jugés de qualité, notamment sur le forum Reddit. Finalement, elle a dépassé sa fonction première d'échange de valeurs. Elle est devenue badge de reconnaissance de valeur et symbole d'appartenance à la famille digitale.

1. https://www.thecointribune.com/actualites/dogecoin-le-cousin-deglingue-de-bitcoin-btc/

Les Alt-coins, des marques communautaires à fort potentiel

Il est envisageable que dans le futur (si la technologie évolue et se libère des contraintes actuelles évoquées plus haut), les marques les plus connues lancent à leur tour leur propre coin. Celui-ci pourrait endosser plusieurs fonctions : servir d'outil de transaction pour acheter les produits ; remplacer la carte de fidélité et permettre au client de bénéficier de remises spéciales ; inviter les consommateurs à participer aux projets de développement ou aux initiatives diverses de la marque. Cela permettrait de cultiver et renforcer la relation avec la marque. Des marques comme Kodak ou Reddit se sont déjà lancées dans la course : en 2018, Kodakcoin est lancé, « une crypto-monnaie photo-centrée permettant aux photographes et aux agences de mieux contrôler la gestion des droits d'image[1] ». Lancés en mai 2020, les deux tokens $MOONS et $BRICKS[2] de Reddit permettent aux utilisateurs du forum d'avoir accès à des fonctionnalités premium, comme des emojis personnalisés.

Toutefois, bien que les Alt-coins aient montré la voie vers des usages plus diversifiés que la monnaie « mère » et le potentiel pour les marques, ils n'ont pas résolu tous les problèmes permettant une adhésion massive. Cette culture digitale qui inonde cet univers, marquée par l'humour et l'autodérision, a desservi à bien des égards la crédibilité de la crypto-monnaie. De nombreux « shitcoins » comme ils sont appelés dans le milieu – à savoir des coins sans valeur, soit parce que ce sont des blagues entre amis, soit parce que ce sont des escroqueries – existent dans l'écosystème. Le site deadcoins.com répertorie tous les projets morts : en janvier 2020, ils étaient environ 1 800[3].

La problématique de la confiance, essentielle pour une adoption massive, n'est alors toujours pas résolue. Bien que les marques d'Alt-coins soient allées un peu plus loin que le Bitcoin – dépassement d'une approche centrée produit pour s'approprier des codes appartenant à leur cible – elles n'ont tout de même pas développé de récit : elles ne proposent pas une vision unique pour le monde, un idéal vers lequel tendre. La dimension aspirationnelle avec une résonance plus universelle manque toujours. À partir de 2012, des entrepreneurs issus de la finance ont commencé à voir le potentiel des crypto-monnaies, ainsi que ses freins. Ils se sont alors lancés le défi de démocratiser son usage, avec une prise de conscience progressive de l'importance du rôle de la marque.

La démocratisation de la crypto-monnaie ? : une ambition portée par le secteur bancaire et financier

À partir de 2012, de nouveaux acteurs « crypto-friendly » sont apparus sur le marché : des plateformes de trading comme Coinbase ou Bitpanda, soit des intermédiaires qui sécurisent, facilitent et conservent l'achat des

1. https://www.latribune.fr/entreprises-finance/banques-finance/industrie-financiere/folie-des-crypto-monnaies-meme-kodak-lance-son-kodakcoin-764100.html
2. https://cryptonaute.fr/reddit-deploie-deux-tokens-de-recompense-sur-ethereum/
3. https://cointelegraph.com/news/dead-coins-and-wallets-the-treasures-of-atlantis-or-zombie-uprising

crypto-monnaies ; ou des néo-banques, comme Revolut ou N26, qui proposent à leurs clients d'investir leurs fonds en parallèle d'une offre bancaire traditionnelle. Toutes ces entreprises voient un fort potentiel en les actifs numériques, grâce à sa nature digitale : contrairement à une monnaie traditionnelle, l'or ou les bijoux, ceux-ci peuvent être découpés en parts sans limite. Cela signifie qu'un individu peut acheter un centième d'un Bitcoin ou d'un Zcash – et dans un futur proche, ça sera sûrement possible d'investir dans 1/23e d'un appartement ou 1/180e d'une action Google. L'investissement pour valoriser son argent est alors accessible à toutes les bourses. Aujourd'hui, n'importe quelle somme peut être investie et ainsi rapporter de l'argent, depuis son ordinateur ou téléphone portable. Maintenant que cela est possible techniquement, l'enjeu pour ces entreprises est de diffuser cette pratique et de séduire une cible plus large. Pour cela, elles doivent impérativement donner à voir le bénéfice rationnel (enjeu de pédagogie), rassurer sur la sécurité (enjeu de confiance) et proposer un bénéfice émotionnel (enjeu d'émotion).

Enjeu de pédagogie : les crypto-monnaies, un outil d'investissement personnel accessible à tous

L'ambition de donner accès au plus grand nombre est clairement clamée par tous les nouveaux acteurs de la crypto-monnaie. La signature de la marque Robinhood, une application pour investir notamment dans des actions et de la crypto-monnaie, est « Investing for everyone ». Le design de son application et de son site web est minimaliste, pour apporter de la transparence, de la clarté dans un univers si peu compris. Bitpanda, plateforme de trading autrichienne, a quant à elle lancé sa Bitpanda Academy, pour que tout un chacun puisse apprendre et investir en toute connaissance de cause. Avec le panda (dans le nom et sur ses réseaux sociaux), la marque se veut ludique, légère, bienveillante – bien loin des imaginaires sombres entourant la crypto-monnaie.

Enjeu de confiance : les crypto-monnaies, un actif sûr, car régulé par des institutionnels

La nécessité de rassurer sur la sécurité de cet actif est clé pour son adoption en masse. Pour cela, tous les discours des marques s'orientent vers la transparence. Tous les acteurs revendiquent leur fiabilité. Coinbase, sur son site, expose les raisons de les choisir. L'entreprise propose notamment une assurance pour couvrir les crypto-monnaies stockées. De nouveau, le design aérien, minimaliste et ludique, tend à montrer que rien n'est caché. Bitpanda communique régulièrement sur la nécessité de respecter la réglementation progressivement mise en place par l'Union européenne[1]. Finalement, le projet initial de décentraliser la monnaie et d'anéantir le pouvoir des instances régulatrices, n'est plus d'actualité. La crypto-monnaie, loin de ses origines anarchiques, est devenu un outil d'investissement comme un autre dans notre économie capitaliste. Enfin, l'instabilité des marques de coins

1. https://cointelegraph.com/news/bitpanda-ceo-eric-demuth-says-bitcoin-is-gold-20-for-millenials

empêchait d'installer une confiance durable. Ces plateformes sont quant à elle régulée et centralisée – elles peuvent se payer le luxe d'un département marketing garant de la cohérence de la marque et de ses prises de paroles. Ainsi, cette stabilité est en soi rassurante et pallie le brouhaha de l'écosystème coins.

Enjeu d'émotion : les crypto-monnaies, la liberté de tirer le meilleur de son argent

Globalement, les nouveaux acteurs peinent encore à donner à voir le bénéfice émotionnel qu'un consommateur tire d'un tel investissement. Certaines néo-banques parviennent toutefois à tirer leur épingle du jeu, à l'instar de Revolut et N26. Bien que leur cœur de métier ne soit pas la crypto-monnaie, les deux ont construit un récit de marque cohérent avec cet actif. Le nom Revolut parle d'une révolution et sa signature « Beyond Banking », souligne les nouvelles possibilités que cela permet. La marque se positionne comme l'alternative du futur et souffle un vent de liberté sur le secteur bancaire. Grâce à son utilisation, les clients sont libres de gérer leur argent comme bon leur semble, grâce à la transparence et la facilité d'usage. La banque N26 propose une offre 100 % digitale, flexible et simple, à l'image des attentes de la jeune génération, souvent appelée « Digital Natives ». Une expérience bancaire qui permet à chaque individu de vivre et de « bank » à sa façon, comme écrit dans son manifesto de marque. Contrairement aux Alt-coins et leur stratégie de communication centrée sur le produit et la technologie, ces marques se concentrent sur les avantages vécus par leur cible.

Démocratiser les crypto-monnaies, un déracinement nécessaire de ses origines ?

Progressivement, la crypto-monnaie s'est détournée de sa fonction première (devenir monnaie de transaction) et est essentiellement devenue un placement financier. Il semblerait pourtant que sa valeur transactionnelle ne soit pas complètement perdue – les banques Revolut permettent des échanges en Bitcoin, Starbucks prévoie les paiements en Bitcoin pour 2020 et Facebook met en place sa crypto-monnaie Libra (bien que le projet soit pour l'instant à l'arrêt). Après les marques, c'est au tour des États (la Chine, la France entre autres) de se lancer dans la course à la création d'une crypto-monnaie nationale. Finalement, la démocratisation de la crypto-monnaie implique effectivement une absorption de toute revendication révolutionnaire et une intégration des codes du système actuel. C'est bien sa reprise par des institutionnels qui permet de créer des offres rassurantes, en phase avec les aspirations de la large cible des contemporains.

Toutefois, être dans l'air du temps n'implique pas forcément de nier son origine rebelle. De nombreuses plateformes de trading et néo-banques ont mis de côté cet ADN, obnubilées par la volonté de gagner la confiance du plus grand nombre. Pourtant, ces racines sont une source d'inspiration créative permettant de nourrir un positionnement unique. Kraken, une des plateformes de trading leader, l'a bien compris. Plus que la liberté, elle parle d'une prise de pouvoir (« empowerment ») du consommateur. En termes de territoire graphique, elle donne à voir des illustrations futuristes, avec des individus qui se saisissent de lumières provenant du ciel. Une incarnation audacieuse de l'archétype du créateur : celui d'une marque qui cherche des voies alternatives et proposent des solutions d'avenir aux êtres humains.

Finalement, une lecture au prisme des archétypes[1] permet de bien comprendre l'histoire de la crypto-monnaie et ses différentes étapes de vie : à ses débuts avec le Bitcoin, la crypto-monnaie incarnait l'archétype du rebelle, le révolutionnaire qui voulait renverser l'ordre établi. Son design digital, qui reprenait de façon impertinente les codes des monnaies référentes mondiales, l'illustre bien. Lorsque les institutions bancaires et financières s'y sont mêlées, elles ont en grande partie cherché à créer des offres plus proches des archétypes du souverain (1) ou du protecteur (2), pour instaurer la confiance – soit par le biais de la figure autoritaire, sachante (1), soit par le biais de la figure de l'ami réconfortant, rassurant (2). Elles se sont fortement détournées de la culture anarchique évoquée en partie 1 et digitale évoquée en partie 2. Nous pouvons imaginer qu'une fois que la crypto-monnaie aura suscité une forte adhésion, les nouvelles marques renoueront avec ses valeurs originelles. Elles assumeront d'incarner une alternative, non pas destructrice d'un ordre établi, mais créatrice de nouvelle(s) valeur(s). Ainsi, l'archétype du Créateur, sur lequel Kraken est pionnier, sera tout à fait approprié.

La crypto-monnaie a encore un bout de chemin à parcourir avant d'atteindre la véritable démocratisation. Aujourd'hui, il suffit de faire une recherche Google pour se rendre compte qu'elle reste cantonnée encore à une cible relativement experte (en technologie et en finance) : la majorité des articles à son sujet provient de sites spécialisés, comme cryptoast.fr ou planet-fintech.com. Certains parlent déjà d'un échec de la crypto-monnaie : il est vrai que douze ans après sa création et trois ans après la « cryptomania », le Bitcoin reste volatile et son appropriation limitée. Une vitesse de croissance bien lente, surtout en la comparant à celle d'Internet ou de grandes entreprises ayant bousculé un marché, à l'instar de Airbnb. Leur succès n'a pas attendu douze ans. Toutefois, cela peut s'expliquer par les freins technologiques et la complexité de la crypto-monnaie. Le fait que les marques s'y intéressent de plus en plus près et que les États cherchent à la réguler (en créant la leur notamment) laissent présager un avenir radieux potentiel.

1. Voir la Roue des Archétypes dans le premier tome de la collection, soit *Les Dessous du Marketing et de la Communication, cartographie des imaginaires de 2019*, Éditions Ellipses.

1.3 Méthode : Comment créer une marque ?

Étude de cas : « La stratégie d'orchestration pour faire naître une tendance : Apérol »

Pascal Laroche et Julien Féré

Un vrai cas d'école. Marque inconnue en France avant 2013, Apérol Spritz est devenue aujourd'hui, et dans bon nombre de pays, le symbole de la « dolce vita », une certaine forme de douceur de vivre à l'italienne, l'emblème du cocktail tendance très couru lors des soirées parisiennes et ailleurs.

Depuis 2010, son succès ne cesse de croître, tant auprès des créateurs du cocktail que des consommateurs : c'est le huitième cocktail en termes de préférence en 2019 avec plus de 1882000 litres vendus en GMS, avec une croissance de 23 % par rapport à 2018. Un succès à faire pâlir tous les concurrents, qui malgré des innovations sur le segment des « amers », ne parviennent à tirer leur épingle du jeu autant que Apérol Spritz.

Illustration

Vous avez dit Spritz ? Explications

À part son origine italienne, l'histoire du Spritz est peu connue de tous. Dans quel contexte, ce mélange a-t-il réellement vu le jour ?

Il faut remonter au XIXe siècle, bien avant la naissance d'Apérol, pour découvrir que le fameux Spritz doit son existence avant tout aux... Autrichiens ! À cette époque et depuis 1815, la région du Nord de l'Italie est occupée par l'empire austro-hongrois. Les soldats autrichiens installés sur le territoire italien, et plus particulièrement, dans la région de Venise, apprécient les vins vénitiens. Les colonisateurs décident de couper les vins de Vénétie. Ici deux légendes cohabitent : La première version affirme que les soldats trouvant ces vins trop forts ont décidé de les couper (ou plutôt éclabousser, *spruzzo* en italien éclabousse, *spruzzi)* avec de l'eau pour l'alléger ; tandis qu'une autre version affirmerait que l'occupant a décidé de faire en sorte de diluer le vin afin d'éviter autant que possible l'enivrement excessif des troupes expatriées. Alors, pourquoi de l'eau pétillante ? Au XIXe siècle, les épidémies sont fréquentes. On se rend compte que les logements insalubres, où vivent les plus pauvres, favorisent la propagation du choléra et de la tuberculose, transmises particulièrement par l'eau. Les autrichiens décident alors de préférer une eau ordinaire chargée d'acide carbonique sous forte pression, appelée eau de Seltz, de plus en plus consommée, venant d'une source naturellement gazeuse d'un village allemand de Niederselters.

C'est la naissance du Spritz !

L'Apérol est une liqueur douce (11 à 15 degrés selon les pays) à base d'oranges amères, de gentiane, de rhubarbe et d'autres plantes et racines, créée en Italie dans la région de Padoue, à Bassano del Grappa, par les frères Barbieri. En reprenant l'usine de liqueur de leur père dans les années 1910, ils se sont amusés à faire des essais et à vendre leur innovation, en espérant en tirer profit. Devant l'ampleur du succès auquel ils ne s'attendaient probablement pas, ils décident de lancer officiellement Apérol à la foire internationale de Padoue en 1919. Apérol est donc lancé plus d'un siècle après le Spritz.

La réunion des deux mettra longtemps à voir le jour. Il faudra d'abord que le groupe Campari rachète la marque en 2003 et qu'on attende encore 10 ans pour qu'enfin le futur fameux Apérol Spritz arrive sur le marché français.

Lancé en 2008 sur le marché italien, le cocktail connaît alors un essor important à grand renfort de publicités. Des campagnes de communications qui mettaient en avant le moment social qu'incarne l'instant Spritz et valorisaient la célébration de l'intemporalité de l'apéritif. Une mise en scène du célèbre *passeggiata* italienne, soit les retrouvailles des amis et famille après une longue journée de travail. À cela s'ajoutait des Apérol girls, les égéries féminines de la marque.

Forts de cette expérience positive, le groupe Campari décide de se lancer à l'étranger, à commencer par l'Autriche, l'Allemagne et les États-Unis. Et pourquoi pas le pays limitrophe le plus semblable : La France? Si ce cocktail connaît tant de succès en Italie, les Français et leur culture épicurienne ne sauraient résister.

La recette du succès

Nous sommes en 2012. Afin de s'assurer d'un lancement français rentable, le groupe va mettre en place plusieurs règles, inspirées des précédents lancements, mais aussi prendre des risques. Chaque population locale a ses spécificités qu'il faut prendre un compte – tout lancement est donc en soi une prise de risque.

C'est ici que le modèle du genre prend toute sa signification. Non seulement en marketing, mais dans tous les autres aspects du lancement : le produit lui-même, le circuit de distribution qui conditionne la disponibilité, la communication, le packaging, etc. Tous les éléments doivent être pris en compte.

Créer un cocktail unique, facile à faire et accessible

La recette en premier lieu est le critère primordial. Sans un produit aux qualités organoleptiques reconnues, il va être difficile d'imaginer un business plan pérenne. Et ici, tout y est : simple pour un cocktail (3 ingrédients seulement : eau pétillante, Prosecco et Apérol), facile à exécuter (les doses sont très faciles à mémoriser et dans n'importe quel contenant, pas besoin de mesureur) : 3 volumes de vin pétillant, 2 volumes d'Apérol et 1 volume d'eau pétillante. Une aisance pour réussir qui permet de le réaliser n'importe où, n'importe quand sans avoir de recette sous la main. Et pour aller plus loin, cette facilité permet de faire son propre cocktail plus ou moins alcoolisé selon l'envie et plus ou moins amer selon le goût. Ça aide sensiblement à consommer!

Le prix : c'est un critère également essentiel dans la réussite. Il se trouve que l'Apérol Spritz est très rentable pour les professionnels des bars et cafés : le coût de fabrication se situe entre 1 € et 1,50 € quand le prix moyen de la boisson en CHR est entre 6 € et 9 € (un prix relativement faible par rapport aux autres cocktails). Il est donc intéressant financièrement tant pour les consommateurs que les professionnels, ce qui facilitera son référencement.

S'entourer des bons partenaires

Pas facile de s'implanter sur un marché étranger quand on est une marque très typée et locale. Il faut connaitre les rouages du marché de la boisson, les leaders qui opèrent, les spécificités et habitudes locales. Il faut donc savoir s'associer avec les bons partenaires, qui connaissent bien le pays, ses tuyaux et raccourcis. Encore plus en France où les circuits de distribution sont complexes et source d'échecs si on ne les approche pas de la bonne manière. Le groupe Campari a fait appel à un expert du genre : la société Rothschild France Distribution, qui gère déjà la force commerciale de nombreuses marques de boisson : Mouton Cadet, Mouton Rothschild, Jim Bean, Edrington Group, Minuty, etc. La société RFP sait de quoi elle parle et saura mieux que quiconque pénétrer ce milieu épineux. Outre la société de distribution, le choix des agences marketing, communication et média sera crucial pour la viabilité du groupe et le ROI du lancement.

Illustration

Groupe Campari

6e acteur mondial de spiritueux, Campari réalise 1,7 milliard d'euros de CA en 2018 et a fait 27 acquisitions depuis 1995.

Ce groupe a été créé en 1860 par Gaspare Campari à Milano et est aujourd'hui présent dans 190 pays dans le monde.

En France il s'est associé avec le distributeur en GMS, RFD (Rotschild France Distribution) qu'il a finalement racheté en 2019.

Les marques phares de Campari en France sont, outre Apérol, Riccadonna (le Prosecco recommandé dans le cocktail), Grand Marnier, les rhums Trois Rivières, La Mauny et Campari.

D'origine autrichienne, Robert Kunze-Concewitz, né en 1967 à Istanbul, a rejoint le groupe Campari en 2005, au départ en tant que directeur marketing. Il est devenu CEO du groupe en 2007.

Construire la demande

Cette étape est clé. Comme pour tout nouveau concept, s'il n'est pas connu, personne ne le demandera. De toute évidence, la conscience de l'existence d'un produit favorise l'envie de le consommer ou du moins de l'essayer.

Pour construire la demande, il faut identifier une cible précise. De plus, il faut analyser le marché, pour identifier des créneaux disponibles. Si un marché est encombré, il sera plus difficile de prendre des parts de marché aux concurrents.

L'opportunité avec l'Apérol Spritz, c'est que le produit est unique, il n'en existe pas d'autres avec ce goût et cette recette originaux. En revanche, il va falloir plaire, éduquer et faire sa place, à commencer par être accepté par la profession. La meilleure manière d'y arriver sera d'être moderne, d'être adopté par les jeunes qui souvent créent la tendance et deviennent prescripteurs. Si vous êtes demandé dans les cafés et boîtes de nuit, vous avez gagné, vous serez référencé, le client est roi ! Aussi, faut-il être sûr que dès la première dégustation, le premier essai, le consommateur soit conquis et en redemande.

Pour ne prendre aucun risque, quoi de mieux que de former les barmans à la réalisation du cocktail afin de s'assurer qu'il sera bien dosé. L'enjeu a donc été que la force de vente forme les professionnels hôteliers pour que la boisson étende son périmètre de manière progressive mais régulière. D'abord l'Île-de-France dans les grandes adresses des soirées tendances, où sont situés les influenceurs et *early adopters*. Puis peu à peu, ça sera pour l'année d'après, 2014, pour s'implanter sur le territoire national. Ainsi les risques sont limités. Si le cocktail ne prend pas sur l'Île-de-France, il sera temps de tout arrêter. Mais heureusement le contraire a eu lieu !

Jouer le référencement en deux temps : créer le manque puis inonder la grande distribution

Choisir son mode de référencement est un luxe que peu de marques peuvent ou veulent se payer… Car cela peut coûter un lancement de choisir telle enseigne plutôt qu'une autre. Les portes peuvent se fermer… Pour Apérol, ça a été l'inverse. Rappelons-nous qu'en 2010, la marque n'existait pas sur le marché français. Peu d'entre nous aurait parié sur ce nouvel entrant dans un secteur déjà encombré.

Aussi, en parallèle d'un référencement professionnel, la marque Apérol n'a-t-elle été référencée que dans les Monoprix initialement, en 2013. Une sorte de référencement sélectif connoté, puisque Monoprix est synonyme de cœur de ville, de Premium, de qualité et de clientèle aisée, jeune et plutôt plus branchée que la moyenne.

Cette stratégie a été bien réfléchie car elle a permis, là aussi, en cas de déroute du cocktail, de limiter le risque financier puisque l'engagement ne s'est fait d'abord qu'auprès d'une enseigne. Cela a laissé le temps à la marque de s'installer en CHR, de commencer à être connue, appréciée puis recherchée et demandée. Alors, seulement dans un second temps en 2014, un lancement national homogène a été prévu auprès de toutes les grandes enseignes de distribution, celles-ci étant très favorables à l'entrée du produit quand elles ont vu la demande s'accroître. Les négociations en ont été fortement facilitées.

Mettre en place une stratégie de médiatisation sur mesure

Le choix de la stratégie de communication sera crucial dans la montée en notoriété du nom de marque et dans le développement de la prescription en CHR et des sorties de caisses en GMS (grandes et moyennes surfaces).

Quand on bâtit une stratégie de communication, certaines étapes dans le processus sont incontournables : connaître le marché, connaître les cibles et les moyens de les atteindre, étudier les leviers médias les plus pertinents car les plus utilisés, les meilleures manières d'influencer les futurs consommateurs. Enfin, il faudra savoir trouver l'orchestration la plus optimale des différents leviers dans le temps, vers quels objectifs et avec quel budget. Celle qui rapporte le plus à l'euro investi.

Les contraintes sont fortes, à commencer par le marché en 2013 sur lequel les places sont rares. Il est largement dominé par le groupe Pernod Ricard qui investit le plus en média sur le segment de l'apéritif. Juste derrière, Martini est un outsider dynamique. Étant donnée que la loi Évin interdit la communication des alcools en télévision, la plupart des annonceurs se réfugie en publicité Print (presse ou affichage), et en radio. Martini est déjà présent avec différents cocktails alléchants.

Illustration

La saga publicitaire Martini

L'objectif est d'émerger parmi ces concurrents déjà bien installés.

Deuxième contrainte : le marché est très concentré sur une période très courte, à savoir la période estivale. La fenêtre de tir est petite : mai à août. C'est durant ces mois que les annonceurs dépensent 90 % de leur budget média, puisqu'il s'agit de la période de la plus forte consommation d'apéritif (entre amis, en pique-nique, en terrasse, lors d'un barbecue, etc.). L'été est propice à la détente, à la fête, aux vacances, aux plaisirs et donc à l'heure de l'apéritif...

Méthodologie

Étudier les investissements média d'un secteur et leur saisonnalité

Ce graphique permet de lire, grâce aux données issues des études de Kantar média, l'évolution des investissements en millions d'euros d'un mois sur l'autre et d'une année sur l'autre. Il permet d'anticiper le comportement des concurrents sur l'année à venir, en imaginant des schémas répétitifs, et de se positionner ensuite pour définir le meilleur moment de communication. Communiquer en même temps que les autres, c'est être « au bon moment » de la saison mais c'est risquer :

1. de ne pas émerger si les investissements sont plus faibles que la concurrence (c'est le cas d'Apérol) ;
2. de payer potentiellement le média plus cher si plusieurs acteurs veulent se positionner sur le même emplacement.

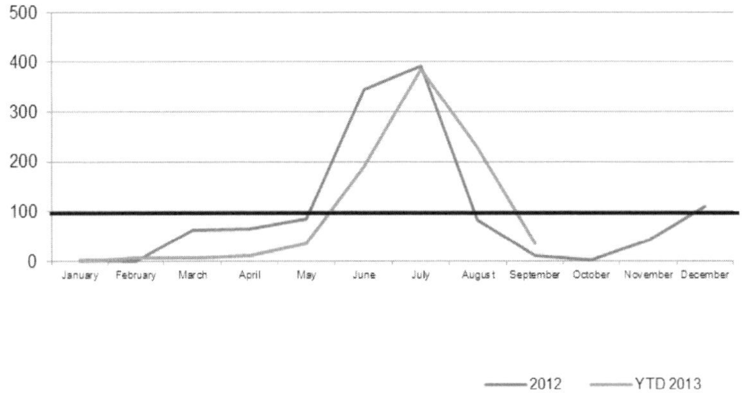

Pour émerger, si on ne veut pas rater la saison (et autant se le dire, c'est impossible de passer à côté, encore plus en phase de lancement), il va falloir avoir une approche différente, maligne et malgré tout impactante. Pour cela, il sera intéressant de décrypter la cible à recruter et de bien l'étudier afin de découvrir les points de contacts qui pourraient être les plus influents. Puisque il s'agit d'une phase de lancement, nous sommes en recrutement à 100 %, avec une notoriété proche de zéro et une image à construire. L'objectif est donc de faire découvrir, donner envie d'essayer afin d'obtenir la préférence, fidéliser pour faire acheter par la suite. Quand le consommateur pense apéritif ou cocktail, Apérol Spritz doit apparaître dans son esprit. C'est le « Top of Mind ». Quand le consommateur est dans un café en situation de sociabilisation, il doit demander un Apérol Spritz au barman, et ses amis doivent le suivre. Quand on en sera là, une bataille sera gagnée.

Le parti pris stratégique : créer une tendance autour du Spritz pour vendre Apérol

Première étape : identifier la cible que nous voulons conquérir. Nous sommes partis d'une approche basée sur le comportement et non d'une analyse sociodémographique classique afin de saisir un état d'esprit plutôt que des données chiffrées. Cela permet de créer des messages plus pertinents par rapport à leurs attentes.

Grâce aux études, nous avons pu identifier et nommer une cible « amoureux de la vie », c'est-à-dire toutes les personnes qui déclarent avoir une vie sociale active, qui sortent en soirée, dans les musées, en concert ou autre et aiment les nouvelles expériences, voire les challenges. Nous avons pu ainsi identifier 1,7 million d'individus qui correspondaient à ces critères, dont 18,5 % de 25-34 ans (étude SIMM TGI 2012). Creuser leurs aspirations et opinions s'est avéré captivant. Nous les avions illustrées en ressortant les items les plus exploitables (voir encart ci-dessous).

Illustration

Qui sont « les amoureux de la vie », la cible stratégique d'Apérol Spritz ?

Cette analyse de la cible a été réalisée à partir de l'outil média marché SIMM-TGI qui permet, à partir d'un questionnaire quantitatif, de créer des clusters de population correspondant à une attitude donnée et d'en déduire leur consommation média pour les cibler en publicité.

La création d'une tendance *ex nihilo* : une diffusion concentrique

Pour « créer une tendance » (voir le chapitre paru dans *Les dessous du marketing et de la communication* aux Éditions Ellipses en 2019), on peut s'inspirer du modèle des sciences de gestion du cycle de vie du produit. En effet, ceux-ci ont mis en avant que l'augmentation des achats d'un produit passe par différentes phases, d'une diffusion « confidentielle » à une distribution grand public. Cette propagation n'est pas biologique ou naturelle : elle se fait mécaniquement, alors que le produit est référencé dans les points de vente. Naturellement, les populations les plus expertes – et les plus appétentes aux innovations – vont être les plus réceptives, et peu de communication publicitaire sera nécessaire pour les faire venir. Au contraire, quand on cherche à toucher des néophytes et à les faire venir à un produit ou un service, il faut multiplier les moyens moteurs et les points de contact.

On le voit, dans ce type de stratégie, l'important est de toucher les bonnes personnes au bon moment, pour éviter la déperdition.

Pour cela, il faut d'abord parler aux plus spécialistes du secteur qui sont les figures d'expert et qui permettent de crédibiliser l'approche. Ces leaders d'opinion (qu'on peut aussi appeler *trend setters* dans le jargon convenu) vont privilégier une approche sur des canaux spécialisés. Des lieux physiques ou des communautés en ligne (ils se regroupent souvent pour échanger des conseils de spécialiste et créent des cercles en affinité) sont à privilégier. Certains médias très niches, peu diffusés mais qui vont faire figure de référence pour eux, peuvent également être utilisés. Leur levier : enrichir en permanence leur expertise et être à la pointe de ce qui se fait, tout en ayant des informations techniques car la dimension « connaissance » les séduit.

Une fois que la communauté des *trend setters* est convaincue, il faut s'attaquer aux « *early adopters* » qui vont être la courroie de transmission entre les experts et le grand public. Contrairement au premier cercle qui a soif d'une connaissance technique, ce second cercle va être majoritairement attiré par l'apparence et un besoin permanent « d'être dans le coup ». Pour cela, ils sont à l'affût en permanence, ont du pouvoir d'achat à consacrer à des dépenses à forte valeur ajoutée, et sont de gros consommateurs de nouveautés. Ils sont très volatiles, et utilisent les experts comme une source d'information, même s'ils n'ont ni le temps, ni l'envie de s'immerger dans les détails techniques.

Enfin, le marché de masse est à la fois le plus éloigné du sujet, mais en même temps le plus intéressant économiquement car il permet de créer une forte rentabilité grâce à l'effet d'échelle. Convaincre un trend setter demande beaucoup de temps et un peu d'argent pour un retour sur investissement faible. En revanche l'euro investi sur le marché de masse est fortement rentable, à condition que la distribution (la courroie de transmission en somme) soit prête et permette de donner accès au produit. Il ne reste plus alors qu'à axer la communication sur la notoriété et la pédagogie. Être présent à l'esprit du marché, et expliquer comment cela fonctionne, en ancrant l'innovation sur un usage, un moment, une habitude de consommation...

En suivant cette orchestration, et en appliquant les bons leviers au bon moment, cela permet de « dessiner » une diffusion du produit qui sera vue, de l'extérieur, comme la création d'une tendance. Par ailleurs, chaque cible « influence » la suivante. Les *trend setters* sont une source d'expertise pour les *early adopters* en quête de reconnaissance sociale. Réciproquement, le marché de masse va observer ce que fait les *early adopters* et se servir de leurs choix, *via* le prisme des médias notamment, comme une source d'inspiration. Ainsi, on crée une caisse de résonnance dans laquelle le contenu publicitaire est un ingrédient créateur de recommandations.

La théorie de la tendance appliquée au cas Apérol

Pour créer cette tendance, nous avons alors décidé de nous baser sur trois convictions fortes pendant 3 mois en amont de la saisonnalité. Donc dès le printemps, dès le mois de mars :

1. Séduire les influenceurs : qui dit influence dit réseau et donc réseau social. Deux étapes : organiser un événement privé avec une dizaine d'influenceurs emblématiques pour leur goût de la fête, pour leur compétence à réaliser des cocktails. Il sera relayé par les réseaux sociaux les plus utilisés en 2014 : Facebook, Twitter et Instagram. Chaque influenceur utilisera sa communauté et le groupe Campari les siens. Une statistique est intéressante : 92 % des consommateurs font confiance à la recommandation de leur communauté sur les marques. Ça donne une idée de leur importance dans la création du buzz. Facebook permet d'associer auprès du plus grand nombre le cocktail aux influenceurs ; Instagram, à l'époque le réseau social confidentiel mais tendance, contribuera, *via* de belles photos et images, à faire une boisson de qualité ; Twitter couvrira plutôt les leaders d'opinion, journalistes, etc.

Le but de la soirée sera de faire parler les influenceurs de la marque, de poster des photos d'eux buvant le cocktail, voire d'en prescrire la dégustation. En synthèse, qu'Apérol Spritz devienne l'emblème des apéritifs.

2. Créer un besoin auprès des *early adopters* : en choisissant de manière très sélective un partenaire, par exemple ici Condénast avec *GQ* ou *Glamour*, l'idée est d'ancrer la marque dans un imaginaire de mode. Uniquement ces deux titres mais de manière puissante avec un encart doté d'un QR code renvoyant sur le site Internet de la marque. Ici innovation = impact donc mémorisation et envie d'essayer. Et en plus, le QR permet de mesurer les retours et donc l'efficacité de la publicité. Les titres vont même élire Apérol Spritz comme le cocktail du mois.

3. Convaincre en masse : enfin, une fois les deux premières étapes réalisées, le buzz a enflé depuis deux mois et Apérol Spritz est devenue la nouvelle boisson irrésistible qui vient d'arriver de nos voisins italiens. Nous sommes au moins de mai. Il est alors temps de sortir l'artillerie lourde et de prendre la parole sur le territoire nationale de manière massive *via* le média du secteur : l'affichage. Mais pas n'importe quel type d'affichage. Il a été choisi scrupuleusement pour allier puissance et ciblage, mais également pour véhiculer des valeurs de modernité et d'innovation. Le choix s'est donc tourné vers l'affichage digital en stations de métro, dans les centres commerciaux. En 2014, l'affichage digital est encore naissant et perçu comme un levier très innovant, diffusant un format unique de vidéo 10 secondes. La loi Évin étant stricte (pas le droit de passer des films publicitaires autour de l'alcool), nous avons plutôt réalisé une image animée mettant en scène la recette, 3, 2, 1. Autre qualité de ce dispositif, nous avons pu choisir les horaires de diffusion et notamment être présents en fin d'après-midi, au moment des sorties de bureaux des grandes villes et/ou des heures d'affluence dans les grands centres commerciaux.

En parallèle, pour parfaire la puissance de la publicité et s'assurer une présence nationale homogène, Apérol Spritz était présente en affichage plus classique (statique) dans les gares, aux entrées de métro, afin de suivre notre cible dans sa mobilité et maximiser la répétition importante dans le cadre d'une marque quasi inconnue.

Illustration

Un dispositif de maillage territorial en affichage au plus près des points de vente qui distribuent Apérol

Au total, Apérol Spritz a ainsi été lancée en communication sur une période de 3 mois, de mars à juin 2014. La campagne a délivré plus de 300 millions de contacts en publicité et ce fut le début d'un succès tellement incroyable qu'il ne s'est plus démenti : 10 000 litres vendus en 2011, 500 000 litres en 2014, plus de 750 000 litres prévus en 2015.

Aujourd'hui encore la marque ne cesse de croître. En 2019, l'étude CHR Nielsen sur les cocktails montrait que l'Apérol Spritz était le 15e le plus consommé des Français et le 8e en termes de préférence. Ses 21 % de croissance encore en 2019 en HM/SM laissent admiratif Yannick Déroulède, Directeur pôle spécialités vins tranquilles et vins du monde de Grands Chais de France : « Son air d'Italie, sa couleur orange, son équilibre, toutes les fées semblent s'être penchées sur le berceau du Spritz ». Et si en plus la stratégie de communication a été finement étudiée et validée par les fées, alors *Congratulazioni a tutti e viva Apérol Spritz !*

Méthodologie

Les leçons à retenir du cas Aperol

- Il vaut mieux communiquer avant la saison qu'après.
- La prescription est clé : elle crée la demande et permet le référencement.
- Ne pas sous-estimer les circuits de distribution : la force d'Apérol Spritz est d'avoir su réconcilier CHR et GMS.
- Pour créer la tendance, deux points essentiels : un travail par étapes et une montée en puissance progressive, pour laisser la place à la rumeur et accentuer le bruit autour de la marque ; embarquer les cibles progressivement, des experts au grand public et de parier sur les effets mimétiques.
- La réussite vient plus de l'architecture de connection choisie que du budget alloué. Ici les moyens étaient modestes et pourtant la recette a fait mouche.

Étude de cas : « Le rôle de la marque dans le processus d'innovation. Faire naître une marque ou remotiver l'essence d'une marque existante »

Virgile Brodziak

Si l'on n'a de cesse de lister le nombre d'interactions entre les consommateurs et les marques (on parle de 3000 par jour), on oublie de dire qu'en dédupliquant ces interactions, un fait saillant nous sauterait aux yeux : les marques sont partout, mais il en existe moins que ce que l'on pourrait croire. Le monde et les marchés sont dominés par des « grandes marques » (mega-brands) depuis l'avènement du marketing. La globalisation de nos économies a successivement amené les entreprises à se concentrer, puis à limiter le nombre de marques pour maximiser les investissements sur les plus efficaces et les plus rentables. Partout, des effets d'échelle ont été recherchés. Preuve de cette stratégie, la décision prise en 1999 par le groupe Unilever (un géant des biens de grande consommation, commercialisant des marques allant de Magnum à Ben & Jerry en passant par Axe ou Dove) de passer d'un portefeuille de marque de 1600 marques à 400 marques. Lors de ce mouvement, plusieurs marques ont été revendues mais une quantité considérable a tout simplement changé de nom pour rejoindre la famille d'une des « *mega-brand* » du groupe.

Ainsi, ceux qui travaillent dans l'industrie du marketing, de la communication ou qui s'apprêtent à le faire, doivent saisir la chance qu'ils auront de créer une marque à partir d'une page blanche. C'est un exercice qui s'avère plutôt rare. Les nouveaux entrants sont montrés du doigt, commentés et scrutés car leur caractéristique première est avant tout de bouleverser un équilibre souvent établi depuis de très nombreuses années. Prenons un exemple qui nous renvoie à l'essence du marketing de l'offre : la lessive. Si les rayons débordent de références diverses et variées, d'innovations en tout genre (dont certaines sont tout à fait questionnables), les marques sont sensiblement les mêmes sur le marché français depuis des décennies : Ariel, Dash, Le Chat, Persil... dominent la catégorie. Quelques marques de distributeurs les ont récemment rejointes mais il vous faudra bien des efforts pour trouver de nouveaux entrants comme Les Petits Bidons. Certaines catégories sont plus souvent attaquées par de nouveaux entrants, comme l'alimentaire ou la beauté, mais la création de marque n'en demeure pas moins minoritaire par rapport au lancement de nouvelles références par des acteurs existants.

L'opportunité de créer une marque est rare. Celle de raviver, transformer ou relancer une marque existante fait cependant partie du quotidien des marketeurs et communicants. L'exercice est différent, mais nécessite tout autant d'exigence comme nous allons le voir. Commençons par rappeler les fondamentaux de la création de marque, ils sont aussi ceux nécessaires à la renaissance de marques de notre patrimoine marketing.

Créer une marque : l'acte fondateur

Certaines entreprises créent leur marque en même temps que leur activité. Par exemple : en lançant ma marque de baskets, je vais créer CourVite, un nom que j'associe à l'identité de mon entreprise. Mais ce nom, de même que le logo, ne suffisent pas. Une marque est la somme de plusieurs éléments : une vision, des valeurs, un récit et enfin des biens ou services.

La création d'une marque est qui, s'il doit être mené par les équipes marketing en charge du projet, est un exercice collectif. Le temps des marques corporate opposées aux marques commerciales n'est plus et un alignement parfait doit se faire entre les différentes facettes que la marque va devoir revêtir au cours de son existence : marque entreprise, marque commerciale, marque employeur. Toutes ces notions créent *in fine* l'expérience de marque. La moindre incohérence génère au mieux une incompréhension chez le consommateur, au pire un rejet. L'ensemble des parties prenantes doit donc être consulté : dirigeants, collaborateurs, clients, partenaires. C'est souvent lors de ces consultations que le marketeur acquiert la prise de recul nécessaire pour ajuster à la réalité du marché ou de l'entreprise le projet qu'il avait jusque-là imaginé dans son coin.

Méthodologie

La création d'une marque en 5 étapes : du contexte aux piliers d'expression de la marque

1. Le contexte

Les marques préférées des consommateurs sont des marques très simples : elles sont cohérentes, elles sont lisibles et elles s'appuient sur un *insight* fort. C'est cet *insight* que nous qualifierons de contexte.

Cherchez dans le monde qui vous entoure un fait culturel, une situation à résoudre, une tendance sur laquelle votre marque peut s'ancrer. Ce « problème » fondateur est crucial pour que votre marque soit pertinente. Tesla s'ancre sur les problèmes d'émissions de gaz à effet de serre particulièrement associés à l'industrie automobile, Danone joue sur le lien grandissant que voient les hommes entre leur santé et leur alimentation…

2. La vision

En s'inscrivant dans un contexte particulier, la marque doit développer une vision (certains parleront aussi de « raison d'être » ou de « Why »). C'est le point de départ de ce que la marque proposera : en biens, en services mais aussi en *storytelling*. Pour Tesla et son fondateur Elon Musk, un monde meilleur est possible, dans lequel l'innovation permet d'atteindre la neutralité carbone sans compromettre le plaisir de se déplacer. À partir de cette vision, plusieurs projets peuvent être développés : des voitures électriques à des projets de transport public plus ambitieux comme le train Hyperloop.

3. Les valeurs

Une marque est un ensemble de signes et de symboles. Certains sont très tangibles (logo, couleurs...), d'autres sont intangibles mais fondamentaux, ce sont les valeurs. Les valeurs guident la marque dans ses discours, ses propositions commerciales, sa vision entrepreunariale et managériale. Choisir des valeurs précises est très important, n'oubliez pas que le plus grand danger pour votre marque est que les gens y soient indifférents. Il ne sert à rien d'essayer de plaire à tout le monde, c'est parfois dur mais vous devrez faire des choix.

Votre marque est-elle pour le collectif ou l'individualisme ? Est-elle courageuse ou neutre ? Est-elle exclusive ou généreuse ? Ces choix vous aideront à vous positionner. Encore une fois, restez éloigné des valeurs génériques (transparence, honnêteté, audace...).

4. La personnalité

Une marque doit se distinguer de ses concurrents grâce à une personnalité. Comme pour un individu, sa personnalité exprime sa singularité. Les consommateurs naviguent très facilement d'une marque à l'autre et achètent le plus souvent dans la catégorie avant d'acheter une marque en particulier. La personnalité fait sortir du lot et guide le ton de voix. Une personnalité empreinte d'empathie, d'un caractère local ou régional, d'audace ou de second degré permettra de se différencier.

5. Le *storytelling*

C'est le cœur du réacteur : chaque marque doit s'accompagner d'un récit fort que retiendront les consommateurs. Ce récit ne sera que très rarement présenté au consommateur final, mais il sera le fil directeur de l'expérience de marque. Pour formaliser votre *storytelling*, l'exercice du « Manifeste » de marque est intéressant : il force en une page à poser le contexte, la vision, les valeurs et la personnalité. Le tout avec des mots subtilement choisis pour que tout un chacun comprenne que vous êtes unique. C'est un exercice qui demande du temps, plusieurs essais et que vous pourrez confronter à vos partie-prenantes (clients, collaborateur, famille) pour juger de sa pertinence.

Vous l'avez compris, créer une marque nécessite de se poser de nombreuses questions : ce qui me pousse à faire ce que je propose au marché (ma raison d'être), mes valeurs qui m'habitent, ce que je veux que les autres retiennent de ma marque... C'est un exercice long mais passionnant !

Remotiver l'essence d'une marque existante

Nous l'avons évoqué, la création de marque est finalement un exercice assez rare dans la vie du marketeur. Il existe un exercice bien plus fréquent qui consiste à relancer une marque existante. Ce sujet est même souvent plus intéressant que la création à partir d'une page blanche car il impose d'être créatif « dans un cadre » : en commençant par évaluer les potentiels d'une marque existante, il faudra, pour rencontrer le succès, savoir réintroduire la marque dans un cadre culturel qui entre en résonance avec les nouvelles attentes des consommateurs.

Quelques avantages du « relancement » de marque :

- la notoriété : quel que soit le niveau de notoriété, il est toujours mieux d'avoir un faible niveau de notoriété que de repartir de zéro. C'est sans aucun doute le combat le plus difficile que mènent les marques dans notre société de l'hyper-choix. Relancer une marque permet ainsi d'économiser plusieurs millions d'euros qui seraient nécessaires à la création d'une notoriété forte ;
- l'héritage ou l'ADN : la marque existante n'est pas une création *ex nihilo* et elle s'appuie sur des fondations, une histoire, des valeurs, un *storytelling* qui peuvent lui pré-exister. Ne pas partir d'une feuille blanche a des avantages certains pour trouver un territoire dans lequel faire naître et grandir une marque ;
- la fidélité : réactiver une marque, c'est aussi potentiellement activer un vivier de consommateurs ayant déjà eu un lien avec votre marque. Ces consommateurs seront plus enclins à retrouver le contact et effectuer un nouveau « premier achat ». Pour un certain nombre de marques disparues depuis des années des rayons, l'empreinte mémorielle est si forte que les consommateurs précisent les « avoir achetées dans les 12 derniers mois » lorsqu'on leur en parle. Sans soutien particulier, une marque ayant un héritage fort va bénéficier d'un effet opportuniste de redécouverte : je fais découvrir le produit à mes enfants, je rachète le produit pour retrouver les souvenirs que j'y ai associés... tout cela n'est pas la garantie d'une *success story* sur le long terme mais c'est un petit plus dont il serait dommage de se priver.

Ainsi, ces dernières années, nous avons vu un certain nombre de « revival » dans les rayons des supermarchés. Fortes de leur ancrage générationnel, portées par une tendance à la nostalgie pour les produits qui nous renvoient à notre enfance, nous avons vu le rachat et le relancement de Carambar, Poulain, Balisto, Tropico dans la catégorie « madeleines de Proust » mais aussi de marques jouant sur un héritage et un style à la mode comme K-Way et Jean Patou (devenu « Patou » après le rachat par le groupe LVMH), la mobilité avec Solex, DS et Alpine ou encore les cartables Tann's. Toutes ces marques sont des madeleines de Proust, mais les relancer implique un exercice de fond sur la plateforme de marque et sa légitimité autant que sur le produit ou service qu'elles proposent.

Une marque est vivante

Ces relancements sont la preuve que les marques sont des entités vivantes : elles doivent, sans cesse se réinventer pour rester d'actualité, mais ne jamais changer leur ADN pour rester fidèles à leur image et leurs consommateurs. C'est ce difficile équilibre que le marketeur gère au quotidien.

La marque est l'atout le plus important de l'entreprise. Tous les jours les tendances changent et les marchés se transforment. Cela demande de l'adaptation mais il sera toujours plus facile de « pivoter » sur le produit ou le service que de changer de marque. Expliquer un changement d'activité est plutôt simple, alors que changer de marque revient à disparaître pour se présenter de nouveau au marché. C'est possible, lorsque la marque est leader et dispose de conséquents moyens de communication pour expliquer ce changement de nom aux consommateurs et les accompagner sur le moyen terme. Citons quelques exemples réussis qui démontrent l'ampleur des moyens nécessaires à cette stratégie : France Télécom est devenu Orange (voir en 3e partie de cet ouvrage, l'étude de cas sur le marché de la téléphonie qui évoque cette bascule), Bio de Danone est devenu Activia, Voyages-SNCF est devenu Oui.SNCF (voir en 2e partie et 3e partie de cet ouvrage sur les exemples de rebranding SNCF).

Un relancement s'accompagne toujours d'un travail précis et profond sur le produit et le service. Il ne s'agit pas simplement de « rééditer » une ancienne collection, mais d'innover dans le respect de l'histoire. Tous les relancements réussis ont démontré la persévérance des marketeurs ou des repreneurs pour trouver le point de rencontre entre les nouvelles attentes des consommateurs et le savoir-faire historique.

Une marque est un patrimoine

Toutes les relances de marques commencent par un travail d'historien : le marketeur doit alors se plonger dans le passé et l'histoire de la marque pour identifier ce qui la constitue et la rend désirable. Histoire des fondateurs, recette originelle et produits mythiques, lieu de fabrication (en vue parfois d'une relocalisation de l'outil de production comme dans le cas de Solex), respect des valeurs fondatrices, patrimoine publicitaire, codes graphiques et logos.

Sans un strict respect de ce patrimoine, la relance est vouée à l'échec.

Une relance de marque va permettre de toucher très rapidement deux cibles : une cible ayant connu la marque dans le passé et une cible plus jeune qui la découvre à travers le relancement. Pour ces deux cibles le patrimoine est un atout de taille :

pour la première car elle doit retrouver la marque qu'elle a connu et réactiver ainsi une structure mémorielle pré-construite. Pour la deuxième car elle sera séduite par une histoire, des valeurs, un savoir-faire qui conférera une image premium à la marque. La plupart du temps, les relancements se font sur des segments premium, car le patrimoine justifie que les consommateurs payent un peu plus.

Relancer une marque d'alcool, le cas de Suze

Il existe une catégorie de produits particulièrement intéressante pour lancer ou relancer des marques, ce sont les boissons avec ou sans alcool. Pourquoi cette catégorie ? Car de nombreuses liqueurs ou recettes existent depuis des décennies, voire des siècles et sont pour beaucoup des « produits-catégories ». On parle du « Ricard » pour les boissons anisées, du « Picon », du « Get ». À côté de grands segments comme le rhum, la vodka, le gin, existent des produits qui n'ont quasiment pas d'équivalent, et donc pas de concurrence. Ce sont au sein de ces catégories que s'opèrent un certain nombre de relancements ces dernières années.

Un des exemples les plus emblématiques en alcool est celui d'Apérol. C'est d'ailleurs l'objet du chapitre précédent avec l'installation de la catégorie à succès au travers de la recette du désormais populaire Spritz. Dans les catégories sans alcool, on notera le relancement de la mythique limonade Lorina. Créée en 1946, la marque a été relancée par son directeur général en 1999 : en jouant sur l'origine lorraine du produit, sa bouteille mythique, mais aussi un ancrage dans les tendances du marché boissons (cocktails, consommation nomade...), Lorina a su gagner une place de leader de la catégorie.

Suze : icone du patrimoine français

Inspirées par le succès de l'Apérol, de nombreuses marques d'alcool ont cherché à se relancer. Le cas qui est sans doute le plus intéressant est celui de Suze. Marque créée en 1885 par Fernand Moureaux, héritier d'une distillerie familiale à Maisons-Alfort, Suze connaît depuis quelques années un regain d'intérêt et se consomme désormais dans les bars branchés de l'Est parisien ou comme base de *bitter* dans les cocktails des *bartenders* du monde entier. Plusieurs raisons expliquent cela mais toutes les règles que nous avons édictées précédemment ont été respectées afin de garantir le succès de cette opération.

- L'ancrage dans l'histoire de la marque : Relancer un apéritif alcoolisé amer n'aurait eu aucun sens sans s'appuyer sur le patrimoine immatériel – mais sans équivalent – qu'est la « marque Suze ». Peu de marques ont cette chance d'être connues par quasiment l'intégralité des Français, même s'ils sont beaucoup moins nombreux à les avoir consommées. Suze n'a donc jamais cherché à renier un héritage, mais bien au contraire, à le porter haut et fort. Sur le site de la marque, on découvre une histoire détaillée du lancement. Histoire que l'on retrouve jusque sur la bouteille avec la mention des dates de création, du lieu

d'élaboration ou encore de l'obtention de la médaille d'or lors de l'Exposition universelle de 1889 à Paris.
Le fondateur, l'usine, la recette ou le lien de Suze avec les Français et les cafés participent à la réactivation de la mémoire de la marque.

- Une identité renouvelée mais respectueuse du patrimoine.
Au travers de l'identité de marque : Le relancement de la marque a été accompagné d'un « relifting ». Les codes graphiques, les typographies ont été remis au goût du jour, mais toujours dans la lignée de l'identité préexistante. Les couleurs orange et jaune du logo ont servi de base à la modernisation de l'identité graphique. En 2020, la marque semble ainsi extrêmement moderne, mais aucun élément de son image n'a été inventé sans puiser dans l'héritage. Au contraire, la marque va éviter de multiplier les éléments visuels afin de construire le plus vite possible une structure mémorielle distinctive.
Du côté des valeurs et de la personnalité : C'est là encore dans le patrimoine que l'impertinence, l'authenticité, la proximité et la simplicité ont été puisées et réactivées. Pas question de devenir un apéritif de luxe, de se positionner dans une catégorie de « connaisseurs ». La marque s'est appuyée sur son mode de consommation historique pour trouver son *storytelling*. Marque phare des cafés et des comptoirs, c'est dans cet univers que Suze se positionne à nouveau aujourd'hui : le bar de quartier et tout ce qu'il véhicule constituent un univers riche pour déployer la marque et la faire résonner avec les attentes d'une cible urbaine en attente d'authenticité (simplicité dans la recette, simplicité dans le mode de consommation, lien avec la communauté, lieu de retrouvailles avec les membres du quartier…)
Avec les objets et patrimoine publicitaires : Suze est connue de plusieurs générations grâce à un héritage unique, ses objets publicitaires. Dans les cafés de villages comme dans les armoires des maisons familiales ou sur les étals des vide-greniers, des milliers de carafes, verres, affiches, cartes, panneaux, tee-shirts, casquettes, bobs à l'effigie de la marque Suze existent. La marque est aussi connue pour ses peintures murales publicitaires, encore présentes sur quelques pans de murs dans certains villages. Ainsi, sans être forcément consommée par tous, Suze peut s'appuyer sur une solide notoriété grâce à sa place dans la culture française et l'inconscient collectif. Fort de cela, Suze joue sur un certain nombre d'objets « culte » lors de sa communication : on retrouve les carafes historiques sur le site de la marque mais aussi sur son compte Instagram aux côtés de tee-shirt, pulls, cendriers, affiches de bar…

- La double cible.
Sa cible historique : Le relancement de Suze est un exemple particulièrement intéressant car la marque n'a pas disparu du marché, elle cherche à rencontrer une nouvelle cible, plus jeune. Réussir ce pari ne peut pas se faire au détriment des consommateurs existants. Ainsi, le choix des modifications dans l'identité de marque, mais aussi le choix d'une nouvelle cible a dû se faire dans le respect d'une clientèle plus populaire et vieillissante. En appuyant son relancement sur son héritage, la marque montre du respect et de la reconnaissance à sa

cible historique, lui conservant l'envie de consommer mais aussi de faire découvrir Suze.
La cible de conquête : En se penchant sur le passé, le futur de la marque s'est révélé grâce à une tendance forte observée depuis quelques années sur le retour du local. L'ancrage territorial, qu'il soit national, régional ou ultra-local a permis de retrouver une cible en recherche de produits à la provenance connue et qui s'inscrivent dans un moment de consommation rassurant et sans artifices. Les millenials ont aussi remis de la valeur dans l'artisanat, le « fait maison », le « craft ». Pour cette génération, une marque valorisant l'authentique au « fake », l'essentiel au superficiel, est à l'heure des réseaux sociaux une marque qui entre en résonnance avec leurs attentes. C'est ainsi que la marque a fait le choix de cibler cette génération qui revient aux sources, à l'essentiel, au local et qui s'intéresse à ce que la génération qui l'a précédé a pu avoir de meilleur.

- Le travail sur le produit.
La Suze iconique : Produit quasi inchangé depuis sa création, la recette du produit n'évolue que très peu. C'est un impératif pour ne pas se couper des consommateurs historiques.
Racines de Suze : Une version premium du produit, en phase avec les attentes de sophistication de certains consommateurs. Ce produit renforce l'expertise autour de la gentiane (dont on utilise les racines comme ingrédient principal de Suze) tout en offrant aux consommateurs de cocktails une version plus qualitative du produit. Le produit est ainsi élaboré par un maître de chai, à partir de racines d'au moins 25 ans (15 dans le cadre du produit traditionnel) et cultivées de manières plus durables. Ce nouveau venu dans la gamme permet aussi d'avoir une proposition vendue plus chère pour valoriser la gamme.
Les produits exclusifs pour *bartenders* : Afin de conquérir de nouveaux territoires, la marque a dû s'attacher les services et l'influence des nouveaux prescripteurs de l'industrie que sont les *bartenders*. Spécifiquement pour cette cible, des produits professionnels ont été créés en partant de l'essence même du produit Suze : l'amertume. En mixologie, cette recherche d'amertume passe par l'utilisation de « bitters ». C'est en collaboration avec des *bartenders* reconnus que la marque a développé des bitters destinés à pénétrer le marché de la mixologie, d'y inscrire la marque et d'engager le dialogue avec les « gardiens » des cartes de cocktails.
Les éditions spéciales : L'édition spéciale permet souvent de travailler un des piliers du *storytelling* de la marque. Pour relancer et affirmer son territoire autour du bar de quartier, Suze a ainsi collaboré avec plusieurs artistes pour créer des éditions limitées autour de quartiers parisiens : les street-artists Riks ou Yaks ont imaginé des versions « Faubourg Saint Denis », « Jules Joffrin » ou encore « canal de l'Ourcq » de la bouteille iconique. Là encore, Suze démontre sa compréhension de l'époque et de sa culture et fait le pont avec son héritage et son ancrage territorial.
La Suze Tonic : c'est l'élément central de ce relancement. Une marque doit s'intéresser aux usages que vont faire les consommateurs de son produit avant de se relancer. Lorsque l'usage n'existe pas ou a disparu, il faut accompagner les

clients. Dans le cadre du relancement d'Apérol, c'est le Spritz qui a permis de créer une nouvelle utilisation. Pour Suze, c'est le Suze Tonic, un cocktail simple à réaliser et en phase avec la tendance autour de l'amertume qui sera le fer de lance du revival. En point de vente, en bar, en communication : la marque se concentrera sur cet usage du produit pour lever le frein permettant de passer de la considération à l'usage dans le parcours consommateur.

- L'alignement avec les tendances.
  Naturalité et RSE : Lame de fond des dernières décennies, cette tendance s'impose à toute marque souhaitant renouer le lien avec les millenials et les générations qui les entourent. Suze a donc remis en avant une exploitation française, un produit naturel et un engagement auprès des communautés de producteurs.
  Mixologie : Comme nous l'avons déjà évoqué, c'est la tendance d'une consommation plus sophistiquée des produits alcoolisés que Suze a su capter. Que ce soit dans les vins (avec les vins naturels), les bières (avec les micro-brasseries) ou les cocktails (avec l'explosion des offres cocktails en bar mais aussi la consommation dans le foyer), toutes les marques doivent proposer un produit avec une histoire forte, une versatilité dans l'usage et un packaging premium. En lançant le Suze Tonic, Racines de Suze et les bitters Suze, la marque capte la rencontre entre son héritage et le monde dans lequel elle évolue désormais.

Relancer une marque a de nombreux avantages mais ceux qui se prêteront à l'exercice devront le faire, à l'instar de Suze, dans le strict respect du patrimoine de la marque. Une fois ce patrimoine compris et apprivoisé, votre nouvelle plateforme de marque sera un guide précieux pour innover et élargir les propositions de produits ou services vous permettant de retrouver de la pertinence et de la modernité.

Étude de cas : Sopra Steria Next, créer une marque en impliquant les parties prenantes internes et externes, de la conception au *reveal*

Malika Kaoua

À quoi sert une marque dans le secteur du BtoB ? Et *a fortiori* dans le domaine du conseil et du numérique ? Dans le cas de la grande consommation, le packaging et le produit sont des vecteurs importants de communication, et ils participent activement au choix en rayon. La marque – et au global son identité – est donc un référent stratégique qui doit, pour fonctionner, actionner l'achat (et le réachat).

Dans le domaine du conseil en revanche, la réalité semble toute autre : les consultants se « fondent » dans les équipes projets de leurs clients, et parfois de façon très discrète ; le « service » n'a par ailleurs pas de représentation physique ; on parle plus de réputation, d'image que d'éléments tangibles de marque. On pourrait se dire que la marque a beaucoup moins d'importance et que c'est un sujet anecdotique, voire une commodité... Pourtant, dans le conseil comme dans la grande distribution, la différenciation est un facteur clé de succès. Et sur un « service » intangible, la marque devient même une des seules incarnations physiques de cette différence – au-delà bien sûr de la qualité du conseil et de son angle de vue.

Dans son contexte, le rebranding de la division conseil de Sopra Steria embarque de nombreuses dimensions : interne (gestion des talents et attractivité de l'entreprise), externe (perception des clients et place sur le marché) et sociétale (rôle de l'entreprise au sein du tissu social). Ce chapitre rend compte, pas à pas, d'une prise de conscience autour de ces enjeux et de la méthode de création et de communication de cette nouvelle marque, qui a mobilisé toutes les parties-prenantes de l'entreprise.

Pourquoi changer de marque en 2019 ?

Le contexte global

En 2019, les organisations publiques et privées vivent un moment clé. Le mécanisme de marché ne suffit pas à faire face aux défis d'aujourd'hui. Au croisement des révolutions numériques et environnementales, leurs dirigeants se retrouvent à devoir intégrer de nouvelles questions d'éthique, de confiance et de responsabilité devenues prééminentes dans l'opinion publique. Les entreprises et organisations doivent renforcer leur engagement social et sociétal, pour donner du sens à leur action : il ne s'agit pas seulement de définir sa raison d'être, de partager la promesse client et collaborateur, mais bien de renforcer la confiance de toutes les parties prenantes par la preuve. Il s'agit d'assurer la cohérence entre la mission de l'entreprise, la promesse client et collaborateur, les valeurs et les actions réalisées au quotidien, les décisions prises à tous les niveaux et qui engagent toutes les parties prenantes : les collaborateurs, les clients, les partenaires et la Société.

C'est encore plus vrai aujourd'hui, après la crise sanitaire et économique majeure que nous avons traversée. Premièrement, lorsqu'un client, un usager achète un produit ou un service, ce n'est pas uniquement un acte d'achat. Il regarde de plus près les engagements de l'entreprise, la fabrication du produit ou service. Il s'agit de plus en plus d'un acte responsable sur le plan sociétal et environnemental. Les consommateurs sont de plus en plus informés, réfléchis et donc exigeants vis-à-vis des marques. La qualité du service ou du produit ne suffit plus à assurer une croissance économique. Ensuite parce que les collaborateurs l'exigent. C'est devenu un critère dans le choix d'entreprise pour les jeunes générations : en 2019, un sondage BCG, Conférence des Grandes Écoles et Ipsos (Baromètre Talents, ce qu'ils attendent de leur emploi) montre que 64 % des jeunes diplômés souhaitent apporter des changements positifs à la société. 62 % déclarent même être capables de refuser un poste au sein d'une entreprise qui manquerait d'engagement social et/ou environnemental (et 46 % en démissionneraient). Au regard d'un marché de l'emploi hyper-compétitif lorsqu'il s'agit d'attirer les meilleurs, être une entreprise responsable constitue un élément de fidélisation. Cela permet de donner un sens à l'action accomplie chaque jour et devient alors un facteur d'épanouissement au travail et donc de productivité.

C'est la raison pour laquelle, lorsqu'elles redéfinissent leur rôle, leur positionnement et leur apport de valeur, les entreprises et administrations se transforment en profondeur, et se posent des questions lourdes de conséquences pour s'adapter à leur environnement : comment faire évoluer les modes de travail, pour être plus agile, travailler en cycle court, intégrer des approches *test & learn* ; comment utiliser le meilleur des technologies, en conservant la maîtrise des processus de l'entreprise et en assurant la sécurité de l'entreprise, de ses collaborateurs et de ses clients ; comment développer l'innovation ; comment revoir les modes de management et mettre en place une gouvernance permettant à la fois de donner plus d'autonomie à chacun dans l'entreprise, et à la fois de s'assurer de l'avancée de la transformation ; comment s'ouvrir à des partenaires dans une logique d'écosystème pour apporter plus de valeur à ses clients, ses collaborateurs et ses actionnaires.

Le changement de marque pour affirmer notre nouveau modèle de conseil

Ce contexte nous a poussé à nous interroger nous-mêmes sur le rôle d'un cabinet de conseil en transformation digitale adossé à une des plus grandes ESN du marché ; sur le rôle du consultant et la nature de l'accompagnement que nous devons proposer demain à nos clients ; sur notre responsabilité vis-à-vis de nos collaborateurs, de nos clients, de nos partenaires et de la Société. Il ne s'agit pas seulement d'un changement de marque, il nous faut réinventer notre modèle de conseil. Il s'agit d'une transformation profonde de notre mission, de notre métier, de nos pratiques, de nos modes de management, de nos propositions de valeur.

Parce que notre métier a fortement évolué. En effet, les projets de transformation digitale nécessitent de penser la transformation et en même temps de l'opérer. Réussir une transformation à l'échelle de l'entreprise, c'est être en capacité d'accompagner nos clients de l'idée jusqu'à son déploiement, en combinant la connaissance du métier de nos clients, la maîtrise des technologies et l'accompagnement des femmes et des hommes dans les transformations induites par le numérique. Cette évolution nécessite à la fois de montrer le sens – à savoir la trajectoire à parcourir – ainsi que donner le sens – c'est-à-dire le cadre dans lequel œuvrer. Nous avons la volonté de développer un conseil résolument éthique, qui développe la confiance et la responsabilité d'entreprise. Conseiller les transformations implique nécessairement, au-delà de la seule recherche de performance, de se poser des questions liées au respect de la vie privée, à la préservation du libre arbitre, à l'impact social positif, l'accessibilité, l'égalité et la diversité, à l'impact environnemental positif, à la responsabilité, la réversibilité et la sécurité ou encore à la souveraineté de l'entreprise, au sens où l'entreprise doit rester maître de son destin. Nous avons engagé cette réflexion dès 2018 avec nos consultants et nos clients. Cette réflexion a donné naissance à trois ouvrages sur la transformation digitale, qui ont posé la doctrine de notre nouvelle approche de la stratégie et de ses déterminants.

Pour résumer notre approche, nous avons la conviction que nous sommes à un point de bascule et que le client se pose au centre du jeu. Les entreprises comprennent qu'elles doivent fournir toujours et toujours plus de services pour attirer et fidéliser leurs clients. Elles comprennent qu'elles doivent servir une promesse client de premier ordre : un service sans faille. Pour cela, elles généralisent et utilisent à très grande échelle le digital et elles s'ouvrent à des partenaires pour compléter leur offre de base. C'est ce que nous appelons l'entreprise plate-forme, qui créé des écosystèmes pour mieux servir ses clients. Ces écosystèmes ne sont pas le fruit du hasard, ils sont déterminés par la mission ou raison d'être de l'entreprise, qui structure toute l'entreprise, sa stratégie, ses promesses clients et collaborateurs qui affirme sa mission sociétale, et donne du sens à l'action de ses collaborateurs. Actionnaires, salariés, clients, consommateurs, citoyens poussent à aller vers ce changement. La loi Pacte est arrivée à point nommé, elle est le catalyseur de ce mouvement de fond. Elle permet aux entreprises de se doter et de se définir par leur raison d'être. Par cette loi, le gouvernement prend acte de ce point de bascule. Devenir entreprise plateforme, c'est redéfinir la stratégie de l'entreprise, ses modes de management à partir de sa raison d'être, ce qui pose de nouvelles questions de responsabilité, de confiance et d'éthique.

La marque Sopra Steria Next puise ses racines dans le groupe Sopra Steria

Sopra Steria est l'un des leaders européens de la transformation digitale, comptant plus de 46 000 collaborateurs en Europe. Né en France il y a plus de 50 ans, il figure parmi les pionniers des services numériques et s'appuie depuis l'origine sur des valeurs fortes telles le sens du collectif, la primauté du service au client, le respect de l'autre et l'excellence. Ces valeurs sont incarnées à tous les niveaux dans le groupe, dans l'ensemble de ses activités – Conseil, services technologiques, édition de logiciels – à la fois dans ses modes de fonctionnement, ses modes de management et dans la relation qu'il entretient avec ses clients. La proximité client est un axe fondamental du Groupe qui dispose depuis sa création d'une très forte implantation régionale. Pour renforcer cette proximité, il a fait le choix de se concentrer sur des secteurs d'activités phares et intervient auprès d'une centaine de grands clients en Europe qu'il accompagne dans la durée. Ces grands clients publics et privés sont pour la grande majorité d'entre eux des OIV (organismes d'intérêt vital), et Sopra Steria figure parmi les acteurs majeurs dans le secteur public, le secteur bancaire ou celui de l'aéronautique. Quelques années après une fusion structurante, en 2019, le Groupe a formalisé sa mission et affiné sa plateforme de marque. Cela était nécessaire pour affirmer son identité et son unicité, fédérer et donner du sens à son action pour l'ensemble de ses parties prenantes, et fixer un cap clair à sa transformation, en accord avec son ADN profond.

À l'heure où les technologies fascinent autant qu'elles peuvent susciter de craintes, le Groupe définit sa mission comme suit : « Ensemble, construire un avenir positif, en mettant le digital au service de l'humain », qui se traduit dans sa signature : « *The World is how we shape it* » (Le monde est tel que nous le façonnons). Cette signature révèle l'ambition du groupe : aider les grandes entreprises et organisations à mener leur transformation digitale et à obtenir des bénéfices concrets et durables, en s'appuyant sur la force du collectif étendu (clients, collaborateurs, partenaires) pour anticiper les enjeux du numérique et apporter à la société une contribution humaine et éclairée. Afin de servir cette mission, le Groupe s'appuie sur la complétude de ses activités qui lui permet d'associer une vision, portée par les consultants de Sopra Steria Next, à une solide capacité de mise en œuvre, reposant sur ses équipes d'intégration de systèmes, d'infrastructure management et d'édition de logiciels.

Pour valoriser ces atouts, le choix d'une marque affichant la proximité de l'activité Conseil avec le Groupe Sopra Steria s'est imposé naturellement. Ce choix permet de positionner Sopra Steria Next sur le digital, le cœur de métier du Groupe, auprès de grandes entreprises européennes. Il permet aussi au Groupe d'affirmer son positionnement fort dans le domaine du Conseil et sa capacité d'intervention globale. Sopra Steria Next porte ainsi dans ses gênes les valeurs du Groupe et sa mission, à laquelle le cabinet contribue, tout en affirmant la spécificité de son métier et de ses savoir-faire.

Qu'attend-on de notre changement de marque ?

Notre changement de marque est avant tout un inducteur et un accélérateur de notre transformation, avec des preuves à l'appui, visibles de nos collaborateurs, de nos clients, de nos partenaires et de nos candidats. Nous souhaitons nous positionner au centre du jeu, parmi les cabinets de conseil leaders en transformation digitale en France, c'est-à-dire être plus visibles et mieux reconnus, en éclairant la partie de notre ADN qui nous rend singulier, unique, incontournable.

C'est important pour nos clients pour deux raisons. Tout d'abord, la raison d'être permet de recentrer les priorités et les actions de l'entreprise vers ce qui est essentiel pour nos clients, et ainsi mieux les satisfaire. Ensuite, sur un marché du conseil en transformation digitale peu différencié, où tous parlent le même langage, nos clients ont besoin d'identifier nos marqueurs clés, pour faire des choix plus affirmés. C'est important pour les candidats de bien comprendre que le métier du conseil est porteur de sens, que les partis pris que nous prenons, les recommandations que nous faisons, contribuent concrètement à un apport positif sur la Société. Le partage de sens est devenu essentiel pour attirer et fidéliser les meilleurs talents. C'est important pour nos collaborateurs, car c'est un levier de développement de la fierté d'appartenance, essentielle à la motivation et à l'épanouissement de nos consultants et qui permet de donner du sens à nos actions individuelles et collectives, à nos décisions, de partager un langage commun, de redéfinir la manière de les faire progresser, d'encourager de nouveaux modes de collaboration et de favoriser l'autonomie. C'est important pour nos managers qui sont les pivots de notre transformation, qui doivent eux-mêmes guider la transformation de nos clients, faire évoluer leurs modes de management. C'est eux qui incarnent et déclinent au quotidien notre mission et nos promesses client et collaborateur. Enfin, c'est également important pour nos partenaires, avec lesquels nous co-innovons, co-concevons et nous co-produisons des produits, des services et/ou des expériences client, pour offrir des services combinés à nos clients que chacun d'entre nous ne saurait pas opérer seul, en conjuguant excellence et vitesse. S'ouvrir à notre écosystème, faire des choix d'association est très engageant sur le long terme pour nous et nos partenaires. Éclairer ce que nous sommes permet de savoir plus vite si nous partageons les mêmes valeurs, la même promesse client et collaborateur. En conclusion, affirmer notre nouveau modèle de conseil, c'est nous faire connaître et reconnaître du grand public comme un leader de la transformation digitale.

Nous avons travaillé avec nos consultants, nos clients, nos partenaires pour décliner notre nouvelle marque et notre nouveau positionnement pendant 9 mois, et nous avons lancé Sopra Steria Next le 26 septembre 2019.

Quelle plateforme de marque pour Sopra Steria Next ?

Notre ambition

Notre marque décrit ce que nous sommes, ce que nous voulons être et comment nos collaborateurs, nos clients, les candidats, les écoles, nos partenaires nous perçoivent. Cette nouvelle marque est associée à un phénomène d'identification qui change la vision de l'entreprise et permet de fonder un nouveau modèle de management, et une nouvelle expérience pour nos consultants et nos clients.

Nous avons construit notre ambition autour de nos points de force.

Le premier, c'est notre manière de faire : nous sommes inspirés par l'action. Notre ambition, c'est de développer un conseil premium, un conseil qui apporte de la valeur, qui donne le sens, qui se positionne le plus en amont possible ; un conseil outillé s'appuyant sur l'intelligence collective ; enfin un conseil qui sera évalué par nos collaborateurs et nos clients sur des résultats mesurables.

Le second, c'est notre appartenance au groupe Sopra Steria, une des plus grandes ESN du marché. C'est un atout considérable, car les projets de transformation digitale nécessitent de penser la transformation et en même temps de l'opérer. Réussir une transformation à l'échelle de l'entreprise, c'est être en capacité d'accompagner nos clients de l'idée jusqu'à son déploiement, en combinant la connaissance du métier de nos clients, la maîtrise des technologies et l'accompagnement des hommes et des femmes dans les transformations induites par le numérique. Notre ambition, c'est de développer un conseil qui soit fer de lance et orchestrateur d'une approche *end-to-end*.

Le troisième, c'est la force du collectif. Le collectif est central dans toutes les approches agiles, pour travailler en équipes pluridisciplinaires, avec des savoir-faire des cultures différentes, venant d'horizons divers (équipes Sopra Steria, clients, partenaires). Nous croyons à la création d'écosystèmes pour apporter des réponses rapides, différenciantes, agiles et explorer de nouvelles chaînes de valeur. Nous sommes en capacité d'avoir un retour rapide, actionnable, éprouvé des transformations et des capacités réelles des technologies, de leurs impacts sur le business et des difficultés à les mettre en œuvre. Enfin, c'est un levier fantastique pour faire grandir nos collaborateurs et développer le sentiment d'appartenance. Notre ambition, c'est de développer un conseil collectif.

Enfin, le quatrième, c'est notre manière d'être, pragmatiques, en proximité durable avec nos clients. Ancrés dans la culture de nos clients et la réalité du terrain, nous sommes résolument agiles et nous nous enrichissons aux côtés de nos clients, du *feedback* de nos actions. Notre ambition, c'est de développer un conseil qui repose sur des relations dans la durée avec nos clients, sur la confiance et l'engagement. Nous avons fait le choix d'un nombre de clients restreints que nous accompagnons dans la durée. Il s'agit d'un conseil de proximité, sur mesure.

Notre mission et sa déclinaison sur nos promesses clients et collaborateurs

Il est maintenant temps de découvrir notre mission pour contribuer à la mission du groupe, qui marque à la fois notre singularité et la cohérence avec la raison d'être du groupe.

Illustration

La mission de Sopra Steria Next

Notre mission

C'est la contribution du Conseil aux ambitions du Groupe.

En matière de transformation digitale, chez Sopra Steria Next, nous pensons qu'une vision stratégique ne vaut que si elle est actionnable.

En nous inspirant de la connaissance de l'entreprise et de ses réalités, en mettant l'humain au cœur, en l'associant au meilleur de la technologie, nous nous engageons aux côtés de nos clients pour concevoir des stratégies de transformation digitale visionnaires, réellement activables ; celles qui produisent des bénéfices concrets et durables pour l'entreprise, ses collaborateurs, ses clients et la Société.

Parce que l'invention est clé pour répondre aux enjeux des entreprises.

Parce que la transformation digitale doit avoir un impact positif pour tous.

C'est de l'action que naît notre inspiration.

Décliner notre mission sur notre promesse client, puis notre promesse collaborateur, c'est avant tout s'interroger sur le lien entre l'engagement de nos consultants et l'engagement de nos clients. Nos consultants aspirent à s'épanouir dans leurs missions chez nos clients et en interne, mais leurs attentes, leurs sujets d'inquiétude, leurs motivations ou encore la façon dont ils conçoivent leur implication ont évolué. Pour donner du sens à notre action, nous avons fortement lié nos deux promesses, client et collaborateur, qui se font écho par symétrie des intentions et des attentions, en lien avec notre mission. Nous les avons construites en endossant volontairement un costume un peu grand, pour donner le cap, l'ambition, mettre en place le pilotage de notre transformation, et ainsi s'assurer de remplir notre costume dans les deux à trois années à venir.

Trois principes ont guidé notre réflexion.

D'abord, nous sommes convaincus que le modèle de l'entreprise de demain est un modèle « d'entreprise plateforme », comme évoqué dans le premier chapitre ; c'est-à-dire un modèle de co-innovation, co-conception et de co-productions de produits, de services et/ou d'expériences client avec des partenaires, pour offrir des services combinés à nos clients que nous ne pourrions opérer seul. Ce modèle d'entreprise plateforme permet de déployer un management ouvert, maillant collaborateurs, clients et partenaires pour favoriser plus de souplesse et de capacités d'évolution. Le second principe, c'est l'agilité à l'échelle, qui nous amène également à développer des modèles dans lesquels changer les états d'esprit et les modes de management n'est plus une option. Enfin, le troisième principe repose sur le fait que la transformation digitale ne peut se faire que dans un cadre d'éco-responsabilité, où éthique digitale et confiance sont au cœur. C'est en associant ces trois convictions majeures que nous développerons notre nouveau modèle de conseil.

Nos promesses client et collaborateur sont volontairement audacieuses et engageantes, non pas pour réussir une opération de communication, mais pour créer une vraie rupture dans nos pratiques, en posant l'exigence et en orchestrant les preuves de cette transformation. Ces preuves doivent jalonner l'expérience que vivent nos clients, le parcours de nos consultants, et en même temps irriguer leur quotidien. L'appropriation de notre plateforme de marque est un levier pour que chacun de nos consultants comprenne mieux dans quel cadre il contribue à la stratégie de l'entreprise, et qu'il puisse plus facilement faire le lien entre cette contribution et ses propres attentes et motivations. C'est aussi un levier pour encourager le travail d'équipe, le partage, pour favoriser la créativité, pour penser global et collectif. Les promesses client et collaborateur permettent de donner à nos managers une nouvelle clé de lecture, et de les impliquer dans les moyens de délivrer des preuves tangibles. In fine, de les aider à apporter plus de valeur à nos clients, et de valoriser les collaborateurs dans leur contribution individuelle aux objectifs globaux de l'entreprise, portés par le collectif.

L'encart méthodologique ci-contre porte sur l'expérience collaborateur. Les mêmes mécanismes doivent s'opérer pour définir l'expérience client et l'expérience partenaire.

Méthodologie

Concevoir une nouvelle expérience collaborateur en impliquant les collaborateurs et les managers

8 clés pour construire une nouvelle expérience collaborateur grâce à l'intelligence collective.

- Interroger un grand nombre de collaborateurs sur l'expérience vécue, les leviers de motivation, les moments et les points de crispation, pour construire, en lien avec les profils types, la promesse collaborateur et l'expérience map cible.
- Construire une promesse collaborateur, alignée à la mission de l'entreprise et en symétrie de la promesse client, ni trop ni trop peu ambitieuse : « le costume doit être un peu trop grand », avec l'ambition, à 2 à 3 ans, d'avoir suffisamment grandi pour porter parfaitement ledit costume.
- Décliner la promesse collaborateur en marqueurs de l'expérience collaborateurs, et incarner ces marqueurs dans les pratiques. Par exemple, un des volets de la promesse collaborateur de Sopra Steria Next encourage l'audace, la curiosité et la prise de responsabilités pour explorer de nouvelles voies et exploiter les technologies innovantes. Les marqueurs permettent de décliner concrètement ce volet de la promesse vu du collaborateur ou du manager : « Grâce à l'écoute de mon management, j'évolue dans la voie que j'ai choisie. Mon management tient ses promesses et sait reconnaître le mérite de ses collaborateurs. » Ce marqueur n'a de sens que s'il s'incarne au quotidien dans les actions de management. Par exemple, un des packages déclinés de ce marqueur est la mise en place des « collab wishes » : les consultants expriment leurs souhaits pour leurs prochaines missions à la fin de chaque semestre (client, savoir-faire, secteur d'activité, ou région). Un indicateur de satisfaction des souhaits est suivi au niveau du Comité de Direction du Conseil.
- Co-construire les marqueurs de l'expérience collaborateur avec un panel de collaborateurs de différents niveaux ; puis expérimenter ces marqueurs dans des entités de taille, de contextes différents pour les affiner, en mode test&learn, et garantir ainsi d'être au plus proche des attentes de chaque profil, de chaque situation.
- Identifier et prioriser le backlog des actions à engager qui sont des preuves de la promesse tout au long du parcours professionnel du collaborateur – je postule, j'intègre l'entreprise, je monte en compétences, je change de poste... – et les moments du quotidien – je travaille à distance, je remplis les tâches administratives... La finalité étant de calibrer la perception des salariés sur chacun de ces événements et de co-construire avec eux des parcours cibles.

- Assurer systématiquement la cohérence entre les actions de transformation de l'entreprise (évolution des pratiques, des parcours, des processus, des modes de management...) et les marqueurs collaborateurs définis.
- Mettre en place des indicateurs d'amélioration continue pour s'assurer que les marqueurs de la promesse collaborateur s'incarnent dans les pratiques.
- Mettre en place un dispositif d'écoute et de *feedback*, pour identifier le niveau de perception des collaborateurs sur les évolutions réalisées et définir de nouveaux plans d'action pour améliorer en continu l'expérience collaborateur.

Un conseil résolument éthique

Nos promesses client et collaborateur portent la vision d'un conseil résolument éthique : un conseil qui prend la mesure des enjeux et des impacts socio-économiques et environnementaux dans ses recommandations; un conseil augmenté d'une conscience citoyenne en quelque sorte. Ce parti pris permet de donner du sens à nos actions. C'est un engagement fort, qui va au-delà des effets de mode.

Comment imaginer, demain, que la digitalisation de notre économie, de notre vie sociale, de nos comportements privés ou professionnels, s'opère sans tenir compte d'un cadre éthique? Comment, pour les entreprises et les pouvoirs publics, envisager la transformation digitale sans embrasser aussi sa dimension éthique? Les entreprises et organisation publiques, en créant constamment de nouveaux usages digitaux, sont à l'origine de la transformation digitale, et en même temps en sont les bénéficiaires. Il est donc naturel qu'elles accueillent, les premières, la prise de conscience des enjeux, des opportunités et des risques associés. Elles ont par ailleurs un rôle social et sociétal de plus en plus important. Au demeurant, promouvoir un modèle plus responsable procède d'une exigence croissant à la fois des collaborateurs, des clients, des citoyens et des pouvoirs publics pour qui la quête de sens et le respect d'un cadre éthique constituent un facteur déterminant.

Notre rôle, en tant que cabinet de conseil en transformation digitale, est clé, dans la mesure où, par notre action, nous pouvons structurer un écosystème technologique favorable à une approche éthique du digital. Nous avons très clairement un rôle prescripteur. L'éthique doit devenir un critère majeur dans nos recommandations et dans les solutions que nous fabriquons. Nous avons déjà engagé des actions très concrètes, à l'image du mécénat de compétences proposé à tous nos consultants; d'un travail de réflexion par le biais de la création d'une chaire de recherche avec Sciences Po consacrée à la souveraineté numérique; des cafés débats en interne avec des clients et des universitaires pour que nos consultants comprennent la portée et le champ d'action de l'éthique numérique; ou encore l'intégration dans nos propositions de valeur des volets Éthique numérique, Confiance et Responsabilité d'entreprise.

Une proposition de valeur revisitée

Notre palette de savoir-faire se décline sur toutes les dimensions de la transformation digitale. Pour apporter des réponses aux enjeux cœur de métier de nos clients et plus globalement à l'ensemble de la chaîne de valeur de leur transformation, nous avons réorganisé notre proposition de valeur. Notre stratégie d'offres s'articule maintenant autour de six piliers structurés par notre raison d'être et nos convictions sur l'entreprise plateforme :

- concevoir les fondamentaux de l'entreprise plateforme ;
- affirmer sa marque par l'expérience client ;
- agiliser le management et engager ses collaborateurs au service du client ;
- décupler la performance opérationnelle ;
- faire de la data un levier de rupture ;
- concevoir le SI « *as a service* ».

Engager très tôt la transformation pour appuyer le changement de marque

Nous avions la volonté de rendre tangible la nouvelle plateforme de marque très vite, d'apporter des preuves à nos consultants, au groupe, aux étudiants, à nos candidats, à nos clients, à nos partenaires, au marché. Nous avions la volonté que ce projet ne soit pas du top management, mais plutôt un projet collectif, afin de permettre à nos consultants de vivre réellement l'expérience de la transformation en interne et en même temps de vivre l'expérience de la transformation chez leurs clients.

Les leviers pour faire évoluer le modèle du conseil

Nous avons démarré début 2019 notre programme de transformation du conseil, Level Up, en même temps que les travaux de réflexion sur l'Image, pour marquer vraiment un avant et un après et pour que nos clients, nos collaborateurs, les candidats, les écoles, nos partenaires perçoivent ce changement.

Le premier levier, c'est la transformation managériale, avec quatre *streams* de transformation :

- donner du sens, le partager et obtenir l'alignement du management du Conseil ;
- être Agile dans le management de nos entités ;
- manager nos missions de Conseil en mode Agile ;
- transformer nos pratiques RH.

Le second levier, c'est le développement de notre Image, avec 4 streams de transformation :

- formaliser notre plateforme de marque ;
- formaliser et déployer notre Signature ;
- développer le consulting 4.0 ;
- repenser notre stratégie écoles.

Le troisième levier a pour vocation d'assurer le développement de nos capacités de conseil en stratégie digitale et stratégie opérationnelle, avec 2 streams de transformation :

- la création du Centre d'Expertise Digitale ;
- le développement de nos compétences métiers et practices.

Enfin, le dernier Stream répond aux exigences combinées du marché et de nos collaborateurs en menant plus loin encore notre engagement et le rôle sociétal de notre cabinet de conseil.

Opérer la mise en mouvement à l'échelle de Sopra Steria Next

Opérer la mise en mouvement, c'est à la fois établir une feuille de route pour chaque stream ; donner les moyens à chacun de délivrer, en agile, les livrables prévus ; poser un cadre de déploiement des travaux de l'ensemble des streams dans toutes les entités sectorielles et régionales du conseil ; et enfin définir une gouvernance et un pilotage par le management visuel du programme. Chacun de nos 1 900 consultants en France doivent percevoir au quotidien les évolutions dans leurs entités. Chaque Stream est piloté par un Sponsor de Direction Générale et est constitué de plusieurs squads de consultants de toutes séniorités, engagés sur la base du volontariat. Ces squads sont en charge de livrer les packages de leur Stream, chaque package étant en lien avec notre mission, et démontrant une preuve de nos promesses client et collaborateur. L'agilité est au cœur de notre programme de transformation : la valeur client au centre, l'apprentissage par l'expérimentation, les cycles courts de conception et de production, le déploiement à l'échelle, la collaboration transverse, la mise en place d'équipes autonomes, pluridisciplinaires, et enfin la mise en place d'un management visuel.

Notre objectif était de donner à chacun la possibilité d'être ambassadeur de la nouvelle marque et acteur du projet de transformation. Tous les consultants Sopra Steria Next ont l'opportunité de vivre la transformation de Sopra Steria Next en contribuant à un des streams de transformation. Ces streams sont organisés en agile, avec des cycles de conception, des cycles d'expérimentation et des cycles de déploiement. Certains consultants ont choisi de contribuer à temps complet ou partiel à un des chantiers de transformation ; d'autres challengent les idées, livrables (appelés packages) pour réajustement avant passage en expérimentation, d'autres encore expérimentent les packages. Enfin, tous les consultants font évoluer leurs pratiques au moment du déploiement. D'ailleurs, dès mi-janvier 2019, au tout début du programme, après un premier appel à candidature, nous avons eu un engouement très fort des conultants avec déjà 320 de nos 1900 consultants impliqués et mobilisés pour contribuer aux différents streams de transformation.

Nous souhaitions aussi que chacun puisse s'approprier la marque. Nous avons imaginé un dispositif ludique, qui permet à chacun de s'approprier notre plateforme de marque et de disposer des éléments de langage pour présenter qui nous sommes à nos clients, nos collaborateurs, nos partenaires, aux candidats. Ce dispositif repose sur 3 principes :

- **appropriation** : tous les collaborateurs doivent s'approprier le sens et le contenu de notre nouvelle marque ;
- ***feedback*** : il s'agit de définir d'où nous partons et quel est le chemin à parcourir pour atteindre l'ambition liée à cette nouvelle marque. Pour cela, il est nécessaire de collecter les interrogations des collaborateurs, de mesurer la confiance dans la transformation pour identifier très vite les priorités ;
- **engagement** : le dispositif d'appropriation de la marque doit permettre d'engager toutes les entités conseil, sectorielles et régionales, d'identifier les plans d'action locaux de mise en œuvre, de proposer des actions de déploiement à destination des collaborateurs et des clients.

Méthodologie

Déployer la marque à l'échelle de l'entreprise

4 clés pour réussir l'appropriation de la marque par tous les collaborateurs :

- un séminaire agile, construit en mode Test & Learn, pour diminuer les risques lors du déploiement à grande échelle ;
- un séminaire ludique, qui met en avant les messages clés, en projetant les collaborateurs dans des actions concrètes à leur niveau, et qui s'appuie des supports variés (un support de travail en groupe, un livret de marque par collaborateur, des vidéos…) ;
- un séminaire collaboratif, déployé par cercles concentriques : la grande majorité des collaborateurs sont à la fois participant et animateur, ce qui favorise la posture d'écoute et d'appropriation ;
- une remontée d'informations systématique des ateliers de déploiement, pour alimenter un plan d'action ;
- une restitution globale et par entité pour capter la perception des collaborateurs, identifier les moteurs et les freins, affiner les éléments de langage, définir les actions à mener.

Enfin, nous avons souhaité mettre en place des rituels pour engager tous les collaborateurs dans notre programme de transformation. Le premier rituel de notre programme de transformation, c'est le rythme de l'agilité, un rythme trimestriel, par saison. Chaque saison porte l'évolution et la priorisation du backlog pour la saison suivante, la conception et l'expérimentation des packages de la saison, et enfin le déploiement des packages expérimentés et validés lors de la saison précédente. Le second rituel, c'est celui de notre communication interne. Par exemple, nous avons instauré, depuis début 2019, un rendez-vous mensuel avec nos 1900 consultants France, le « global call » : la parole est donnée au management de l'ensemble des streams qui rendent compte de l'avancement de leur chantier de transformation. Les consultants posent leurs questions et le management répond en direct aux questions dans un souci de transparence. Le troisième rituel, c'est celui du *feedback* de nos collaborateurs. Nous avons mis en place des séminaires, par grade, pour donner l'impulsion de cette transformation et collecter la perception des collaborateurs. Ces dispositifs d'écoute sont particulièrement précieux car ils permettent d'aligner nos chantiers de transformation (les streams) sur notre réalité opérationnelle, et donc sur les vraies problématiques que nous avons à résoudre, et ainsi répondre à toutes les attentes opérationnelles.

Méthodologie

Le management visuel, un rituel de pilotage qui implique le management

Le pilotage d'un programme de transformation, en agile, nécessite à la fois d'avoir un accès rapide aux informations clés, de partager les résultats, les tendances et les risques et de faciliter le suivi des actions et la prise de décision, tout en impliquant tous les membres de l'équipe.

Le management visuel, issu du Lean Management, est axé sur la perception visuelle. Il permet de disposer d'une information plus concrète, visible en un coup d'œil, plus intéressante aussi, de façon à permettre une prise de décision immédiate. Il crée les conditions de l'autonomie, chacun suivant ses indicateurs et étant partie prenante de leur amélioration continue, selon 3 principes : voir, comprendre et agir. Ce n'est pas simplement un tableau de bord revisité : c'est un nouveau mode de management, qui promeut la transparence de l'information et renforce la confiance.

Les clés du management visuel dans le pilotage de la transformation :

– la cohérence entre le sens, l'ambition, les objectifs poursuivis et les indicateurs de pilotage : ***comprendre pourquoi on le fait*** ;

– la nécessité de construire le management visuel par itération, en mode test&learn (KPI's, modes de visualisation) : ***engager le management*** ;

- un pilotage en cycle court, avec des rituels hebdomadaires : ***piloter la vitesse et la dynamique de la transformation***;
- l'autonomie de l'équipe de management dans la mise en place des plans d'actions : ***agir***;
- la capacité à aborder des points de difficulté et des clés pour lever une difficulté en collectif : ***prendre du recul***.

Le lancement de notre nouvelle marque, un moment fort en interne et avec nos clients

L'université du conseil, un moment fort « inspiré par l'action » qui marque le début de notre nouvelle histoire pour nos 1 900 consultant

Le 29 aout, en avant-première, un mois avant le lancement officiel de notre nouvelle marque, nous avons révélé à tous nos consultants France et à l'ensemble du management européen la nouvelle marque conseil du groupe, Sopra Steria Next.

Pourquoi Sopra Steria Next, l'alliance de Sopra Steria et de Next ?

Sopra Steria Next fait partie intégrante de l'ambition de Sopra Steria; c'est la pointe de la flèche du Groupe qui, sans sa puissance, ne pourrait pas avoir l'impact fort attendu par nos clients et nos collaborateurs. Next incarne le sens de notre action. Next, c'est d'abord le coup d'avance, l'anticipation, la projection dans le futur, l'étape d'après, tant sur le plan des technologies (IA, Blockchain, IoT, Data...) que sur le plan organisationnel (écosystèmes, agilité à l'échelle, entreprise libérée...) ou métier (paiements instantanés, stratégies B2B2C dans l'assurance...). Next, c'est aussi la proximité : c'est être aux côtés de nos clients, au contact de leur réalité, au plus proche de leurs enjeux pour les conseiller de la manière la plus juste, la plus pertinente et la plus inspirante possible.

L'université d'été du conseil a été la première opportunité de marquer une rupture et de montrer l'alignement avec notre mission, nos promesses client et collaborateur et nos marqueurs clés. Cette nécessaire consistance s'est opérée à la fois sur le programme dans sa globalité, sur le choix des intervenants, ainsi que sur l'ensemble des prestations de la journée, avec une attention toute particulière sur l'éthique : le libre arbitre (avec un choix audacieux de nos intervenants), l'impact environnemental de cette journée. Pour donner quelques exemples de notre université du conseil éco-responsable, nous avons privilégié des trajets en navettes électriques; chaque consultant a reçu une gourde éco-conçue pour éviter les gobelets pendant la journée; nous avons choisi un traiteur proposant des produits locaux et de saison; les surplus de nourriture ont été distribués à une association. Enfin, ce sont les consultants eux-mêmes, contributeurs des différents streams de transformation, qui se sont mis en scène pour rendre compte de l'avancement de leur stream devant leurs pairs et leur management. Tous les consultants qui le souhaitaient se sont fait photographiés. L'annonce de la marque s'est faite grâce à tous les visages de nos consultants qui ont formés notre nouveau nom, pour montrer l'importance du collectif et la responsabilité de chacun d'entre nous à écrire les prochaines pages de ce nouveau tome de notre histoire.

Le 26/09, lancement officiel de notre nouvelle marque avec nos clients et nos collaborateurs

Nos collaborateurs, acteurs de notre nouvelle marque.

Tous nos consultants ont réalisé une action collective. Vêtus d'un polo rouge, nous nous sommes tous réunis, partout en France, pour former une des lettres de Next. Chaque site de regroupement a formé son logo et l'a partagé sur les réseaux sociaux.

Illustration

S'approprier physiquement le logo

sopra steria
next

Pour faire découvrir à nos clients notre nouvelle marque, nous leur avons fait vivre une nouvelle expérience, un parcours immersif au sein de notre espace Next, un espace de 900 m² chaleureux, qui bouscule les codes et permet de se projeter dans le monde de demain. Plusieurs salles ont été utilisées pour révéler ce que nous sommes. L'Immersive Experience Room, équipée d'une vidéo 300° immersive avec des sensations (vitesse, chaleur, éléments météos...), a été utilisée pour pour projeter nos clients dans notre nouvel univers. Nous avons réalisé une étude quali-collaborative sur l'éthique numérique, la confiance et la responsabilité d'entreprise, auprès d'un panel de Français sollicités pendant dix jours. La Sharing Experience Room a permis de faire découvrir les premiers éléments clés de cette étude, au travers d'une œuvre graphique que nos clients ont vu naître au cours de la soirée. Ce format novateur et fécond a souligné que les Français interrogés placent les enjeux d'éthique numérique très haut dans leurs préoccupations et attendent plus des organisations publiques, et également des entreprises. La Secret Room a permis d'interroger sur les enjeux éthiques de la transformation digitale à travers de grands titres médiatiques : L'éthique numérique et les questionnements qu'elle soulève sont partout. Tous domaines confondus, tout se dit... Tout et son contraire. Enfin, l'Innovation Experience Room a eu pour fonction de susciter l'envie des clients de découvrir en 2020 toutes les actions que nous prévoyons pour ancrer chaque jour un peu plus l'éthique numérique, la confiance et la responsabilité d'entreprise dans notre quotidien, celui de nos collaborateurs, de nos managers, de nos clients, de nos relations écoles, de nos partenaires.

Temps 3 : révéler notre nouvelle marque au marché, aux candidats

Au-delà d'une campagne de notoriété importante, et des messages d'annonce envoyés à tous nos clients, aux Directeurs d'écoles, aux candidats, aux alumni, nous nous sommes rapprochés de nos écoles cibles, avec des partenariats engageants, des actions récurrentes dans les écoles. Nous avons par exemple signé une convention de mécénat sur 5 ans pour soutenir la chaire « Digital, gouvernance et souveraineté » de Sciences Po. C'est un sujet clé car aujourd'hui, la transformation numérique croissante, mais également la crise sanitaire et économique que nous avons traversée, soulèvent de nouveaux enjeux d'ordre politiques, économiques, sociétaux et éthiques. Nous sommes convaincus que nous avons un rôle à jouer dans ces problématiques de souveraineté. Nous croyons en l'intelligence collective pour faire avancer le monde.

Installer notre nouvelle marque

Nous avions travaillé très tôt, au moment de la création de notre plateforme de marque, un plan ambitieux de lancement et d'installation de notre marque, impliquant toutes nos parties prenantes : nos collaborateurs, nos clients, les étudiants, les écoles, nos partenaires. Même si ce plan a pris une forme très différente au premier semestre 2020 au regard de la crise sanitaire et économique, l'intention et l'ambition sont restées identiques, et notre motivation à engager tout notre écosystème sur l'éthique numérique, la confiance et la responsabilité d'entreprise s'est renforcée. Toute crise majeure est à la fois un accélérateur et un révélateur d'éthique, ainsi qu'un exercice de hiérarchisation des valeurs. L'éthique se fabrique précisément parce que les crises révèlent la nécessité pour l'entreprise de prendre des décisions impactantes qui engagent sa responsabilité, en conciliant par exemple des impératifs de sécurité des personnes, de réassurance et des impératifs économiques. En situation de crise, l'éthique ne se fabrique pas seulement selon ou en fonction de valeurs ou de principes, mais depuis et dans les situations concrètes. Il existe donc un lien très fort entre éthique et résilience, ce qui soulève des questions sur la souveraineté, la responsabilité sociétale, l'environnement... Beaucoup d'idées sont formulées, des prises de positions sont annoncées. Ces réflexions ne sont pas articulées dans un cadre de pensée permettant de les structurer et de donner un sens commun; elles ne sont pas consolidées dans un « lieu » unique permettant facilement de les confronter et d'appréhender globalement la complexité; elles restent souvent spéculatives et n'invitent pas à l'action.

Nous avons donc lancé l'Exploratoire Sopra Steria Next, un do tank qui place l'éthique numérique au cœur de l'action des entreprises. Cet exploratoire vise à servir trois objectifs. Le premier est d'articuler les réflexions sur l'éthique, la confiance et la responsabilité d'entreprise autour d'un cadre de réflexion permettant d'appréhender la complexité. Un cadre qui autorise une approche holistique des transformations à conduire demain. Le second objectif est de regrouper ces réflexions en un seul lieu numérique et en assurer une large diffusion. Enfin, le dernier objectif est de promouvoir le partage et retours d'expérience, la conduite d'expérimentation de façon à inspirer la penser vers l'action, dans des boucles courtes. Le cadre de la réflexion se fonde sur une approche multi dimensionnelle de l'entreprise.

Illustration

L'exploratoire Infographie

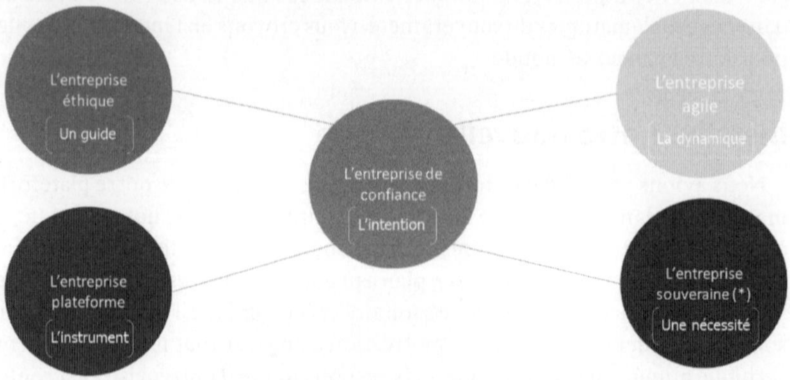

(*) on parle ici de souveraineté de l'entreprise : l'entreprise en maitrise de son destin

Cet exploratoire témoigne de l'engagement de Sopra Steria Next sur le champ de l'éthique, de la confiance et de la responsabilité d'entreprise. Questions qu'un cabinet de conseil ne peut ignorer lors qu'il conseille et engage ses clients dans leurs transformations. Parce que nous sommes inspirés par l'action, nous souhaitons explorer les futurs possibles par l'action et par l'expérimentation.

Quel retour d'expérience, un an après le lancement de la marque ?

Créer la marque Sopra Steria Next, c'est repenser notre mission, donner le sens, poser les premières briques de notre empreinte, de notre singularité. En étant vigilants sur deux points : que chacun de nous se reconnaisse, se projette et s'engage sur ce nouveau projet d'entreprise ; et que cette empreinte soit cohérente et réellement partagée.

Pour cela, nous avons impliqué nos consultants et nos managers, pour construire ensemble les marqueurs forts de nos promesses client et collaborateur, et imaginer ensemble notre nouveau modèle de conseil. C'est une transformation de nos gestes métiers, de nos modes de collaboration, de nos modes de management, de la façon de faire progresser nos collaborateurs. C'est également une transformation de notre façon d'adresser nos clients, nos missions, de présenter nos propositions de valeur. Nous avons avancé, pas à pas, sans certitude, en nous questionnant, en expérimentant, en adaptant petit à petit notre modèle, en déployant au fur et à mesure les pratiques éprouvées. Tous les consultants, en transverse ou dans leurs entités, ont été impliqués dans cette transformation. Nous nous sommes rapprochés de nos clients, de nos partenaires ; nous avons développé de nouveaux écosystèmes pour mieux servir nos clients ; nous avons intégré dans certaines de nos propositions de valeur une dimension éthique numérique, confiance et responsabilité d'entreprise ; et nous sommes convaincus que nous pouvons accompagner nos clients pour construire le monde de demain. La crise sanitaire et économique qui a suivi en 2020 a confirmé notre motivation à agir et à agir différemment, à continuer la transformation que nous avions engagée. Notre mission, nos promesses client et collaborateur ont réellement guidé nos décisions et nos actions. Le lancement de Sopra Steria Next en septembre 2019 a été l'occasion d'affirmer notre engagement en faveur de l'éthique numérique, la confiance et la responsabilité d'entreprise. Pour nous tous, la crise a renforcé la quête de sens et la volonté de respecter un cadre éthique. Il existe d'ailleurs un lien très fort entre éthique et confiance, et entre éthique et résilience. Durant cette période de crise, nous avons pu compter sur l'engagement et l'agilité des équipes, sur le développement de l'intelligence collective, pour s'adapter et trouver ensemble les meilleures solutions pour pivoter : comme beaucoup, nous avons adopté le télétravail à l'échelle de tous nos consultants du jour au lendemain, en imaginant de nouveaux modes de management à distance, de nouvelles façons de créer de la proximité et du lien. Nous avons également créé de nouvelles offres, en quelques semaines, pour répondre très vite aux nouvelles préoccupations de nos clients. Par exemple, nous avons mis en place le traitement automatisé des dossiers en attente grâce aux outils d'automatisation des tâches et à l'IA ; ou encore nous nous sommes associés à Salesforce pour créer un outil de gestion des files d'attente en magasin et ainsi réinventer l'expérience client en période de confinement ; enfin, nous avons noué des partenariats pour développer la résilience, comme le partenariat OVHCloud pour répondre aux enjeux de souveraineté et d'agilité du secteur public et des OIV.

Nous avons posé en 2019 l'intention [notre mission et nos promesses client et collaborateur], la dynamique [notre programme de transformation] et notre guide [l'éthique, la confiance et la responsabilité d'entreprise] ; et nous avons éprouvé ce cadre en 2020, en expérimentant et en déployant de nouvelles pratiques. Le chemin de notre transformation est maintenant bien engagé. Nous continuons à concevoir et construire chaque jour, ensemble, avec nos collaborateurs, nos clients, nos partenaires, le modèle de conseil de demain de Sopra Steria Next, un modèle plus humain, plus résilient et plus soucieux de l'impact positif de nos recommandations.

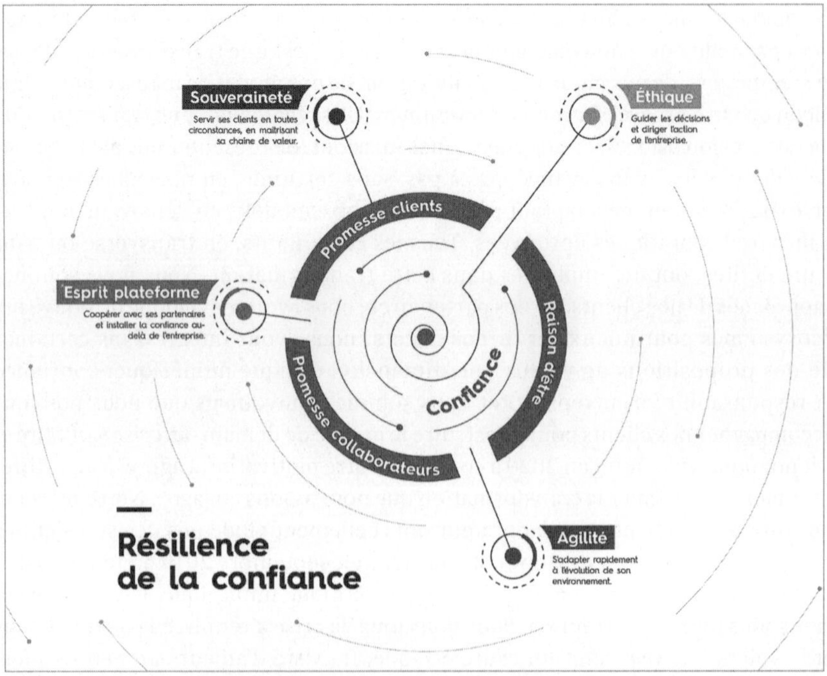

Chapitre 2

Faire vivre et entretenir une marque

Si créer une marque est à la portée de tous avec la démocratisation des outils graphiques, en revanche, la faire vivre sur la durée est une autre gageure. Tout comme dans l'industrie du cinéma qui multiplie les suites et les projets « saga », il semble que les entreprises soient de plus en plus frileuses à lancer de nouvelles entités, leur préférant des extensions qui parient sur une notoriété préexistante : Orange Bank, La Poste Mobile, Kinder Bueno ice-cream... Autant de marques qui ont été importées d'un secteur à un autre pour lancer une activité.

Car le vrai coût d'une marque n'est pas sa création mais sa communication. La première dépense reste le média, avec des investissements qui se chiffrent vite en millions si l'on veut accéder à l'affichage ou à la télévision. Comparés aux coûts de création (à partir de quelques milliers d'euros pour un travail sérieux), le rapport est sans commune mesure. Et cette dépense doit être renouvelée tous les ans car les consommateurs ont parfois la mémoire courte. À cette dépense première viennent s'ajouter toutes les dépenses de « branding », mot à mot « marquage » du produit : packaging, habillage des lieux de vente, leaflets, toute la communication commerciale autour du produit, du service et du point de vente, qu'il soit physique ou digital.

Et le succès d'une telle entreprise ne se compte pas qu'en millions. Pour y arriver, il faut également de la discipline, c'est tout le rôle de la direction de la communication en entreprise. Car elle doit agréger des points de contact avec les clients qui sont à sa main (la publicité par exemple), tout en les unifiant avec d'autres points de contact qui sont gérés par d'autres équipes. Celles-ci peuvent être internes à l'entreprise : le service-client, la direction marketing ou l'innovation produit. Mais également externes, dans le cas de produits distribués par des tiers (c'est le cas de toute la grande consommation ou de la parfumerie).

Contrairement à ce qui est valorisé dans la profession, le succès d'une marque ne repose donc pas sur la créativité de sa communication, ou la justesse de sa ligne stratégique, mais sur sa capacité à s'exprimer sur de nombreux environnements tout en restant pertinent. Dans un monde où les contacts se sont multipliés, ou les propositions de marques et de contenus sont nombreuses, la marque doit apparaître comme un phare dans la nuit, un gage de qualité ineffable. Et la communication de cette marque doit contribuer à construire, sur tous ses supports d'expression, cette foi inébranlable...

L'essentiel de
« Faire vivre et entretenir une marque »
en un clin d'œil

Chapitre 2 : Faire vivre et entretenir une marque

2.1 Retrospective et perspective

- Stratégies sociales de marques : prises et emprise par Caroline Marti (CELSA Paris Sorbonne)
- Marques et marques de luxe – une possible conversation ? par Déborah Marino (Publicis Luxe)

2.2 Débat : La place des marques dans un espace public en mutation

- Échange : Les marques, vont-elles remplacer les politiques publiques ? échange entre Julien Féré et Mélanie Rauscher
- Étude de cas : CITEO, quand la raison d'être est le recyclage par Séverine Lèbre et Stéphanie Foucard
- Échange : Une marque peut-elle réellement avoir une conscience environnementale ?

2.3 Méthode : Faire vivre une marque et l'animer

- Marque employeur vs marque commerciale… Une dichotomie ? par Julien Féré (SNCF)
- Étude de cas : faire vivre la marque TGV INOUI par Anne Bock et Julien Féré (SNCF)
- Point de vue : Marchandisation des marques médias et médiatisation des marques marchandes : étude d'un processus de symbiose au travers du cas Brut Par Julien Féré

2.1 Retrospective et perspective

Stratégies sociales de marques : prises et emprise

Caroline Marti

À l'origine était le sens...

Le lien entre marque et société est inhérent à l'existence même de la marque, car son nom, ses produits et services se donnent toujours à lire comme une interprétation de la consommation, entendue comme l'action de transformer une acquisition en satisfaction, personnelle et collective. Fruit de choix sémiotiques, inspirés de la vie culturelle et sociale, la marque fait toujours signe socialement, et pour prolonger une idée de Benjamin, elle est « l'expression de l'économie dans sa culture » (Benjamin, 1989, p. 476). Loin de sa réalité d'assemblage communicationnel composite, elle se manifeste dans l'espace social comme un énonciateur symbolique ayant une unité, comme un sujet moral, comme un acteur social.

Mais dans quelle mesure une marque peut-elle être dotée d'une existence sociale ? Cette question renvoie à des exemples, nombreux, de marques évoquées au fil des années, voire des siècles, mais aussi à des marques éphémères, mais qui sont associées à des discours tenus sur elles par « la société » par toutes sortes de commentateurs : consommateurs, citoyens, journalistes, politiques...

Ces discours sont maîtrisés par les gestionnaires de marques, porteurs de la parole de l'entreprise sur la scène publique, parfois aussi ils leur échappent, loin du sens souhaité, loin des interprétations prédéterminées par les acteurs économiques.

Créer du sens pour les acteurs économiques, c'est justement prévoir une interprétation, nécessairement sociale, liée à la culture collective des publics visés, une culture ancrée dans le temps et l'espace, articulée sur des normes, mais aussi sur les préoccupations collectives de l'époque.

Les acteurs économiques, entreprises, agences de communication ou consultants qui les accompagnent, sont à ce titre des herméneutes du social, ils retiennent de l'air du temps les éléments susceptibles de profiter ou de nuire à leurs offres pour construire leurs discours, les façonnent en fonction de leur compréhension et imaginaire de l'espace social, en cohérence avec les offres qu'ils proposent.

À l'inverse, les entreprises établissent leurs choix communicationnels, du packaging aux campagnes publicitaires ou autres discours élaborés pour habiller symboliquement leurs offres et ont une influence, plus ou moins marginale, sur la société, sa culture, ses représentations dominantes. Quelle que soit la réalité de ce « plus ou moins », les acteurs économiques visent cette influence sociale qui est plus que la somme des influences individuelles, mais bien une influence collective reconnue.

Ce chapitre va explorer cette quête en analysant quelques modalités des pratiques communicationnelles des acteurs marchands. Sans prétendre à l'exhaustivité, la perspective permettra de mettre en évidence quelques phénomènes puissants emblématiques des liens entre marques et société, emblématiques aussi des croyances communicationnelles de ceux qui font vivre les marques.

Faire entendre sa voix : un enjeu médiatique

L'opportunisme médiatique

Les entreprises marquent depuis longtemps les produits et espaces de leurs signes et signatures pour exister aux yeux des potentiels consommateurs : dès l'antiquité, formes d'amphores pour signaler un vin de telle ou telle provenance, enseignes, annonces publicitaires, packaging, vitrines, affiches urbaines, objets publicitaires...

Dans le même temps, la communication est souvent considérée avec une certaine suspicion par les consommateurs et fait l'objet d'une autocritique des professionnels, conscients des excès, des dérives, des saturations des médias et des publics, ce qui les conduit à innover et investir d'autres formes communicationnelles, notamment celles d'une dépublicitarisation désormais bien identifiée (Marti, 2005).

Dans ce contexte médiatique, les stratégies de contournement et la conquête de nouveaux espaces médiatiques, inhérentes à la vie des marques, se sont intensifiées, les avancées de la technologie et les besoins économiques des acteurs de la culture, notamment ceux des médias, les rendant plus favorables.

Les marques, débordant fortement du lit de la transaction, ont ainsi investi les espaces de la vie culturelle, pour valoriser symboliquement leurs offres et les ancrer plus fortement dans la société. Tous les espaces de la vie culturelle sont devenus des lieux envisageables pour médiatiser les marques, leurs offres, valeurs, traits distinctifs. Ce sont des lieux potentiels d'expression à conquérir pour se distinguer de la concurrence.

Prendre la parole : un pouvoir

Les espaces choisis le sont en fonction de la valeur sociale qui leur est attribuée, afin de conférer une valeur forte aux paroles des marques leur étant associées : lieux circonscrits de savoir et de culture, que nous évoquerons, mais aussi médias, lieux légitimes de l'information, de l'opinion.

Longtemps assignées à une existence médiatique sous condition, dépendantes des espaces publicitaires alloués, de nombreuses marques sont désormais travaillées avec d'autres formes énonciatives, avec des prises de paroles plus autonomes. Les magazines de marque, en plein essor dans la première décennie du XXIe siècle, le *native advertising* ou les supports info-communicationnels tels que Konbini ou Melty témoignent de ces prises de parole hybridées, au service des marques, des « contenus ». Ces « contenus » disent dans l'anodin de cette dénomination la quête d'audience tout autant que la non-qualification volontaire de la nature de leur message, la proclamation d'un entrelacs entre les finalités économiques et médiatiques tissées dans le discours.

La question médiatique subsume celle des médias au sens strict, Internet favorise des productions médiatiques dont le statut de média n'est guère interrogé et l'incertitude communicationnelle qui les caractérise dissimule aux yeux naïfs ou indifférents d'une partie de leur audience leur modèle économique.

Les marques prennent dans tous les cas une place maîtrisée dans le paysage médiatique en faisant entendre leur voix. En empruntant les formes spécifiques des médias, elles font comme si elles étaient des médias légitimes et en avaient les prérogatives sociales, celles qui innervaient fondamentalement et historiquement la presse traditionnelle et son statut.

Revendiquer une auctorialité

S'approprier des espaces médiatiques dotés d'une mémoire sociale, c'est tenter de déjouer une réception sceptique ou défavorable, c'est aussi une façon de proclamer sa propre légitimité à s'exprimer, affirmer son autorité (Marti, 2014). Être auteur, c'est en effet être « celui qui promeut, qui prend une initiative, qui est le premier à produire une activité, celui qui fonde, qui garantit » (Compagnon, 2014).

La tentation du « être média » est une caractéristique forte de la dernière décennie avec une revendication très assumée de certains professionnels ne voyant pas pourquoi les marques ne deviendraient pas journalistes. De l'activité journalistique, théoriquement caractérisée par la qualification et la hiérarchisation de l'information, par la confrontation des points de vue, par l'approche critique, il reste un déni d'une partie de ces caractéristiques et l'idée forte du nécessaire choix d'une ligne éditoriale, activité conforme à ce qui prévaut pour la détermination d'une stratégie communicationnelle pour une marque.

Faire lire, c'est socialiser, faire entrer dans une conception du monde, engager symboliquement, dans un texte conçu pour être partagé. C'est cette autorité-ci qui est revendiquée dans l'auctorialité des marques, devenues auteurs pour valoriser l'univers de leurs offres. La clôture médiatique construit des logiques de consommation et un univers cohérent autour du concept éditorial, une activité symbolique autour d'univers de signes, pour obtenir une audience propre. Définir une ligne éditoriale, c'est bien ce qui permet la cohérence aux yeux des publics et fait converger les finalités vers la formulation d'une promesse destinée à toucher tout de suite le consommateur du média et, à terme, le consommateur potentiel de la marque. La relation est reconfigurée dans ce mouvement de bascule, requalifiée au profit d'une plus grande acceptabilité du discours de marque.

Faire valoir ses savoirs : éthos et posture didactique

La mise en circulation des savoirs et la crédibilité

L'enjeu relationnel n'est pas seulement à la source de l'activité médiatique des marques, il l'est dans toutes les circulations de savoir élaborées pour valoriser les marques. Se présenter comme détenteur d'un savoir s'intègre dans une stratégie sociale avec, pour reprendre les termes d'Adorno, « l'intégration délibérée, d'en haut, de ses consommateurs » (Adorno, 1964, p. 12).

De nombreux cas de marques témoignent ainsi d'une instrumentalisation des modes de diffusion légitimes du savoir pour valoriser leurs offres, le partage des savoirs dans le monde marchand jouant sur la prééminence de celui qui sait pour instaurer un régime de vérité face à celui qui *a priori* ne sait pas ou celui qui doute. Il s'agit d'être cru, de produire des normes de consommation.

Légitimer son discours pour obtenir une crédibilité sociale et partager les normes de l'univers que l'on élabore est devenu un enjeu central pour les marques, ce qui les conduit à des actions sophistiquées, de la production de kits pédagogiques (il y a des exemples pour un grand nombre de secteurs) à la mise en place d'instituts, observatoires et fondations (par exemple pour les grandes marques telles que Danone, Nestlé, L'Oréal), en passant par la mobilisation de partenariats avec des organismes scientifiques ou la mobilisation d'experts.

Si la conception du consommateur comme individu à informer voire à éduquer est loin d'être nouvelle, le travail de la réputation de plus en plus prégnant dans la vie communicationnelle des marques ces dernières années, intensifié par le développement d'Internet, invite à s'intéresser plus particulièrement à la revendication des entreprises de ce qui s'apparente à un *éthos* de marque.

Se fabriquer un éthos de marque

L'*éthos*, comme présentation de soi, invite à s'instituer comme acteur social. Goffman a brillamment analysé la façon dont la présentation de soi est liée aux relations sociales que l'on veut tisser (Goffman, 2006) et, si les entreprises ne sont pas des personnes, leur fonctionnement présente des similitudes avec les personnes qui les font vivre si bien que la question de la « façade sociale » ne semble pas incongrue.

Se poser alors dans une posture d'autorité intellectuelle, de médiation culturelle, dans tous les cas dans un rôle de partage du savoir, est une façon de revendiquer un pouvoir, une autorité pour éduquer le consommateur, l'instruire, le convaincre, dans une modulation des discours qui va de sollicitude à la prescription de pratiques, de consommations rituelles, adossées à des savoirs. Que les marques jouent le rôle de coach, pour l'hygiène (le brossage des dents par exemple), l'alimentation (la consommation de laitage par exemple), qu'elles exposent les enjeux énergétiques, quand elles sont justement des marques énergéticiennes, ou quand elles sont liées à d'autres pratiques et univers de consommation, toutes jouent sur la relation didactique pour faire accepter leur vérité.

La tentation didactique

L'école est ainsi un espace joué pour certaines marques pour faire valoir leur univers. Développer des stratégies communicationnelles dans ce lieu dédié à la circulation des savoirs légitimes, notamment par le biais des kits pédagogiques, c'est s'appuyer sur la force de l'institution qui est la matérialisation d'un pouvoir de dire et d'une reconnaissance sociale. C'est aussi dans le même mouvement s'approprier la parole légitime de l'enseignant pour y emboîter les thèmes et idées que l'on veut relayer, au nom de l'éducation du futur citoyen. La portée commerciale du message est alors discrétisée avec des choix sémio-linguistiques qui privilégient un registre empreint de neutralité, même si le logo est disposé çà et là pour que les propos de l'ensemble des documents soient attribués et associés à la marque.

La tentation didactique recouvre d'autres manières de faire et notamment le recours à la médiation scientifique et à l'expertise. Le recours par les entreprises à des experts ou des cautions d'institutions scientifiques pour évoquer leurs offres s'inscrit dans cette énonciation favorable pour prescrire. Le poids de l'expert dans ces deux cas est favorable pour façonner l'opinion : une écoute lui est prêtée, il participe en toute légitimité à la construction publique de normes, de ce qu'il faut retenir, croire, mettre en œuvre.

Cette socialisation fonctionne dans la mesure où ces figures du savoir, experts comme institutions scientifiques, sont ouvertes à l'opportunité du partenariat. Si ces tactiques communicationnelles rappellent en creux l'incapacité des acteurs économiques à être visibles d'emblée dans l'espace social, elles rappellent qu'ils ne sont pas les seuls... Au-delà, pour les figures scientifiques, le jeu du partenariat avec des marques signe leur reconnaissance médiatique et annonce souvent un financement complémentaire à leurs subsides ordinaires.

La lutte autour des savoirs

Déployer son existence dans le champ du social est une façon de se différencier, de marquer un coup communicationnel, mais à terme, ce procès a conduit à déplacer plus encore la compétition économique dans le champ du symbolique. Les marques aujourd'hui les plus fortes s'emploient à exister en exhibant des valeurs, en déroulant des imaginaires puissants, en affirmant la pertinence des savoirs qui leur sont associées. Mais du coup, à force égale, les marques sont aujourd'hui en compétition dans ces espaces et luttent pour être présentes dans les esprits et imposer leur vérité aux consommateurs, dans un contexte parfois de débat public sur l'opportunité de consommer tel ou tel produit (le lait, les produits sucrés) ou telle offre de service (les conditions de travail chez Amazon, etc.).

Un grand nombre de consommateurs déjoue les affirmations des marques, fort de leurs propres savoirs ou appuyé par les associations de consommateurs, qui existent depuis fort longtemps et continuent de jouer aux marges un rôle de contre-pouvoir. Ils sont assistés par de nouveaux opérateurs, sites critiques qui comparent les offres et les analysent, ou encore applications, à l'instar de Yuka, qui instrumentent les résistances et apportent d'autres éclairages, d'autres discours concurrents à ceux tenus par les marques.

Investir la mémoire sociale : une quête de légitimité

Les tentations de la médiation culturelle

Les médiations culturelles, lectures, spectacles, expositions, musées et autres pratiques symboliques collectives, sont toujours liées à une volonté d'éduquer, et favorisent une conscience collective. En effet, leurs situations de représentation transforment les lieux dans lesquelles elles ont lieu en espace public de sociabilité. Pour Lamizet à l'origine de ces propos, en effet, « les pratiques culturelles constituent une forme de citoyenneté symbolique » (1999, p. 62).

Ces pratiques deviennent usuelles pour valoriser des marques, accroissent la diversité des offres proposées aux publics, mais brouillent les interprétations que l'on peut en faire. Les marques fondent ainsi en partie leur citoyenneté dans la mesure où elles travaillent, par ces offres proposées aux publics, la dialectique entre le singulier et le collectif. Érigées en acteurs culturels, elles requalifient là encore leur relation aux publics en proposant des dispositifs très proches de ceux qu'offrent les opérateurs culturels légitimes, mais pour d'autres finalités ou en tout cas, en doublant la finalité culturelle d'une finalité économique, à terme.

Le « culturel » peut recouvrir des pans entiers de la culture légitime, mais aussi des éléments caractéristiques de la culture populaire. Dans tous les cas, ce qui est éminemment culturel c'est le dispositif qui abrite la médiation et ce qui est l'enjeu c'est le remaniement symbolique du destinataire avec des modes de subjectivation qui vont embarquer le destinataire dans des états et participations variés : observation, contemplation, parcours, lecture, expérimentation, etc. Ces états sont propices à la pénétration des caractéristiques promues de l'offre symbolique commerciale, à une manipulation douce et consentie.

Événementiel et muséification

Des formes communicationnelles hétéroclites et rares se sont développées et intensifiées au point de faire naître des sociétés spécialisées dans les opérations muséales pour les marques, notamment pour les marques de spiritueux et les marques de luxe. À la fois événements et expositions dignes d'intérêt pour les pages culturelles des magazines ou sites spécialisés, les exemples foisonnent et certains n'ont pas manqué de surprendre par l'ampleur des retombées médiatiques, par la fréquentation des expositions, par exemple à l'occasion de l'exposition Dior au MAD, musée des Arts décoratifs à Paris en 2018.

La prétention culturelle est aussi remarquable que le succès et la médiatisation qui l'accompagnent. À la fois cause et résultat, elle est aussi le fruit d'un investissement important des marques qui ne lésinent pas sur les ressources financières et humaines mobilisées dans ces projets. Les collaborations entre conservateurs des musées et entreprises à l'origine de ces projets témoignent des enjeux croisés des partenaires, en quête de ressources propres pour leur institution pour les uns et de visibilité et de prestige pour les autres. Cette sociabilité de circonstance est à l'image des dynamiques sociales à l'œuvre et elle profite fortement aux entreprises les plus puissantes, renforçant ainsi leur hégémonie à l'échelle planétaire.

De petites marques et de moindres espaces de mise en visibilité s'associent aussi pour des gestes énonciatifs similaires. Cette quête vient transformer peu à peu les représentations culturelles des marques et des lieux d'exposition et interroge sur les réceptions des publics favorables à ces visites. Que viennent-ils chercher, comment interprètent-ils cette sociabilité marchande et culturelle ?

Les études récentes sur ce sujet témoignent d'un clivage sur ces questions. Pour le dire de façon schématique, s'opposent d'une part, le souci de préserver les finalités et frontières de la culture légitime et de ses œuvres dont la valeur est intrinsèque et, d'autre part, les considérations sur les approches dans lesquelles la médiation et son dispositif sont les principaux porteurs de la valeur de l'exposition. Ainsi, pour certains, même l'exposition Barbie peut être intéressante si elle est conçue pour refléter et mettre en évidence les évolutions de la société. D'autres récusent une réflexion sur la culture en s'attachant à défendre une pop culture proclamée transcendante qui mêlerait toutes sortes d'éléments dans un kitsch généralisé où la culture se revendique comme un loisir. Dans tous les cas, quel retentissement sur les représentations du patrimoine ont ces initiatives pour les marques ?

L'enjeu patrimonial

Les plus forts investissements visent explicitement la patrimonialisation de telle ou telle marque de façon à transformer son statut dans l'espace social. Faire exposition, publier un livre autour de la marque, sont de bons moyens de faire oublier l'industrialisation de ses offres, le commerce de masse, en rappelant l'origine, la rareté d'un style, d'une griffe, d'un artisanat, en renvoyant à l'aura des objets, loin des conditions de production en série, loin des linéaires et du merchandising, loin du marketing et de la compétition des concurrents.

Ces gestes qui visent la patrimonialisation passent toujours par un travail sur les origines de la marque, l'ancrage de l'entreprise et de son offre dans le tissu social, dans la mémoire sociale. Ils visitent souvent le passé pour mieux l'exploiter (Boltanski et Esquerre, 2017), donner de la patine aux objets, rappeler que l'on a traversé le temps, que l'on a une légitimité et un mérite. Ces énonciations sont le fruit d'une investigation, d'une mise en récit, réfléchie en pesant les risques et opportunités que pourraient présenter les différents choix narratifs.

Faire partie du patrimoine est un idéal pour de nombreuses marques, ce serait la preuve d'une valeur reconnue collectivement, la preuve de sa désirabilité culturelle et sociale, car le patrimoine c'est « une filiation inversée », l'héritage qu'un groupe social veut se donner (Davallon, 2006).

La consécration sociale ultime c'est alors le moment où la marque passe de sujet en quête d'une énonciation sociale à objet patrimonial, marque parlée par des instances culturelles légitimes telles que grands musées et auteurs. La médiatisation amplifie alors la portée de cette reconnaissance : brèves de médias, articles de magazines spécialisés, films documentaires consacrent cette réussite sociale éclatante, comme on l'a vu il y a quelques années pour la marque Cartier au Grand Palais ou Dior au musée des Arts décoratifs.

Afficher une posture politique : les sociabilités de l'engagement

Commenter les débats sociétaux, s'adresser aux citoyens

Exister socialement peut revêtir d'autres formes, loin de toute recherche de revendication historique et patrimoniale. C'est le cas de plus en plus de marques soucieuses d'affirmer un point de vue politique et d'apparaître comme engagées, c'est-à-dire dans ce contexte, soucieuses du bien commun.

Leurs manifestations s'expriment généralement en réponse à une actualité récente sociétale : Carrefour soutient la défense du droit des paysans à commercialiser des semences (campagne Marché interdit), Nike déploie une prise de parole pour mettre à l'honneur les minorités, telle autre marque soutient la cause pour l'égalité des femmes, une autre participe au mouvement « black lives matter ».

Dire son rôle social est une bonne opportunité pour prendre légitimement la parole, faire valoir son *éthos*, ses valeurs. Ces commentaires donnent un poids aux marques dans la vie publique qu'elles avaient plus rarement, même si l'on a en tête de fameux exemples comme celui du slogan de Moulinex « libérant les femmes », ou encore de l'aventure Trigano visant à l'origine du Club Med populariser les loisirs et favoriser le brassage...

C'est dire que l'on est au-dessus des contraintes économiques, agissant pour de nobles motivations : « Se dédouaner des contraintes économiques et alimenter la fiction d'un jeu, d'une fête, d'une institution caritative, d'un service social désintéressé. L'ostentation du désintéressement joue comme fonction sociale de la richesse (Veblen, 1979) et comme facteur d'intégration… » (Baudrillard, 2001, p. 263-264).

La période contemporaine semble associée à la généralisation de cette perspective humaniste et l'industrie du commentaire, foisonnante sur Twitter et autres réseaux, semble avoir particulièrement inspiré les gestionnaires de marque soucieux d'entrer dans les débats sociétaux.

Les variations de l'engagement

Les enjeux sociétaux sont devenus des occasions de commentaires sur les réseaux sociaux, de chartes publiées, affichées et partagées, mais aussi de campagnes publicitaires d'envergure pour les marques internationales.

Si les formes médiatiques sont toutes investies, les variations autour de l'idée d'engagement sont grandes : de la communication qui valorise l'action de marques désireuses de transformer la consommation, le rapport aux consommateurs, faire prendre un tournant majeur à l'entreprise grâce à son appareil productif et ses approvisionnements, sa politique sociale, ses engagements environnementaux, à la communication qui vient saisir l'opportunité d'une actualité sociétale pour exister un peu sur la scène publique. Entre cette mutation et cette méta communication opportuniste, nombreux sont les degrés qui témoignent du caractère hétéroclite et relatif de l'engagement généralisé proclamé.

L'engagement des marques est évoqué par les agences de communication comme la conséquence de la déception à l'égard des politiques qui auraient perdu leur crédit aux yeux des citoyens comme en attestent notamment les chiffres d'abstention aux élections françaises. Certaines études mentionnent même des chiffres étonnants : la moitié des Français penserait que les marques peuvent faire plus que les gouvernements pour résoudre les problèmes sociaux (Étude Earned Brand menée en 2018 par Edelman Intelligence).

Bien sûr, si ces engagements témoignent de la prégnance du rapport au social et de sa revitalisation par un nouveau moyen, ils sont aussi emblématiques de la capacité du secteur de la communication à remanier ses concepts opératoires et paradigmes, au grand bénéfice des agences et consultants toujours en quête de renouvellement.

Être pris en défaut : la vie sociale, mots et maux

Est-il alors judicieux de parler d'engagement ? Le vocabulaire associé foisonne en français comme en anglais : engagement, *purpose*, l'exhortation à la « participation » aux débats publics, à la prise de parole politique est en plein essor. L'est aussi peu à peu son contrepoint : *woke washing, purpose washing good-washing*, etc., la lassitude de la norme émergeante pointant déjà, avec l'inconvénient de ne plus suffire à différencier et le risque d'incohérence entre les propos tenus et la réalité des pratiques de l'entreprise qui peut émerger et parfois ruiner la crédibilité d'un propos çà et là si la démarche de l'entreprise n'est pas sérieuse et solide.

Penser l'engagement social ne peut nuire et comme les concepts circulants qui surgissent et tournent un moment, ils sont toujours heuristiques, ils donnent l'occasion de repenser les termes de sa vocation, de son positionnement, l'opportunité de se mettre au clair, des outils d'optimisation. Mais ces concepts présentent aussi le risque quand ils sont mobilisés dans la communication des marques de créer des attentes difficiles à tenir, de sophistiquer la communication inutilement si les fondamentaux de la marque en termes d'offre et de service ne sont pas assurés. Ils exposent sur la scène publique et les projecteurs médiatiques les offrent en spectacle au regard des consommateurs ; ceux-ci jugeront, en veillant à la cohérence ou au décalage entre la promesse et le respect du bien commun.

Dans tous les cas, l'amplification de l'engouement des entreprises et agences pour « l'engagement » sera suivie de l'émergence d'un nouveau concept apte à différencier et conférer de la valeur symbolique, pour un temps.

En conclusion

Si l'interprétation du social innerve le marketing pour viser l'adaptation de l'offre et la demande, les politiques communicationnelles sont structurantes pour l'ambition sociale des marques. La réciproque est vraie et la puissance des marques repose fortement sur l'intensité de ce lien, vecteur de transformation et de reconnaissance.

L'emprise sociale, version opératoire de cette ambition, traduit l'efficacité de la politique d'influence dépeinte dans les pages précédentes. Elle participe au maintien et aux transformations de l'ordre social qui dépasse la crédibilité individuelle de tel ou tel locuteur (Certeau, 1993, p. 12-19). Les médiations sociales proposées censées mobiliser les affects des publics dépendent des interprétations des consommateurs-citoyens qui conditionnent leurs autorisations et résistances, adhésions, indifférences et défections.

Entre adaptation, inventivité professionnelle et colonisation culturelle, les marques poursuivent leur existence sociale… À l'instar des êtres culturels dépeints par Yves Jeanneret (2008), les marques « cheminent à travers les carrefours de la vie sociale ».

Bibliographie

- Adorno, 1964, « L'industrie culturelle », *Communications*, 3, 12-18.
- Baudrillard, 2001, *La société de consommation*, Gallimard, Paris.
- Benjamin, 1989 [1939], *Paris, capitale du XIXe siècle : le livre des passages*, traduit de l'allemand par Jean Lacoste d'après l'édition originale établie par Rolf Tiedemann, coll. « Passages », Paris, Éditions du Cerf, 974 p.
- Boltanski et Esquerre, 2017, *Enrichissement, une critique de la marchandise*, Gallimard, Paris.
- Certeau (de), 1993, *La culture au pluriel*, Seuil, Paris.
- Compagnon, 2014, Quatrième leçon, « Généalogie de l'autorité ». Cours paru sur Fabula et disponible à l'adresse : http://www.fabula.org/compagnon/auteur4.php.
- Davallon, 2006, *Le don du patrimoine, une approche communicationnelle de la patrimonialisation*, Hermès Lavoisier, Paris.
- Goffman, 2006, *La mise en scène de la vie quotidienne* I, La présentation de soi, Éditions de Minuit, Paris.
- Jeanneret, *Penser la trivialité*. Volume 1 : *La vie triviale des êtres culturels*, Paris, Éd. Hermès-Lavoisier, coll. « Communication, médiation et construits sociaux », 2008, 266 p.
- Lamizet 1999, *La médiation culturelle*, L'Harmattan, Paris.
- Marti, 2005, « Les magazines de marque, métamorphoses d'une promesse », Thèse de Doctorat sous la direction de F. Boursin, CELSA Sorbonne, 2005.
- Marti, 2014, *Les médiations culturelles des marques : une quête d'autorité*, ISTE éditions, Londres.
- Veblen, 1979 [1970], *Théorie de la classe de loisir*, trad. de l'anglais (États-Unis) par Louis Évrard, coll. « Tel », n° 27, Gallimard, Paris.

Marques et marques de luxe – une possible conversation ?

Déborah Marino

Le marketing est né le jour où, comblés, nous avons été invités à vouloir encore. Cet appétit pour l'excès, en ce qu'il va au-delà du besoin, est sans doute ce qui a créé une parenté entre marketing et luxe. Ce lien ne les assimile pas : on reste, pour le marketing, dans un faisceau de pratiques aimantées par le principe d'efficacité et pour le luxe, dans une culture, des représentations et des esthétiques qualifiantes et sophistiquées. Mais le poids du marché du luxe est aujourd'hui sans précédent dans l'histoire économique : près de 1,11 milliard d'euros en 2018, d'après Bain & Cie, 72 % de cette richesse étant créée par des Maisons européennes. Une croissance de près de 32 % entre 2014 et 2018, contre 12 % d'accroissement du PNB européen, dans la même période. Une expansion qui n'aurait pu avoir lieu sans une mutation du luxe, un mouvement vers la démocratisation et une conversion discrète aux vertus de la marque.

C'est la conversation s'établissant aujourd'hui entre ces deux dimensions – la marque et le luxe – vers laquelle on peut tendre l'oreille. Moins linéaire, plus mouvementée et porteuse d'enseignements que ne le voudrait une simple chronique de la massification du luxe, cette relation révèle des échanges édifiants. D'abord, parce que le luxe n'a pas endossé les caractéristiques de la marque de façon passive et a contribué à en faire évoluer les critères de valeur et à en redessiner les contours. Ensuite, parce que malgré ce passage à l'âge de la marque, le luxe reste *sui generis*, insoumis face à des principes trop rationnels, préférant s'accorder des échappées belles en termes d'identité. Enfin, parce que la nature très organique de la marque, qui la fait muter plus souvent qu'à son tour, a fait apparaître une nouvelle génération de « modern brands » qui pourraient en remontrer aux marques de luxe, les narguant en particulier autour de la notion d'expérience.

Trois angles, donc, pour appréhender ce mouvement d'attraction et répulsion entre marque et luxe, nous informant par la bande des évolutions du périmètre de chacune de ces notions. Le luxe est-il soluble dans la marque – Un inventaire arbitraire...

La marque de luxe, une marque comme les autres ?

Le luxe aime à jouer avec les ambiguïtés de sa nature – Maison, Atelier, Métier – et à ce titre, il n'aime pas être enfermé dans les limites de la définition de la marque. Une posture insoumise et critique vis-à-vis des ambitions de rationalisation du marketing, qui ne saurait masquer une quête de performance bien réelle. Mais une identité si forte, que le luxe marque de son empreinte ce que marque veut dire.

De la Maison à la Marque, un chemin nouveau et sans retour

Il est difficile de dater le moment précis où Gabrielle est devenue Chanel, où Louis s'est incarné dans le monogramme LV, où Thierry et Charles-Émile ont laissé la place à Hermès. Une bascule de la Maison de luxe – souvent fondée au XIXe siècle sur la base d'un geste propriétaire et de la figure tutélaire d'un fondateur – vers la marque, à mesure que la pratique d'un artisanat familial d'exception tendait à devenir une industrie florissante, s'ouvrant à un plus large public. Un voyage sans retour, provoqué par la pression de la démocratisation, le passage de la commande spéciale à la grande série, rendant les produits plus accessibles, la distribution plus large, la prise de parole plus intense.

Elyette Roux aime à rappeler dans *Luxe Éternel*, que le passage d'une culture de Maisons à une industrie de marques s'est joué aux alentours des années 1990. Une évolution mettant les notions de puissance et de périmètre (financiers, marketing, territoriaux) au cœur des stratégies de grands groupes, conduisant mécaniquement à une croissante concentration : LVMH, Kering, Richemont, Hermès représentent à eux seuls plus d'une centaine de marques de luxe et poursuivent une ardente politique de rachat. En emportant Tiffany pour près de 15 milliards € en novembre 2019, Bernard Arnault, président de LVMH sait qu'il s'offre plus qu'un actif financier : une marque mythique, riche de 182 ans d'histoires d'amour à l'américaine, hantée par Marilyn Monroe ou Audrey Hepburn. Une marque suffisamment évocatrice pour gommer l'uniformisation d'une production forcément plus industrialisée et d'objets pouvant perdre, au regard de certains, leur « aura ».

Ce passage à « l'âge du branding » signe une forme de maturité pour les marques de luxe, qui opèrent une révolution copernicienne, mettant le client au cœur de leur système. Image contre-intuitive, tant le client semble une religion pour les marques réservées aux élites, mais qui prend sens lorsque l'on sort du cercle étroit des « amis de la Maison », clients spéciaux, privilégiés, que l'on connaît par leur nom, leur titre ou la forme de leur pied. L'élargissement du périmètre du luxe a vu éclore une cible plus large, plus anonyme et pourtant tout aussi avide de personnalisation et d'expérience sur-mesure, en quête perpétuelle de singularité – ceux que l'on aime appeler aujourd'hui les HENRYs (High Earners Not Rich Yet) ou classe moyenne aisée. Une cible qu'il faut pouvoir étudier, comprendre, circonscrire, tant la définition de ses désirs peut évoluer (d'un appétit classique pour l'ostentation dans les 90s à la quête d'une authenticité et d'un contrat de progrès personnel aujourd'hui). Un passage de l'Offre et de l'obsession pour l'objet, le savoir-faire ou l'histoire de la Maison à la Demande et son exercice permanent de ciblage, de paramétrage et d'ajustement aux désirs, y compris non formulées. C'est en se pliant à cet exercice, mais sans afficher de docilité vis-à-vis des règles du marketing, que le luxe s'est converti au branding et espère ainsi atteindre la prédiction de Bain&Company de dépasser la valeur de 330 milliards d'euros d'échanges en 2025.

Quand le luxe paie son écot : la contribution du luxe à la plateforme de marque contemporaine

En entrant dans la famille des marques, la marque de luxe s'est montrée riche d'une dot symbolique. Versant son « écot », elle a contribué à ajouter des attributs et des repères à la notion de marque, que l'on pourrait qualifier de « capitaux » tant ils contribuent à asseoir sa « valeur perçue ». Ces capitaux pourraient être ramassés autour de 4 « R » : les racines, les repères, le sens de la révolution, et la reconnaissance.

- **Racines** : Une marque de luxe est d'abord riche de son histoire, de son ancrage, qu'il soit régional ou historique, de sa légende, parfois apocryphe, quelquefois embellie, de la figure de son fondateur, souvent mythifié – bref, de son passé. Ainsi, raconte-t-on souvent comment Gabrielle Chanel s'est affranchie du corset – prison à baleines pour femmes décentes. Et comment, suite à ce geste fondateur, toute la geste de Chanel s'est inscrite dans une quête éperdue de l'indépendance et de la liberté au féminin... même si la disparition du corset est en réalité le fait d'un couturier précurseur, Paul Poiret, inventeur de la jupe-culotte ou du parfum de couturier, qui proposera des robes taille haute et émancipatrices dès 1906.
  Ce poids des ans, parce qu'il construit une légitimité basée sur l'expérience et l'antériorité, a largement contribué à un phénomène d'archéologie des marques, qui n'ont eu de cesse que de célébrer leurs origines ou s'inscrire dans l'idée du *vintage* – comme le prouve le retour en grâce des Stan Smith, chez Adidas, le relancement de K Way en version premium ou le retour annoncé de la Game Boy dans un esprit de « retrobranding ».
- **Repères** : Les marques de luxe sont exigeantes et permettent rarement à ses clients ou ses audiences de rentrer pleinement dans leur univers sans un bagage culturel leur permettant d'appréhender la spécificité de leur savoir-faire, le récit contenu dans leur design, les codes d'usage pour leur produit ou service. Une exigence qui s'inscrit néanmoins dans un souci de générosité, puisque depuis le phénomène d'ouverture et de démocratisation du luxe, des repères sont offerts par une grande partie ces marques qui éduquent, racontent, pointent, décryptent leurs différences et excellences. Les grands films publicitaires proposés par Cartier, « l'Odyssée » ou « Shape your time » sont autant de sagas permettant de reconnaître ou de découvrir les designs iconiques et l'histoire longue d'une Maison de joaillerie exploratrice de territoires lointains. Cette approche célébrant les savoir-faire et les grands signes de reconnaissance sont repris avec régularité par toutes les marques soucieuses de rassurer sur leur qualité, créativité ou exigence, à l'instar de Lindt, les « Maîtres chocolatiers Suisses depuis 1845 » qui égraine de façon orthodoxe le vocable de l'excellence, de l'origine géographique et historique, proposant un chocolat « en mode superlatif ».
- **Révolution** : Sisyphe pourrait apparaître comme une figure tutélaire du luxe, tant le défi de renouvellement incessant du désir et de l'intérêt des publics – acheteurs ou fans de marque – conduit les marques à une forme de révolution permanente. Pourtant associées à l'intemporalité, les marques de luxe sont

adeptes du « reboot », de la table rase qui leur permet de coller à l'air du temps – rappelons-nous de l'arrivée d'Anthony Vaccarello à la direction artistique de la Maison Saint-Laurent, qui a vu disparaître toute trace de son prédécesseur, images, photos ou points de vue, sur le média Instagram de la marque. Repensons aux changements de doctrine et d'esthétique de Maisons comme Dior, Maria Grazia Chiuri affichant avec force sa foi dans la responsabilité politique de la mode à travers son désormais fétiche tee-shirt « *We should all be feminist* ». Ou l'agitation provoquée par l'arrivée de Damnia Gvasalia au sein d'une vénérable maison comme Balenciaga, infusant une pop culture grinçante et ironique aux silhouettes couture. Cette discipline de la réinvention, souvent justifiée par la figure du directeur artistique, est acquise pour les marques plus grand public, comme a su le faire Mini. D'abord fidèle à la promesse de son nom, la marque proposait de petites voitures se faufilant en ville. La bascule vers des véhicules de plus grande capacité – parfois avec 5 portes – aurait pu être le coup de grâce à la cohérence de marque. Mais le génie de BMW aura été de basculer sur une proposition de « concentré » de savoir vivre et d'expérience urbaine, réinventant la vie allant avec cette voiture, pour paraphraser un groupe concurrent.

– **Reconnaissance** : Le luxe est aussi le territoire du « badge », du signe de reconnaissance permettant de se reconnaître entre pairs – comme ces « insiders » à même de reconnaître un vêtement A.P.C. grâce à une étiquette invisible, mais « cousue de fil blanc ». De façon plus ambitieuse, le luxe a appris à canaliser les identités complexes, accorder le don de la différence, construire la distinction, signer des singularités – pour exister dans un monde toujours plus uniforme et où l'imitation immédiate est une dynamique du *social media*. Cette quête de singularité est devenue une activité massive et perpétuelle qui trouve des réponses diverses depuis la personnalisation jusqu'au DIY.

Illustration

Un dernier R – le rêve

Dans son ouvrage *Rêver 2074 – Une utopie du luxe français*, le Comité Colbert invite auteurs et créateurs à imaginer le luxe de demain, ou plutôt à le rêver. Le linguiste Alain Rey, malicieux, crée à cette occasion les mots du néoluxe – néologismes inspirés dessinant les contours du luxe à venir. On y retrouve ainsi l'idée « d'instéternel », « d'immatérialisme » ou « d'orbiquité ». L'un des termes retient l'attention – le rêver-vrai – juxtaposition contradictoire ou oxymoron poétique qui pourtant dit beaucoup de la vocation des métiers et produits de luxe : « exprimer le désir et le besoin de faire accéder chacun à ce qui semblait être du domaine de l'inaccessible ». Car le rêve fait partie de la promesse du luxe : promesse d'opulence, de confort, d'ostentation d'abord, devenue promesse d'un soi meilleur, de sens, d'éthique. Mais aussi évasion, imaginaire et fantasme, nourris par un sens du spectacle hors du commun chez les marques de luxe. Une suspension de l'incrédulité qui nous restitue, un temps, le regard d'un enfant.

Le cas de Maserati, est, en ce sens, exemplaire. La marque de voiture italienne de luxe et de renom perdure du fait de l'irrationalité qu'elle génère. En termes concrets, le monde de l'automobile, qui aime les tests de terrain, n'est pas tendre lorsqu'il faut évaluer les performances fonctionnelles d'une Maserati – vitesse, consommation, puissance. Elle ne se hisse que rarement au sommet d'un classement d'experts. Ces mêmes juges, critiques, admettent pourtant facilement leur envie de repartir au volant de ces voitures si peu raisonnables. L'explication ? Maserati possède le don d'être un rêve d'enfant, grâce à l'idée intuitive et géniale de son fondateur : mettre un moteur de voiture de course, vrombissements inclus, sous le capot d'une voiture de ville. Une offrande à tout adulte ayant rêvé petit d'être pilote, champion ou sportif téméraire.

Épure et excès – ce qui rend la marque de luxe à nulle autre pareille

« L'exubérance est beauté »
William Blake

Pour reprendre une idée et un thème chers à Cartier, la tension entre *l'épure et l'excès* est un trait récurrent des marques de luxe – l'excès en toute chose, sans guère de souci de la mesure et tout à la fois un équilibre et un tempo emprunts de justesse. Cette tension se retrouve dans divers aspects de leur discours et de leur « façon » et n'appartient qu'à elles au point d'en faire une « espèce » bien à part. Les clés de cette différence – toujours à mi-chemin entre le trop et le juste – s'inscrivent dans plusieurs domaines qui sont autant de jardins plus ou moins secrets du luxe, de la relation au beau, à celle qui s'installe avec le temps, voire à la question épineuse de la complexité.

De la quête du beau à l'engagement culturel

La belle mission des marques de luxe

Longtemps la mission de l'art aura été celle de la quête du beau, de l'harmonie, d'une *mimèsis* de la nature permettant de se pénétrer de sa perfection – à quelques débats près. Souvent associé à la sensibilité des Romaniques, le sublime va pourtant – dès le XVIIe siècle – chahuter l'approche de la création et de la réception, pour apporter le sentiment de l'illimité, la grandeur, l'heureux accident pour découvrir quelque chose de plus grand. Ce basculement esthétique, chéri par Kant, s'éparpille aujourd'hui dans un art contemporain papillonnant entre choc, réalisme, quête du sens du laid autant que du « joli », ironie et *non sense*, militant nonchalamment pour une obsolescence du beau.

Pourtant le beau plaît, nous plaît, nous réjouit, voire, pour certains nous « sauve ». Et il serait inconcevable de perdre ce pouvoir. Du moins, c'est ainsi que pensent les marques de luxe, qui ont opté pour se répartir consciencieusement les différents âges de l'esthétique – avec une préférence marquée pour la rigueur de la beauté. Les plus classiques se donneront donc la mission de défendre le bel objet, le symétrique, la juste proportion : de l'intrecciato impeccable de Bottega Veneta à la beauté intemporelle d'un cristal Baccarat, le beau ne se questionne pas, il est une contribution du luxe au monde. D'autres marques, plus contemporaines, préféreront jouer avec le sublime, à l'instar de la silhouette architecture, attirante tout autant qu'effrayante, de la femme Saint-Laurent ou le flirt avec les frontières du bon goût bourgeois que s'autorise la Maison Cartier. Les plus proches de l'art contemporain, enfin, en emprunteront les codes, les combats et les gurus – les amitiés entre directeurs artistiques de grandes marques et artistes contemporains faisant les belles heures des activations, célébrations ou relations presse de la catégorie. Malgré cette tentation de l'art contemporain, le luxe s'identifie intimement à la recherche du don du beau, quête esthétique comme une éthique permettant de sauver ce champ abandonné de l'art. Une mission unique pour des marques qui rêvent de grandeur et de transcender le simple marketing.

C'est assez naturellement que les marques de luxe ont donc endossé le rôle de mécènes, protectrices et productrices de culture, au point de vouloir devenir parfois des marques de culture totale. Gucci, portée par la vision romantique, poétique et magique d'Alessandro Michele, a renouvelé son aura en célébrant une relation organique à l'art et aux créateurs – depuis la revendication des racines italiennes d'inspirations Renaissance aux cartes blanches accordées aujourd'hui à des artistes émergents comme Ignasi Monreal, Helen Downie, Trevor Andrew alias GucciGhost ou aux monstres sacrés Cattelan ou Abramovitch. Une approche tous azimuts, qui imprègne de façon contagieuse toute la création de la Maison – parfois même de façon si littérale que l'on a pu reprocher une forme d'appropriation culturelle de ce « Gucci-art ». On retrouvera d'infinies résurgences de cette relation très intime entre luxe et art et des signes implicites de la volonté d'assumer un pouvoir de dire le beau en ce domaine au travers des fondations de marque – comme la Fondation pour l'Art contemporain de Cartier, la Fondation Vuitton ou celle de Prada et ses accointances avec le cinéma – mais aussi les bourses et prix célébrant artistes et artisans, les collaborations diverses. Au point de jouer le rôle de micro-Ministère de la Culture et de l'Inspiration : rappelons-nous du foisonnement d'initiatives culturelles des marques de luxe pendant le confinement de 2020 – Loewe en Casa ou Bottega Residency furent de rudes concurrents au Louvre en ligne.

Illustration

Faut-il être rare pour être luxe ?

La rareté peut prendre plusieurs noms, lorsqu'il s'agit de luxe : distance, exclusivité, inaccessible, exceptionnel. Longtemps considérée comme une pierre angulaire de la valeur de l'objet de luxe, qui requiert patience, chance et mérite, la rareté avait aussi pour fonction de nourrir le désir. Preuve en est qu'il faut toujours plus de 6 mois pour obtenir un sac Birkin de Hermès, voire 11 ans pour certains modèles de montres Patek Philippe, comme la Nautilus – de bien longues fiançailles.

Mais l'émergence de la marque de luxe, portant avec elle une promesse de relative démocratisation, a fragilisé ce pilier : si un bel objet est reproductible, s'il peut exaucer les souhaits de milliers de gens, s'il peut être obtenu instantanément et être livré chez soi, que reste-t-il de rare ? Dans un article fourni, Bernard Catry, professeur à l'Université de Lausanne, évoque « l'oxymore du luxe qui se vend bien » et explore les modalités de la réinvention de la rareté – au-delà de sa dimension « objective et naturelle », celle des matériaux ou des savoir-faire peu accessibles ou disponibles. Les marques de luxe ont donc savamment réorchestré le « rare » à travers l'innovation technologique, réservée un temps aux « *early adopters* » comme un « techno-luxe », avant de se banaliser. Autre choix, celui de la série limitée ou du sur-mesure, permettant de ramener un sentiment d'expérience unique et de « relation particulière » à la marque, au travers de commandes spéciales ou de séries courtes. Mais c'est sans doute la rareté « perçue » qui a permis une revitalisation de la notion, les marques de luxe allant piocher dans les signes de l'exclusivité – dans le packaging, le spectacle publicitaire, les choix de distribution sélectifs, le recourt à des ambassadeurs influents – pour faire ressentir l'exclusivité, plutôt que de la prouver formellement. Une rareté qui devient donc une histoire bien contée, plutôt qu'une réalité tangible.

Le temps

Les temps du luxe

Le luxe entretient une relation amoureuse, compliquée, mais fidèle avec le temps – tant la question temporelle est contributive à la valeur des marques exclusives. Adeptes du temps long, celui qui accroît la valeur, mais aussi de l'avant-garde, forme de raccourci vers le futur, les « luxury brands » oscillent entre les différentes natures du temps. Elles préservent, en cela, un héritage grec – celui de Chronos, Kaïros et Aiôn. Chronos, temps de la mesure et mesure du temps, est le temps des artisans et du patrimoine – temps cumulé des heures de travail, de la patience du client, de l'accumulation de valeur qui se transforme en capital, de l'antériorité. Ce temps est particulièrement signifiant pour les marques de luxe qui ont vocation à se transformer en patrimoine – un temps mué en richesse financière ou culturelle. Chronos est ainsi le temps qui permet à Louis Vuitton, Chanel ou Dior d'organiser des expositions de leur créations devenues des points de repères dans l'histoire populaire. Kaïros, lui, est le temps à saisir, le point de bascule, celui de la décision et de l'audace. C'est un temps du désir, fortement associé au moment grisant où l'on décide de céder à l'impulsion du luxe – moins rationnellement qu'un Chronos investisseur. Aiôn, enfin est le temps cyclique, le temps des saisons, celui de l'éternel retour aussi, comme les collections qui reviennent chez les Maisons de couture, comme les thématiques colorant chaque nouvelle année chez Hermès, un temps partagé avec les industries de la mode et de ceux qui s'inscrivent dans son rythme. Ces différents tempos font du luxe un « lieu du temps » : s'y côtoient le temps long de l'investissement, le temps figé de l'intemporel, le temps pressé du désir, le temps à venir des innovations, le temps qu'il faut de la fabrication, le temps patient de l'attente. Une richesse symbolique tout à fait particulière, dans le champ du marketing, qui longtemps a aimé à catégoriser simplement, marques patrimoniales contre marques innovantes. Et qui aujourd'hui s'intéresse au charme de la complexité.

La complexité

Un contrat tacite semble lier le marketing et ses audiences : en échange d'un travail de conviction ou de séduction, faisant naître des désirs, les marques de luxe ne subissent pas la tyrannie du positif – elles s'accordent le droit de l'ambiguïté, de la complexité, des valeurs en nuance, de l'arbitraire. À ce titre, elles peuvent être le reflet loyal de la complexité des identités contemporaines, mosaïques et plurielles, évitant la simplification, la banalité des valeurs dominantes et non opposantes, ou même l'ennui des bien-pensants. Cette complexité peut se jouer sur des valeurs esthétiques – comme cet appétit pour le laid érigé en marque de fabrique chez Balenciaga, l'étrange, chez Alexander McQueen, le transhumain de Iris Van Harpen. Elle peut s'inscrire dans une grande exigence intellectuelle ou culturelle, comme chez Prada, qui revendique sa pensée et ses conversations « dialectiques », forcément interrogatives et tournoyantes. C'est enfin une complexité émotionnelle, qui aime à questionner l'inspiration, les raisons de faire ou d'exister. De questionner tout ce qui est trop évident, battant en brèche le principe de « one selling proposition » « one reason to buy » du marketing.

Illustration

Et si le luxe avait inventé la raison d'être ?

« How great leaders inspire action » est indéniablement l'une des conférences Ted ayant forgé la légende de cette plateforme de contenus. Visionnée à 50 millions de reprises depuis 2009, ce « talk » proposé par Simon Sinek, invitait à retourner la table et à mettre au cœur de la pratique marketing non pas par le comment (*how*), ou le quoi (*what*), mais bien par le pourquoi (*why*) de l'action. Car, selon le conférencier, « les gens n'achètent pas ce que vous faites, mais la raison pour laquelle vous le faites ». Une clé de décryptage de ce qui caractérise les marques les plus inspirantes ou influentes, posant au cœur de leur système de positionnement une conviction : sa raison d'être. Si la méthode a fait florès, devenant un exercice quasi-systématique au sein des grandes directions marketing, elle n'a guère pris les marques de luxe par défaut. Nombre d'entre elles se sont construites sur les fondations d'une passion, d'une volonté de mieux faire, voire sur un rêve. En cela, les marques de luxe auront été les bons passeurs d'une pratique introspective, permettant d'élargir les sources de la valeur de marque.

À la frontière du luxe, l'entreprise familiale Swarovski, née en Autriche en 1895, a, elle aussi, fait l'expérience du pouvoir de nuisance d'une raison d'être déstructurante. Aux origines de la marque, la création de la manufacture de cristal taillé à Wattens, qui croît rapidement grâce à deux avantages essentiels : une innovation technologique permettant de mécaniser la taille des cristaux et donc d'en produire en plus grande quantité pour la même qualité et les liens étroits de Daniel Swarovski, le fondateur, avec les grandes Maisons de mode parisiennes, qu'il fournit inlassablement en rutilantes nouveautés. Une légende s'impose rapidement, une phrase apocryphe attribuée au patriarche « je veux offrir un diamant à chaque femme » que l'on retrouvera ensuite régulièrement dans le discours de Swarovski ou celui des journalistes, constituant l'amorce d'une mission de marque. Mission qui parle de générosité, de démocratisation du beau et du chic, d'amour des femmes... mais qui constitue l'équivalent d'un « péché originel » en termes d'identité de marque. Ce « diamant pour toutes », qui ne saurait être une gemme authentique, ne peut donc être qu'une copie, un « strass », une imitation. Et voilà qu'au lieu de vendre de vrais cristaux, Swarovski se voit devenir pourvoyeur de faux diamants – tentation avérée dans les collections de l'entreprise, qui imitent le design de grands joailliers dans des produits beaucoup plus accessibles. Preuve de la puissance programmatique des « mots de la marque » qui peuvent infléchir son destin. Confrontée aujourd'hui aux changements de goûts et d'esthétique, rattrapée par l'appétit pour l'authenticité, Swarovski à réouvert le chantier de sa raison d'être. Et tente de refermer la parenthèse d'une phrase qui n'a jamais réellement été prononcée.

Ce que le luxe serait inspiré d'emprunter aux marques contemporaines – mercenaires de l'expérience

Alors qu'elles se présentent comme un facteur de stabilité et de cohérence, les marques sont loin d'être figées. Issues des représentations et projections de ceux qui les créent et de ceux qui les consomment, elles évoluent au rythme des cultures et des opinions qui les contiennent. Elles sont par essence adaptatives, changeant – si cela s'avère productif – de doctrine, de système de valeur et de preuves, évoluant avec leur temps et les retournements de l'opinion. Les marques de luxe, souvent considérées comme intemporelles, n'en courent pas moins après l'air du temps, l'évolution des usages et des mœurs, les valeurs dominantes ou influentes. Trois dimensions, 3C, sont aujourd'hui particulièrement propres à « agiter » la quiétude de ces marques dominantes. Des dimensions issues de la réinvention du contrat de marque par des acteurs que l'on appelle parfois « indies », « street » ou « pure player » – marques « mass » qui renouvellent les règles du jeu de leur catégorie. Ces 3C constituent le legs inversé de ces marques « mass », qui tendent à devenir des « musts » pour les marques de luxe – offrant une expérience haut de gamme, sans revendiquer une appartenance à cette famille élitiste. Un nouveau modèle d'excellence, en somme.

Conversation

« J'ai appris que les gens oublieront ce que vous avez dit, ils oublieront ce que vous avez fait. Mais jamais ils n'oublieront ce que vous leur avez fait ressentir. »

Maya Angelou

La conversation requiert d'être deux – or le client a longtemps été le grand absent de la relation à la marque de luxe. Ou plutôt les clients, ceux qui font partie de cette nouvelle génération d'acheteurs, plus proches de la classe moyenne que des « super-riches », trop nombreux pour permettre un « tête à tête ». C'est pourtant ce tour de force que des marques nées dans « les Internets » (que l'on aime à appeler les Digital Native Vertical Brands) vont enseigner aux marques de luxe : un Glossier, un AirB'nB, une Tata Harper, un Vestiaire Collective savent parler à chacun et faire une place à tous. Maîtresses des réseaux sociaux, elles conçoivent aisément comment se concentrer sur l'humain, l'utilité et l'interaction, comment proposer une solution simple à un problème à la fois et surtout, comment raconter des histoires. Un exemple repris par des marques ayant saisi l'importance de l'empreinte émotionnelle de la relation et le poids de l'expérience de marque pour construire une préférence. Les hôtels Belmond, aidés en cela par la diversité de leurs établissements atypiques, invitent ainsi à investir l'expérience d'un lieu, son histoire et son charme sur les réseaux sociaux – comme un écho de ce qu'il adviendra une fois que place. Plus frappant encore, toute l'histoire de la marque de prêt à porter de luxe Jacquemus se construit sur un mode biographique, indéfectiblement associée au quotidien et au parcours de son fondateur Simon Jacquemus. Tout autant créateur qu'influenceur, le couturier met en scène sa création, mais aussi sa famille, sa maison, ses inspirations qui transpirent la Provence authentique, son soleil, sa lumière – cumulant plus de 2, 3 millions de *followers* sur Instagram et 23 M d'euro de chiffre d'affaires – pour une marque qui ne possèdent aucun magasin physique. La magie opère grâce à un mélange de sophistication et de simplicité qui rapproche et rend complice. Une complicité des plus « *cool* ».

Coolness

La « coolness » est devenue, au fil du temps, le nouveau « graal » marketing, facteur de préférence de la part des publics les plus jeunes... et de ceux qui ne veulent pas se voir vieillir. Expression d'un art de vivre que seuls des termes anglais semblent pouvoir capturer avec justesse (« smooth », « fine », « hype », « nice »), proche de dimensions telles que la culture, l'attitude et l'esthétique, toujours associée à des communautés ou des « tribes » (comme le marketing aime à les appeler, réactualisant ses anciennes amours avec le marketing tribal des années 1995-2000), la coolness devient un impératif pour les marques de luxe au détour de la décennie 2010. Les enjeux sous-jacents sont évidemment ceux du renouvellement de la base des clients – en termes d'âge et d'ancrage culturel, de captation du pouvoir d'achat des générations dites Y et Z (aux USA, la Chamber of Commerce estime que le pouvoir d'achat direct des 18-30 ans a passé le cap des 2 milliards de dollars dès 2015) et de renouvellement de l'image de modernité et de proximité de Maisons centenaires, lorsqu'il ne s'agit pas de la condition d'émergence pour des acteurs du luxe beaucoup plus récents. À l'âge de la conversation, la « coolness » est une condition sine qua non pour renouveler l'intérêt (sur les réseaux sociaux entre autres) et endosser le rôle de marque culturelle contemporaine.

Tout l'enjeu pour ces marques élitistes est néanmoins d'être « cool » sans perdre sa dimension « culte ». Le chemin le plus court, empruntée avec application par de nombreuses maisons, s'est avéré être celui de la collaboration – qui s'est longtemps construite autour du couple designer/artiste ou designer/designer, comme s'est plu à le rappeler Louis Vuitton lors de son exposition Louis Vuitton X en 2019, mise en scène visuelle de l'histoire des collaborations avec la marque au monogramme : Karl Lagerfeld, Rei Kawakubo, Frank Gehry, Yayoi Kusama, Richard Prince ou encore Zaha Hadid. Mais à ce mariage presque de raison, s'est substitué aujourd'hui la frénésie du couple luxe et de la street culture – usuellement et visuellement incarné par un X, signe polysémique symbolisant l'idée de la réappropriation (par) et de la multiplication du résultat escompté (fois). Si l'on reprend ici l'exemple canonique de Louis Vuitton, la récente association avec Virgil Abloh, serial-collaborateur (avec Ikea, Évian, Baccarat, Vitra, Nike, le Louvre, Vlone...), dont les créations circulent avec fluidité de la rue au musée, a été identifiée par la presse comme un antidote à « l'embourgeoisement » de LV, tentation toujours réelle des marques dominantes. L'impact commercial puissant (plus de 17 % de croissance en 2019) est contagieux et depuis 2015, on ne compte plus les marques de luxe, de Air Dior aux Speed Runner de Balenciaga proposant leur propre collection de sneakers. Nike n'a qu'à bien se tenir.

Illustration

What is cool made of?

Le « cool » est en soi difficile à définir, tant sa perception ses caractéristiques sont tributaires de la subjectivité des audiences qui s'en réclament. En d'autres termes, ce qui est « cool » pour certains est puissamment « uncool » pour d'autres. On attribue une de ces premières occurrences à la pochette du disque de Miles Davis « Birth of cool » en 1957, mettant au jour la proximité entre le terme et la culture, voire la sub-culture et affichant une attitude à mi-chemin entre le chaud et le froid – littéralement le cool. Car là est la clé du cool, comme le rappelle Aristote – véritable inventeur de la notion, à défaut de son nom contemporain : le philosophe considère ainsi que la condition la plus appropriée pour l'individu est de se placer à la juste distance entre le chaud et le froid, l'extrême implication et le détachement le plus total. Une sorte d'engagement indifférent ou d'enthousiasme glacial. Cette définition, anachronique et néanmoins efficace, permet de retrouver les grands ancêtres du cool – le spleen des Parisiens, désespoir précieux et prolifique, la sprezzatura, qui est toujours une catégorie de style apprêté-négligé chez le gentleman italien et surtout l'itutu des Yoruba, véritable doctrine du calme et de la dignité que les esclaves noirs ont conservé lors de leur exil vers les Amériques, pour en faire l'une des plus puissantes racines du cool contemporain. Racines peu conformes au luxe, mais dont les métissages contemporains avec les marques élitistes montrent la capacité d'adaptation... parfois au risque de la réappropriation culturelle.

Cause

L'engagement est évidemment la « marque des grandes marques », engagée dans un impératif de citoyenneté. Les marques à fort impact culturel, qu'il s'agisse ou non de luxe, sont particulièrement attendues sur les terrains de la responsabilité sociale, éthique, environnementale, se devant d'assumer un impératif d'exemplarité – a minima – mais étant invitées à prendre des risques propres à changer la donne. Le luxe reste encore dans le registre de la mesure, alors que les appels du pied se font plus pressants : il est vrai que choisir Megan Rapinoe – capitaine charismatique de l'équipe de football féminin américaine, défendant des valeurs LGBTQI – comme égérie en janvier 2020 chez Loewe ne représente pas la même prise de risque qu'un Nike assumant en 2018 de revendiquer le combat politique de Colin Kaepernick, sportif clivant et provoquant. Le degré d'adhésion est lui aussi sans commune mesure, Nike ayant fait la démonstration aux marques de luxe que préférence rime avec prise de position assumée.

Cette moralisation croissante réclamée aux marques de luxe, sous la pression de la rue, de la jeunesse et des lobbies de la responsabilité citoyenne, sont un énième avatar de leur combat pour rester des objets de désir légitime. Lorsque George Bataille, en 1949, met au cœur des processus de création de richesse le luxe, comme *part maudite*, il identifie la malédiction propre à cette catégorie – porteuse d'un « trop plein ». Son existence, sa persistance ne se justifient que si cette part est redistribuée « sans profit ». Accaparée par une élite, elle contient le germe de la sédition, la révolte de ceux qui ne pourraient y avoir accès. Cerné un sentiment de spoliation croissant, le luxe et ses marques se voient donc « condamnés » à identifier un pacte social légitime, pour éviter un bûcher symbolique, non pour elles-mêmes, mais pour leurs clients : « Je ne sais pas quel est notre nouveau pacte social, mais nous ferions mieux d'en trouver un… Sinon, nos clients deviendront des cibles. Ils seront haïs, méprisés » – J. Rupert Chairman du groupe Richemont (traduit par l'auteure). La maison brûle pour les Maisons de luxe et l'enjeu de retrouver une utilité non discriminatoire, une générosité ostentatoire, un rôle social pour des marques fort particulières.

Le chemin le plus droit, pour retrouver une forme « d'exclusif positif » pour les marques de luxe est sans nul doute de s'engager pour l'environnement. Si le chemin est pentu, du moins n'est-il pas polémique. Il paraît évident que ces marques de l'excès se doivent de se racheter pour leur péché originel d'incitation à la sur-consommation, leur probable impact sur des ressources naturelles faisant défaut ou l'accaparement de biens rares comme le temps ou l'attention. Devenu presque un poncif, cet engagement prend néanmoins des formes convaincantes pour certaines marques, voire certains groupes du luxe ayant anticipé de longue date ce virage – en observant les marques exemplaires en ce domaine, à l'instar de Patagonia. Kering pourrait faire partie de ces bons élèves, prenant des responsabilités environnementales au niveau du groupe, laissant ainsi à ses marques – Gucci, Saint-Laurent, Balenciaga et consorts – la liberté de déployer leur univers sans cumuler un trop plein de messages. Depuis la première charte éthique en 1996 en passant par les derniers coups d'éclat (comme l'intégration d'une Emma Watson au Comité de direction de Kering en tant que personnalité activiste en juin 2020), les engagements sont multiples pour la préservation de la planète et le bien être des personnes. Et pourtant, chacune de ces initiatives, venant des marques élitistes, est encore perçue comme l'apurement d'une dette et non ce don qui fait la magie des marques de luxe.

Illustration

Ce que les marques de luxe peuvent apprendre d'un alpiniste

S'il est une marque qui incarne la boussole de la légitimité en termes d'engagement environnemental, c'est sans doute Patagonia – marque au parcours exemplaire, qui pose, en 5 étapes, les conditions de l'engagement, piliers d'une démarche éthique au sens large, protectrice de l'environnement en particulier. Souvent citées en exemple dans les couloirs des maisons de luxe, la marque Patagonia pose néanmoins des standards exigeants, tout sauf cosmétiques :

1. **Ne pas être le meilleur au monde, mais le meilleur pour le monde** : Patagonia donne la priorité à la préservation de long terme avant d'envisager des gains sur le court terme. Ses principes directeurs sont, dans ses termes : « Créer les meilleurs produits, ne causer aucun dommage inutile, utiliser le « business » comme inspiration pour le monde et mettre en place des solutions pour pallier la crise environnementale » (traduit par l'auteure). Ces principes ont été maintenus durant les 40 dernières années et ont conduit à partager leurs bonnes pratiques avec d'autres marques, à reverser 1 % de leur chiffre d'affaires à la cause environnementale ou à réduire drastiquement leur empreinte carbone. Cet engagement de long terme a servi de modèle à des marques comme Stella McCartney qui s'est engagée à changer le futur de la mode à travers des engagements concrets, notoires et de long terme, quantifiables et comparables dans la durée à travers des rapports éthiques et environnementaux ;

2. **La Transparence plutôt que la perfection** : les marques engagées parlent du passage de la « black box » à la « glass box », de l'opacité à l'impératif de transparence. Pour Patagonia, cette transparence oblige, dans tous les domaines, avec la publication de tous les partenariats industriels, l'évaluation de l'impact carbone de chaque produit, voire les opinions politiques ou les engagements des managers de la marque. Une transparence radicale qui est aussi la marque de fabrique d'une marque haut de gamme comme Everlane, qui va jusqu'à détailler les dimensions constitutives du prix des produits proposés. Une façon d'inviter les clients au cœur de la marque avec honnêteté et courage ;

3. **Parler à des gens avant de parler à des clients** : considérant que nombre de choix de consommation peuvent être considérés comme la manifestation d'une opinion, d'un engagement, voire presque l'équivalent d'un vote, l'enjeu de parler à des agents politiques plutôt qu'à des consommateurs est crucial (dans une étude de 2018 « The meaningful Shift » 56 % des personnes interrogées considèrent qu'elles ont plus d'influence sociale à travers leur consommation que grâce à leur vote). Patagonia fait ainsi le choix de parler à sa communauté comme à des personnes engagées et responsables… et pouvant aller jusqu'à fermer leurs magasins les jours de

vote. Sans doute une inspiration pour Procter & Gamble et son programme inclusif « My black is beautiful » dont le premier objet est de soutenir une conversation positive sur l'inclusion, sans discours marchand à la clé ;

4. **Se rappeler que le produit est le premier pas** : parce que la première rencontre et la dernière trace laissée par la marque est souvent son produit, celui-ci doit être porteur d'engagement et une preuve tangible de la démarche entreprise. Yves Chouinard, fondateur de Patagonia, avait ainsi identifié que les pitons servant à escalader les parois rocheuses avaient tendances à abîmer ces roches. L'entreprise a donc fait le choix de créer de nouveaux systèmes de sécurisation, moins invasifs. Une leçon retenue par Adidas, qui s'est engagé d'ici 2024 à n'utiliser que du plastique recyclé, avec l'aide de l'ONG Parley, fournisseur de plastique issu de la pollution des océans ;
5. **Le luxe, c'est ce qui se répare** : adaptant les termes de Jean Louis Dumas, qui en posa les principes chez Hermès, Patagonia a créé une de ses campagnes les plus célèbres « Don't buy this jacket », n'achetez pas cette veste, puisque les ateliers de réparation de la marque peuvent vous permettre de prolonger la vie des objets auxquels vous tenez. Une proposition reprise à la volée par Weston, qui propose à ses clients son « atelier de restauration » pour les chaussures de la marque, lui permettant d'ouvrir un « Weston vintage », marché de seconde main de chaussures réparées, mais « avec une âme ».

En guise de conclusion

« Le luxe ne désigne pas une qualité de l'objet possédé,
mais une qualité de la possession »

Sartre, *L'Être et le Néant*, 1943

L'ouverture commerciale des marques de luxe, ce que l'on se plaît à appeler leur « démocratisation », a réduit la puissance de l'aura de l'objet, désormais souvent reproductible. Ce passage du luxe artisanal au luxe de masse a conduit à transformer le nom en marque – afin que la valeur perçue perdure. La marque, au-delà de son rôle de garantie, de promesse de qualité ou de progrès, prend une dimension plus ambitieuse, plus « chargée », plus riche. Elle se constitue comme trésor de valeurs, de récits, d'identités, dans un pêle-mêle moins rigoureux que celui des marques masse, mais sans doute plus inspirant, plus implicite et plus intrigant. C'est ce constat qui invite à se demander si la dimension artisanale, l'amoureux travail du détail et l'intérêt pour la complexité ne sont pas désormais dans le giron des « faiseurs de marque ». En d'autres termes, pourquoi ne pas imaginer que l'on puisse compter au rang des « nouveaux artisans du luxe » les stratèges et gestionnaires de ces marques, dont la rigueur du savoir-faire marketing ne saurait les priver d'être un peu brodeurs de rêves.

En guise de conclusion

2.2 *Débat : La place des marques dans un espace public en mutation*

Échange : Les marques, vont-elles remplacer les politiques publiques ?

Mélanie Rauscher et Julien Féré

La loi Pacte du 22 mai 2019 donne la possibilité aux entreprises d'intégrer dans leurs statuts une « raison d'être ». Véritable credo, celle-ci a une valeur interne (elle doit permettre à l'entreprise d'organiser son intérêt social) et externe, puisqu'elle demande à l'entreprise de prendre en compte son impact sur son écosystème (social, environnemental, etc.).

Cette pratique est désormais présente dans le droit français, mais elle est une des composantes fondamentales du tissu social et économique aux États-Unis et plus largement dans le monde anglo-saxon. Le 20 août 2019, 180 patrons américains (Amazon, Apple, etc.) ont ainsi affirmé qu'ils mettaient au même niveau les intérêts des actionnaires que la mission sociale de leur entreprise. Dans la philosophie du système social anglais, l'entreprise est bien partie-prenante du monde sur lequel elle agit, et pas uniquement en tant que commerçante.

Cette contagion du modèle anglo-saxon en France signe-t-elle la normalisation de cette pensée ?

Dans un monde où les politiques publiques se retirent de plus en plus de leurs missions sociales (faute de budget, de priorisation, de méthode, etc.), les marques sont-elles prêtes (et légitimes) à occuper ce rôle ?

J. F. : Les marques aujourd'hui se retrouvent coincées dans un monde où leur présence commerciale n'est pas toujours désirée (publicité digitale, anti-pubs, etc.) et où l'augmentation de la consommation de média conduit à un manque d'émergence. Être une marque, c'est être perdu au milieu d'un océan de propositions marchandes et essayer de surnager pour être reconnu, désiré, et acheté. Dans ce contexte, la mission sociale est devenue une façon de se différencier et de parler différemment : de messages différents, et dans des lieux, voire des moments d'écoute plus favorables – car moins publicitaires et décodés comme tels.

M. R. : Les grandes marques incarnent des figures d'autorité. Du fait de leur capacité à rallier un grand nombre d'individus autour de valeurs communes, elles ont un pouvoir d'influence indéniable et peuvent donc orienter le choix des individus. De ce fait, les marques peuvent tout à fait être des leaders d'opinions et de nouvelles pratiques. Grâce à la maîtrise de techniques d'influence et de séduction, la marque est parvenue à justifier de la valeur ajoutée de son offre, et ainsi de la vendre. Elle est donc en mesure de déplacer la finalité : de la vente d'un produit et/ou service à la mobilisation autour d'une cause. Une marque comme Ben&Jerry's par exemple, qui vend de la glace tout en luttant contre la fonte des glaces, conjugue parfaitement objectif de ventes et engagement sociétal. Toutefois, afin d'être légitime dans cette nouvelle posture d'acteur engagé, la cohérence est clé. En effet, un discours ne peut être crédible sans la preuve par des actes. De même, l'engagement ne peut être une initiative anecdotique décorrélée de la proposition de la marque. Elle doit être au cœur de sa raison d'être, afin d'être une ligne directrice véritable qui s'infuse dans toutes les branches de l'entreprise.

Les marques – qui parlent traditionnellement à des consommateurs – peuvent-elles s'adresser à des citoyens ? Un message de marque – même citoyen – est-il aussi audible qu'un message public ?

M. R. : Aujourd'hui, la frontière entre consommateur et citoyen est brouillée. L'acte d'achat peut être un acte politique, on le voit au travers du choix du Made in France, revendiqué comme une caractéristique produit fondamentale. Paradoxalement, l'achat est même plus politique (en tout cas en nombre) que le vote. Il y a après tout aujourd'hui en France plus de consommateurs que d'électeurs ! Selon l'étude Earned Brand 2018 menée par le cabinet d'études et d'analyses Edelman Intelligence, 65 % des consommateurs français choisissent d'acheter ou de boycotter une marque pour ses prises de position.

J. F. : Pour moi, et pour les Français, la parole de la marque est toujours perçue comme suspicieuse. Comment une marque qui essaie de faire du profit en vous vendant des produits peut-elle tenir un discours de modération ou de protection de l'environnement ? La marque de 4X4, peut-elle s'engager au profit de la planète ? Il me semble que cette prise de parole est dangereuse, car elle renvoie le consommateur face à une injonction contradictoire : consomme mais pas trop...

M. R. : L'engagement véritable passe par des preuves tangibles qui permettent de lever la suspicion de la marque. Patagonia par exemple, cumule profit et engagement environnemental et son expertise est reconnue. Ce modèle est possible à l'échelle d'une petite marque qui est née d'un engagement. Cependant, il y a un défi pour les grandes multinationales qui doivent articuler commerce à grande échelle et discours responsable. Au vu de l'attente grandissante des citoyens d'une prise de responsabilité et d'actions de la part des entreprises, celles-ci vont devoir revoir leur modèle, définir un engagement qui leur est propre et le mettre au cœur de leur proposition.

J. F. : Le modèle de Patagonia fonctionne car il est déployé à une petite échelle. Et le *business model*, les produits sont la base de l'engagement. Cependant, la majorité des industries et des marques fonctionne sur des modèles très gourmands en carbone, en énergie, en matière première (loisirs, automobile, énergie, high-tech, etc.). Pour ces marques, la seule façon de s'en sortir est de scinder la communication et de créer des niveaux de discours corporate et commerciaux. Cependant, plus le discours est corporate, moins il est incarné, et plus il perd de son efficacité... et tu parlais tout à l'heure de cohérence et d'éviter les silos...

Une marque qui s'engage pour la société, vend-elle plus ?

M. R. : La réussite d'une marque est conditionnée notamment par sa capacité à être le miroir des aspirations de ses contemporains. Ainsi, une marque qui aujourd'hui ne prend pas du tout en compte les sujets sociétaux risque à terme de ne plus vendre... De nombreuses multinationales lancent des gammes de produits plus éthiques, plus respectueux de l'humain et de la planète, à l'instar d'Ariel et de sa lessive origine végétale ou l'Oréal et ses produits pour cheveux Botanicals. Si elles se lancent dans l'aventure et cherchent à concurrencer des petits acteurs engagés comme Maison Verte ou Davines, c'est bien parce qu'il y a l'opportunité de vendre davantage !

J. F. : Cette question fait écho à ma réponse précédente : à partir du moment où la prise de parole est « corporate », le but n'est pas forcément la vente. Ensuite, il me semble qu'une raison d'être a d'abord une fonction interne à l'entreprise et ne décrète pas aux yeux du grand public. Sa vertu est de pouvoir faire bouger les lignes de ceux qui sont acteurs à l'intérieur (R&D, marketing, communication, opérationnels, etc.) mais pas forcément de faire bouger un consommateur final, ou en tout cas pas tout de suite... SNCF par exemple s'est dotée d'une raison d'être « Apporter à chacun la liberté de se déplacer facilement en préservant la planète ». Évidemment, elle favorise l'activité ferroviaire, mais elle oblige surtout à repenser tous nos modèles de production à l'aune des clients, des voyageurs, et de l'environnement.

Toutes les causes sont-elles bonnes pour les marques – et si non qui va s'occuper de ces causes ?

M. R. : Une seule marque ne peut pas défendre toutes les causes. Elle doit en sélectionner une qui est en ligne avec son ADN, c'est avant tout une question de crédibilité.

J. F. : Évidemment il est plus facile de s'attaquer à des causes consensuelles : les enfants, les pandas, les plages sont des sujets de prédilection pour les marques, car ils permettent de ne pas exclure certaines catégories de consommateurs. Le scénario catastrophe serait de faire le bien commun en perdant des ventes. Cependant, depuis quelques années, les causes plus segmentantes font recette : ce printemps, les 50 ans de Stonewall et les droits des populations LGBT+ ont connu un véritable succès marketing, allant jusqu'à la création du néologisme « *pinkwashing* ». Il semble que les marques se soient lancées dans une surenchère de la diversité... qui va de pair avec l'engouement de la société pour la mise en avant des combats des minorités. En fait, la publicité est un miroir déformant de la société, et de ce fait, elle accompagne ses transformations...

M. R. : ...Au même titre qu'elle peut les initier ou provoquer une plus grande prise de conscience ! C'est dans l'intérêt d'une entreprise d'anticiper (ou de créer) les besoins et les désirs des consommateurs, afin d'être pionnier sur un marché, de devenir le référent incontesté d'une catégorie et le porte-parole d'une cause. Par ailleurs, une entreprise nait souvent d'une conviction individuelle ou collective profonde. Ainsi, la marque peut tout à fait être à l'origine d'une prise de conscience. Natura, la multinationale de cosmétique brésilienne, œuvre depuis sa naissance pour la mise en valeur de la biodiversité locale et notamment la préservation de l'Amazonie. Une prise de position claire qui a connu un véritable succès et qui n'a pas attendu la médiatisation des incendies de la forêt de l'été 2019. Cette appropriation de causes encore non-visibles est vouée à se multiplier. Grâce à la digitalisation et la baisse des coûts de structure que cela implique, lancer sa marque est devenue « facile ». Tout un chacun peut donc rapidement se lancer dans l'aventure afin de donner de la visibilité à une cause en laquelle il/elle croit.

Étude de cas : CITEO, quand la raison d'être est le recyclage

Séverine Lèbre et Stéphanie Foucard

Boris Cyrulnik, fécond vulgarisateur de la résilience devenue si chère à nos sociétés en souffrance, notait que chaque grande catastrophe, et nommément chaque épidémie, entraînait des changements si profonds qu'ils s'assimilent à un changement de civilisation. Le changement de comportement indispensable à toute transition s'y trouve à la fois compressé et accéléré, dans une cinétique qui échappe grandement à l'individu à laquelle elle s'applique. Le sujet a depuis longtemps débordé les champs de l'éthique et de la psychologie individuelle et sociale qui semblaient lui être assigné pour investir celui de l'économie et de l'entreprise (marketing, ressources humaines... même si la marque, nous y reviendrons, en est longtemps restée absente), de l'écologie et de la santé. La période ouverte par la crise de la Covid 19 est d'une grande confusion, quant aux enseignements à en tirer, aux repères qui ont été détruits et ceux qui restent à reconstruire. Sous la violence du choc qui les a dispersés façon puzzle, l'expertise et les discours sont épars sur le sujet. Pour l'entreprise, peut-être est-ce l'opportunité de s'affirmer pour ce qu'elle est : un ensemble cohérent de valeurs et de règles, autorisant et promouvant une vision partagée à laquelle associer, au-delà des biens et des services, des comportements efficients.

Nous nous proposons dans ce chapitre de décrire, sinon d'analyser, comme cas d'école le sujet de la transformation environnementale des comportements de consommation en nous appuyant sur les enseignements tirés de l'expérience de l'entreprise Citeo – acteur de la réduction de l'impact environnemental des emballages et des papiers, qui œuvre depuis 25 ans à la promotion du geste de tri et d'éducation à l'éco-citoyenneté. Les scientifiques analysent désormais que cette transformation des comportements est la condition d'une lutte gagnable contre le réchauffement climatique et d'une préservation raisonnable de notre environnement. Un GIE comportements, dont Citeo sera une des entreprises associées, se crée à la demande des scientifiques du GIE Climat (GIEC). Malgré des soubresauts encore violents et plus que jamais destructeurs (États-Unis, Brésil...), le consensus sur la connaissance – l'objet du GIEC Climat – est établie et constitue le cadre de l'alerte mondiale. Il faut maintenant considérer les leviers pour agir sur les comportements individuels et collectifs. Pour les acteurs de la grande consommation, c'est l'opportunité d'une révolution copernicienne : nés du besoin de consommation et de leur capacité à l'accompagner dans ses différentes mutations, ils sont aujourd'hui non seulement des émetteurs mais également des partenaires crédibles pour l'adoption de comportements responsables, ces « bons gestes » d'un mode de vie vertueux et durable.

Comportement et changement de comportement : les fondamentaux

Comment se constituent nos comportements ?

Le comportement est le point de rencontre de nos processus mentaux et des influences externes qui pèsent sur nous. Il est ce qui s'observe de nos choix, c'est-à-dire nos actes. Du point de vue cognitif, il relève d'un ensemble d'automatismes dans lesquels les modes intellectuels raisonnés, symboliques et cognitifs, ont peu de prise au quotidien. Le comportement repose sur une heuristique, c'est-à-dire notre capacité à adopter des stratégies cognitives simplifiées, économes en temps, en énergie et en émotions. Sous ce prisme, il se caractérise par la recherche de statu quo. Mais notre comportement est tout autant influencé par nos interactions et interdépendances sociales à l'œuvre dans notre environnement. Sous ce prisme, notre comportement est lié à notre identité sociale, réelle ou souhaitée, et aux les processus qui lui sont associés (comparaison sociale, aspirations sociales). Nous adoptons nos comportements individuels en fonction de nos comportements sociaux et nos comportements sociaux sont influencés par nos comportements individuels.

Méthodologie

Les biais cognitifs

Indispensables à prendre en compte dans un travail sur le changement de comportement, les biais cognitifs sont largement documentés à partir de la théorie des perspectives[1] de Daniel Kahneman et Amos Tversky et de l'économie comportementale.

Biais de substitution = tendance à la simplification des sujets complexes. Biais très important dans les choix d'éco-gestes notamment.

Biais d'affect et de conviction = tendance à croire… ce que l'on croit ou ce(ux) que l'on aime. Biais qui nécessite d'analyser les dimensions affectives, subjectives et imaginaires sous-tendant un comportement.

Biais de confirmation, biais attentionnels = tendance à ne retenir que les informations qui confirment nos croyances et représentations. Ce biais souligne la

1. La théorie des perspectives, fondatrice de l'économie comportementale a été développée par Daniel Kahneman et Amos Tversky en 1979, et a valu à Daniel Kahneman le prix Nobel d'économie en 2002. Cette théorie met fin à l'illusion d'une optimisation mathématique des choix des individus et révèle que tous les individus n'évaluent pas de façon symétrique les perspectives de pertes et de gains.

difficulté de faire émerger un comportement dans le champ des représentations, en particulier dans des contextes médiatiques saturés.

Biais d'ancrage = difficulté à se défaire d'une impression ou idée première. Ce biais rappelle la nécessité de lutter contre les idées reçues, en n'oubliant pas que ce qui n'est pas énoncé n'existe pas, mais qu'il ne suffit pas d'être énoncé pour être entendu.

Biais rétrospectif = surestimation du passé. Il induit aussi bien la tendance à la répétition que celle au découragement si une représentation passée se trouve déconstruite (par exemple, mon emballage trié a été envoyé sur une plage malaisienne, ce n'est donc pas vraiment un geste utile et je peux l'abandonner).

Biais d'influence = ensemble des biais liés à la pression sociale et à la dominance des règles implicites ou explicites prescrites sociétalement.

Dans le cadre de ses recherches pour mettre en œuvre les politiques publiques, le gouvernement écossais a développé une méthode qui met en évidence l'imbrication des différentes dimensions du comportement d'un individu : représentations symboliques et normes sociales, institutions, cultures et civilisations, infrastructures et systèmes techniques limitent nos marges de manœuvre, contraignent nos comportements individuels, et façonnent nos pratiques collectives.

- Les facteurs individuels : les valeurs, les attitudes et les compétences individuelles, ainsi que les calculs faits par les individus avant d'agir (calcul coûts/bénéfices personnels).
- Les facteurs sociaux : représentations partagées au sein de groupes sociaux (normes sociales, significations attribuées à certaines activités), les réseaux sociaux, les leaders d'opinion et les institutions qui influencent la façon dont les groupes d'individus se comportent.
- Les facteurs de l'environnement qui contraignent le comportement individuel : les infrastructures, les technologies, les règles et les lois, les rythmes de vie quotidienne...

Illustration

L'approche ISM (Individual Social and Material approach) pour appréhender le comportement sous ses différentes dimensions

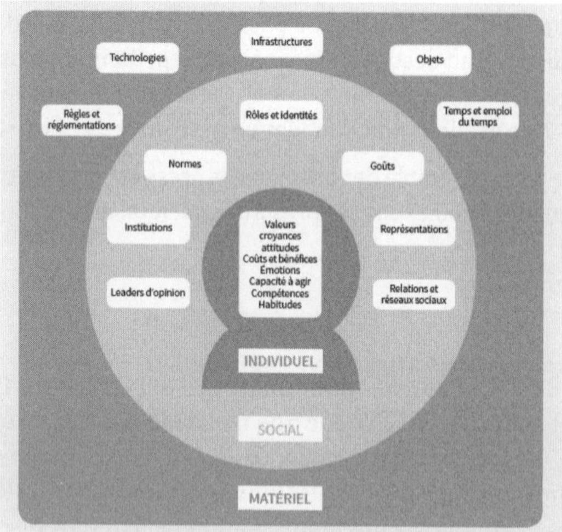

De l'intention à l'action : la théorie du comportement planifié

Un des modèles classiques pour expliquer les comportements est la théorie du comportement planifié (Theory of Planned Behaviour, TPB) développée par Icek Ajzen (1991). Un comportement, pour être effectif, suppose d'abord que l'individu ait une intention de le réaliser (d'où le terme « planifié ») et qu'il consent à produire des efforts pour cela. Plus forte sera l'intention, plus le comportement sera susceptible d'être important et la performance meilleure.

D'après la théorie du comportement planifié, le comportement est influencé par :

- l'attitude : est-ce que j'évalue positivement ou négativement le/mon comportement ?
- la norme subjective : suis-je soumis à une pression sociale (celle de mes proches, de mon entourage ou de la société) pour réaliser ou non le comportement ?
- le contrôle perçu : réaliser le comportement, me paraît-il facile ou difficile ?

Pour l'arrêt du tabac, ces trois facteurs correspondent dans l'ordre à l'image qu'a l'individu du tabac, puis l'influence de ses proches et enfin, son sentiment d'auto-efficacité (à quel point il se sent capable d'arrêter).

Le lien réel entre l'attitude et le comportement a été questionné par plusieurs études qui ont mis en évidence que les attitudes ne peuvent prédire systématiquement les comportements des individus, que les attitudes peuvent être déclarées et pour autant le comportement non réalisé. De nombreuses théories sont venues compléter l'approche d'Ajzen – théorie des buts, de la fixation d'objectifs, de l'engagement… – et mettent en évidence que la combinaison des attitudes, de la norme et du sentiment de contrôle perçu ne garantit pas l'effectivité du comportement, aussi forte l'intention soit-elle.

Illustration

Modèle de la théorie du comportement planifié

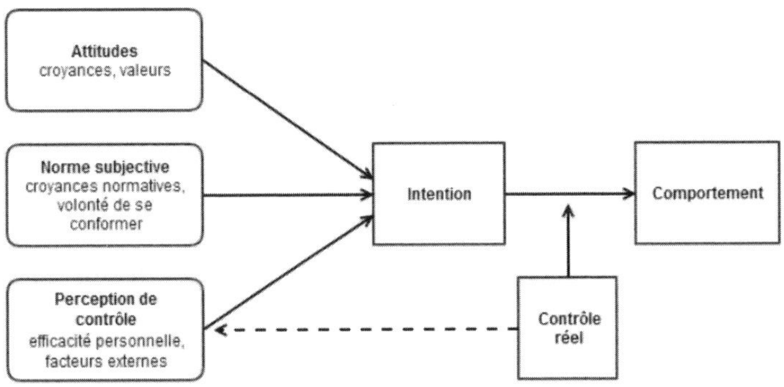

1 Modèle de la théorie du comportement planifié, selon Ajzen (2012)

Changer et systématiser un comportement : enjeux et leviers

Pour Xavier Brisbois, docteur en psychologie sociale, « les sciences humaines et sociales, et particulièrement la psychologie, étudient depuis longtemps les déterminant des comportements, mais pas forcément le sujet du changement de comportement ». C'est donc une nouvelle étape pour les acteurs du marketing et de la communication. Le changement de comportement implique[1] :

1. Xavier Brisbois, https://changer-les-comportements.blogspot.com/, extrait de compte rendu d'un échange réalisé avec Citeo.

1. D'être suffisamment attentifs pour ne pas laisser le pilotage de nos comportements à l'habitude, qui est notre « régime de fonctionnement normal ». Le premier problème est donc d'attirer l'attention et de mettre en place les conditions pour qu'un comportement désirable émerge ;
2. De pouvoir transformer l'intention de changer ses habitudes en un nouveau comportement : pour cela il faut y voir un bénéfice personnel, savoir que les autres le font (ou au moins ne voient pas le comportement d'un mauvais œil : c'est la norme sociale) et se sentir capables de le faire (c'est la compétence). Par exemple, nous sommes en train d'adopter de façon accélérée la bicyclette comme nouveau mode de comportement urbain. Pour que ce comportement soit durable, il faudra combiner un désir individuel associé à un bénéfice (à court terme, éviter les transports publics) à une norme et des conditions sociales (pérenniser les pistes cyclables), mais aussi à un sentiment de compétence accru. On peut en effet tout à fait être capable de contrôler un vélo, mais ne pas se sentir capable de le faire sur un grand axe urbain à une heure de pointe. Ce sentiment de doute est bien plus lié à une croyance qu'à une compétence. C'est le même phénomène pour le geste de tri ;
3. D'avoir l'occasion de passer à l'action, sans pression extérieure manifeste. En effet, si une pression extérieure, comme une récompense ou une punition, est perçue, elle tend à déresponsabiliser les personnes et à empêcher la pérennisation des changements.

On peut alors distinguer 5 dimensions du changement de comportement, en vue de sa systématisation :

1. La constitution des représentations : la mise à l'esprit du comportement, son entrée dans le champ des représentations et croyances de l'individu, constituent le socle motivationnel de son adoption – ou de son abandon. Les représentations sont peu évolutives et marquées souvent par deux biais : celui de la première impression (ma première impression influence durablement mes croyances) et celui de l'identité sociale (à quel groupe mes représentations me font/me permettent d'appartenir) ;
2. L'acquisition de la compétence : on choisit un comportement que l'on se sent capable d'avoir – et même d'automatiser. L'acquisition de la compétence passe par l'éducation et la connaissance. Elle dépend aussi des croyances que nous nous constituons sur ce que nous savons et ne savons pas, et sur ce qui mérite un effort de notre part et n'en mérite pas ;
3. La validation sociale : un comportement individuel est fortement dépendant du comportement social correspondant. Si le comportement social dominant est par exemple la réduction des trajets aériens, le comportement individuel cherchera à s'y adapter (en mimétisme ou, plus rarement, en opposition) ;
4. La possibilité matérielle, les moyens d'agir : tout comportement s'inscrit dans un temps et un espace définis, qui *in fine* déterminent notre capacité réelle à l'adopter et à le maintenir. Pour le geste de tri, c'est l'accessibilité réelle et

subjective (distance, propreté, contenus…) du bac de tri qui permet ou interdit la systématisation du geste de tri ;

5. L'intériorisation : au-delà de l'automatisation, l'intériorisation, c'est-à-dire l'acceptation du comportement comme un élément personnel et identitaire, est la condition d'un comportement systématisé.

L'entreprise face au changement de comportement : l'enjeu des éco-gestes

L'entreprise a pour enjeu de contribuer fortement au passage à l'acte. Ses stratégies marketing et de communication sont définies pour favoriser la décision et l'action : originellement développées autour de la notion de confiance (j'adopte une marque et un produit parce que je suis bien convaincu qu'ils ne me mettront pas en danger), elles mobilisent les actions et outils nécessaires à l'adoption de comportements qu'elle estime de son point de vue vertueux et efficients. Elle a mobilisé depuis près d'un siècle des savoir-faire et techniques qui lui permettent de fait de « maîtriser » pratiquement toute la chaîne décisionnelle nous conduisant à effectuer nos choix d'achat. La montée des enjeux environnementaux et sociaux pour les entreprises incite à ouvrir des questionnements sur la manière dont ces expertises peuvent être mobilisées pour orienter les comportements les plus favorables à l'environnement.

Petit essai de questionnements en forme de pistes de réflexion.

Que peuvent faire la marque et la communication pour changer les comportements ?

Façonner les représentations : c'est le savoir-faire prioritaire de la marque. « Réservoir à représentations », la marque *via* son expression notamment publicitaire exprime une vision du monde et donne aux consommateurs les clés pour y contribuer. La persistance et la constance de marque jouent un rôle important dans l'efficacité de la promesse marketing : elles travaillent la mémorisation et transforment durablement les systèmes cognitifs d'accès et de sélection de l'information.

Agir sur les motivations : c'est là le royaume du marketing et de l'ensemble des techniques mobilisées pour traduire une représentation en actes concrets, généralement d'achat. Cela suppose également de gagner la bataille de l'attention, dans des univers médiatiques et sociaux saturés et en constant renouvellement.

Constituer des préférences : conséquence des actions sur les représentations et les motivations, les préférences sont déterminantes dans les comportements de consommation. Elles se constituent dans le temps à travers le couple image de marque-produits. Elles sont ultra-réactives aux caractéristiques superficielles (par exemple, design du produit versus ses qualités techniques objectives – Apple versus Microsoft ?), aux signes envoyés par la marque à travers son design, sa publicité, son réseau de distribution mais aussi à sa reconnaissance dans le champ social et sociétal (notoriété de la marque, nature et « qualité » des ambassadeurs de marque par exemple). Elles évoluent dans le temps et l'espace, en fonction des changements réels, subis ou souhaités de position sociale du consommateur. La préférence conditionne l'habitude, le consommateur étant dans ses comportements risquophobe.

Nourrir l'estime de soi : de nouveau, la marque est mobilisée pour, à travers des mécanismes d'endo-exogroupes (choix du groupe d'appartenance *via* la marque, à l'exclusion des autres groupes), mais aussi d'auto-validation (confortement et image personnels), nourrir l'estime de soi de ses clients en les confortant dans leur choix de consommation (choisir les produits de la marque est de manière tautologique faire le bon choix).

Simplifier le comportement : car les marques sont aussi « des réservoirs de signes » qui accélèrent et simplifient le processus de choix, permettant des décisions simples et conditionnant des comportements automatisés. La marque a été inventée pour que nous passions le moins de temps possible à réfléchir à notre consommation dans nos linéaires physiques et virtuels...

Sanctionner le comportement : l'ensemble des stratégies de fidélisation visent à sanctionner (récompenser) le comportement jugé vertueux par la marque pour en garantir la durabilité et la systématisation. L'économie dématérialisée, outre une logique systématique de « the leader takes all » (prime à la méga-marque), fonctionne largement sur ces mécanismes de connaissance/reconnaissance du consommateur, aux frontières entre prédictibilité et récompense.

Méthodologie

Les stratégies de communication pour changer les comportements

M. Dupré[1] distingue :

- Les stratégies incitatives qui jouent sur la récompense, dans la prolongation des études psychologiques sur le comportement : on récompense le comportement vertueux (à moyen terme) pour l'automatiser en lui associant une récompense de court terme (un bon d'achat, une réduction). À l'inverse, un renforcement négatif, la sanction, devrait inhiber le comportement non désiré.

  Plusieurs expérimentations conduites sur le sujet du tri des emballages et des papiers révèlent que la récompense est susceptible de renforcer la pratique du tri en quantité et en qualité dans les foyers déjà trieurs, mais peinera à convertir des non-trieurs. La majorité de ces études montre

1. M. Dupré, https://theconversation.com/de-la-bonne-maniere-de-sadresser-aux-eco-citoyens-52476

également dès l'arrêt du renforcement, un retour progressif aux pratiques antérieures voire un fléchissement (effet boomerang) ;

- Les stratégies de sensibilisation qui font de l'information sur les risques et les bénéfices des choix. Ces actions et campagnes s'adressent à la dimension rationnelle du comportement et permettent à la personne d'intégrer le comportement souhaité dans ses systèmes de valeurs et ses bénéfices personnels. M. Dupré note qu'elles ne suffisent pas à changer un comportement ;
- Les stratégies comportementales qui s'appuient sur la psychologie sociale et associent différentes techniques qui en sont issues : l'engagement (selon les théories de Joule et Beauvois), les nudges, et la reconnaissance sociale (création de signes partagés d'action pour une même cause : la main de SOS racisme, le ruban rouge de la lutte contre le Sida, ou la logique de communautés) et le *feedback*, qui, *via* la mise à disposition d'informations accessibles et pertinentes pour la personne, permettant de rendre individuellement perceptibles ses conséquences essentiellement collectives et de long terme, ancre un comportement.

Que ne peuvent pas (toujours) faire la marque et la communication pour changer les comportements ?

- Transmettre de la connaissance : on l'a vu à travers l'exemple du GIEClimat/GIEComportement. La question de la connaissance est dé0cisive dans la formation des consensus et *in fine* des comportements. Pour les gestes environnementaux, nous avons décrit que l'information est souvent le service le plus attendu du consommateur. La connaissance, clé de la compétence perçue, est la seconde clé d'adoption du comportement. Pour autant, ces logiques de « knowledge as a service », à l'exclusion de marques dédiées à la transmission/acquisition de connaissances (Wikipedia, marques label), restent souvent secondaires dans les stratégies de communication, associées au brand content et dans une vision plus promotionnelle que réellement servicielle.
- Inscrire le comportement de ses consommateurs au cœur de leur responsabilité : les réflexions et communications RSE évoluent. Conçues comme une manière de compenser un impact négatif (prélèvement sur les ressources, pollution, conséquences sur la santé, etc.), elles se développent aujourd'hui autour de la notion de contribution : comment engager l'entreprise à contribuer au-delà de son objet social et comment mesurer et valoriser cette contribution ? Pour autant, centrées sur le comportement de l'entreprise et ses pratiques vis-à-vis de ses parties prenantes, elles commencent à peine à intégrer la question du comportement, notamment éthique et environnemental, de leurs consommateurs. Via la question du tri, les entreprises de la grande consommation

ont pris une longueur d'avance en choisissant d'informer et sensibiliser avec Citeo leurs consommateurs. Elles s'apprêtent à franchir des étapes essentielles, comme l'intégration de la recyclabilité dans l'acte d'achat du consommateur.

- Prendre en compte des spécificités contextuelles différenciées : l'adoption ou l'abandon d'un comportement dépend de son contexte – aujourd'hui rebaptisé expérience. Même si les entreprises ont réduit au maximum l'incertitude inhérente à celui-ci en maîtrisant leurs stratégies de distribution et de point de contact, les circonstances individuelles jouent un rôle majeur de choix de consommation. C'est encore plus marqué en matière de comportement environnemental ou sanitaire, très directement lié aux dispositifs mis en place et aux conditions matérielles.
- L'épineuse question de la norme sociale : nos changements de comportements dépendent moins d'un déplacement de nos « normes internes » (système de valeurs personnel) que d'un déplacement des normes sociales qui contribuent à les constituer. Quand l'hygiène devient un standard social, la douche quotidienne se généralise – alors même que, à titre individuel, je n'en ressens peut-être pas plus le besoin. Comment les entreprises peuvent-elles envisager leur contribution aux évolutions des normes, au-delà des normes de consommation (le cancer de la peau est apparu dans le débat public avec les crèmes solaires) ? Comment leurs communications peuvent-elles envisager, proposer, anticiper ou accompagner ces évolutions ? Et comment (s') intégrer (dans) la prescription sociale, mécanisme central des nouveaux comportements ?
- Gérer l'intermédiation/fédérer : le corollaire des enjeux contextuels. Puisque nos changements de comportement sont largement dépendants des conditions réelles qui les forment et les autorisent, nos interactions de nature à les influencer et leurs émetteurs sont nombreux. L'intégration d'une chaîne de responsabilités partagées et d'alliances entre acteurs (institutionnels, scientifiques, autres entreprises, associations, média…) est une des conditions du changement de comportements complexes à intégrer par les entreprises. Elle « favorise » les acteurs « mutualistes » qui, comme Citeo, sont habitués à gérer des écosystèmes complexes et contradictoires.
- Modifier l'offre et créer de nouveaux standards : la capacité d'agir en matière de consommation commence par le choix des producteurs. Ce ne sont pas les consommateurs qui décident pleinement de leurs préférences. Ainsi, les marques peuvent contribuer au développement de nouvelles pratiques en modifiant l'architecture de choix des consommateurs : elles diffusent largement de nouveaux produits et services, en suppriment d'autres pour orienter la demande des consommateurs « en douceur » vers de nouveaux usages – plus vertueux ou non : ordinateur portable sans lecteur CD, smartphones sans prise jack contribuent à l'utilisation des technologies bluetooth ou cloud par exemple.

Étude de cas

Et en communication interne ?

Le changement de comportement de ses salariés, sous les effets cumulés des ruptures rapides et brutales du chômage de masse (en Europe) et de la IVᵉ révolution industrielle numérique, est devenu indispensable à des entreprises confrontées à des besoins vitaux de transformation, qui, choisis comme imposés, se sont traduits depuis 40 ans par des ajustements stratégiques, économiques et organisationnels constants. Longtemps apanage des ressources humaines, le changement de comportement des salariés a souvent été associé à des adaptations défensives dans un contexte de numérisation accélérée d'activités (France Telecom/Orange), à des enjeux de profitabilité ou de riposte concurrentielle (Accor). Le Chief Digital Officer était au fil des années devenu tout à la fois patron marketing, directeur de la relation client, stratège et patron des opérations... L'ampleur des transformations (et des destructions de modèles économiques européens) des années 2000-2010 – en tout cas, avant le crise du Covid19, soit l'événement ayant eu l'effet le plus soudain et massif d'adoption de comportements et outils numériques dans et hors de l'entreprise depuis la naissance des GAFA- a placé la question de l'acceptation interne du changement tout en haut de l'agenda des Directions Générales. On a assisté à la vogue des « human first », rappelant qu'aucune transformation durable n'est possible sans l'adhésion des salariés. Les politiques de communication interne accompagnant ces différents mouvements ont élargi leur stratégie, d'une approche utilitaire, souvent tournée vers l'acceptation de nouvelles contraintes (outils, organisations...), à une approche culturelle et collaborative, centrée sur les représentations partagées et l'horizontalisation des processus collaboratifs.

Un cas d'entreprise transformatrice : Citeo et la mobilisation pour le geste de tri

Citeo, alors eco-emballages, invente le geste de tri et s'attache à faire évoluer les comportements des Français, pour permettre le progrès du recyclage des emballages.

Fin des années 1980. Les collectivités territoriales ont des difficultés grandissantes à gérer les déchets, dont le volume ne cesse de croître. Les équipements sont vieillissants, les sites de traitement arrivent à saturation. Il faut rapidement trouver des solutions. Le recyclage en est une. La collecte du verre d'emballage en vue de son recyclage existe déjà mais pour les autres emballages ménagers, malgré quelques initiatives locales comme à Dunkerque, cette solution paraît hasardeuse, car balbutiante. Le modèle économique n'est pas trouvé – on ne sait pas qui doit prendre la responsabilité de ces déchets et par conséquent qui doit payer. En effet, en 1972, à la suite de grandes catastrophes écologiques, l'OCDE a instauré le principe du pollueur/payeur, traduit dans une loi en juillet 1975 en France. Mais qui pollue? Est-ce l'entreprise qui met sur le marché les produits emballés? Est-ce le consommateur qui se débarrasse des emballages une fois le produit consommé et utilisé? En 1992, l'OCDE crée un principe complémentaire à celui du pollueur-payeur : la Responsabilité Élargie du Producteur (REP). La REP impose aux entreprises de la grande consommation et aux distributeurs de limiter l'impact de la consommation sur l'environnement parce que les consommateurs ne peuvent agir seuls. Les entreprises doivent donc pourvoir à la gestion des déchets d'emballages qu'elles mettent sur le marché et à la réduction de leur impact environnemental, soit par elles-mêmes, soit en contribuant financièrement.

Sous l'impulsion d'Antoine Riboud et de Jean-Louis Beffa, les entreprises de la grande consommation et la distribution, par nature en concurrence sur leur marché, choisissent la seconde option en acceptant de mutualiser leurs ressources pour prendre en charge cette responsabilité. Elles créent le premier éco-organisme, Eco-Emballages, chargé de mettre en place, d'organiser et de piloter un dispositif de tri et de recyclage des emballages ménagers à l'échelle nationale. Le dispositif doit permettre à tous les consommateurs, en tout lieu, d'agir de manière responsable en déposant ses emballages dans des conteneurs ou des bacs, afin qu'ils soient recyclés et deviennent de nouvelles matières premières. Citeo est issue du rapprochement d'Eco-Emballages et d'Ecofolio, créée en 2007 pour développer le recyclage des papiers graphiques en France. Citeo, société privée dispose de deux agréments distincts de l'État, pour assurer la Responsabilité Élargie du Producteur (REP) respectivement sur le périmètre des emballages ménagers et des papiers graphiques[1].

Dès lors, la mobilisation du consommateur est majeure car l'évolution du taux de recyclage des emballages et des papiers dépend grandement de son geste de tri. Ce geste est devenu, en l'espace d'une génération, une norme sociale (le tri des déchets arrive en premier dans le classement des pratiques perçues comme citoyennes[2]) et une pratique diffuse (89 % des Français trient en 2019, une proportion stable depuis 5 ans[3]). Pour autant, cette forte adhésion ne se traduit pas systématiquement dans les faits. Seuls 51 % des Français trient systématiquement tous les emballages, tous les jours en tous lieux. C'est une progression de 3 points par rapport à 2017 (48 %) et de 7 points par rapport à 2014 (44 %) mais une progression trop lente pour atteindre les objectifs de recyclage fixés par la réglementation et surtout, pour répondre aux enjeux de l'économie circulaire.

1. Le principe de la REP a depuis été repris dans de nombreux pays européens et étendu à une vingtaine d'autres filières REP en France dont les papiers en 2007 (avec la création d'Ecofolio), les produits électriques et électroniques, les piles et accumulateurs, l'ameublement, les pneumatiques, etc.
2. « Les actions citoyennes pratiquées par les Français », Harris Interactive pour La France s'engage, 2016
3. Toutes les données sur le geste de tri sont issues des éditions de l'Observatoire du geste de tri, dont les éditions ont été réalisées par Ipsos pour Citeo en 2014, 2018 et 2019.

La première édition de l'Observatoire du geste de tri, réalisée en 2014 sur un panel de plus de 5 500 Français, a permis d'identifier et de mesurer le poids relatif des facteurs favorisant le geste de tri systématique. Ils se regroupent en trois catégories :

- l'accès à l'information : connaissance et compréhension des consignes de tri, connaissance des étapes qui conduisent du geste de tri au recyclage;
- les équipements de tri et l'accessibilité du dispositif;
- les opinions et les représentations sur le tri et le recyclage.

Illustration

Les facteurs contributifs au geste de tri

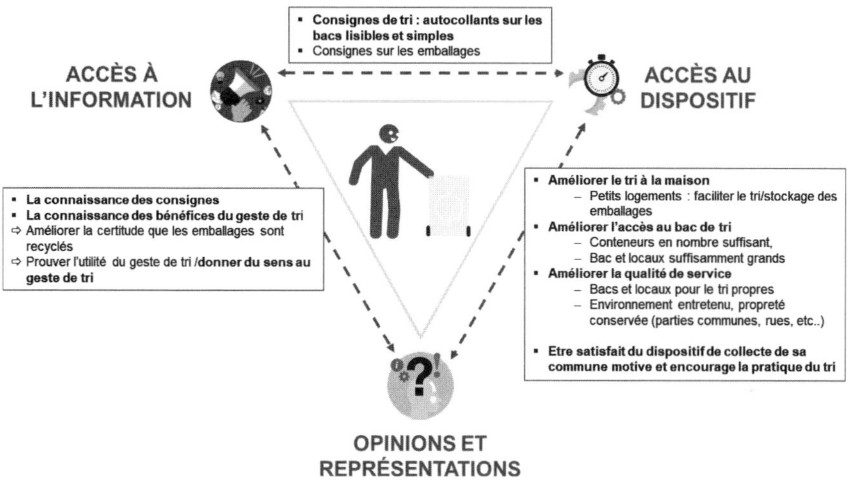

Ces leviers fonctionnent en dynamique et s'équilibrent en fonction des contextes. Ainsi, si je suis certain que mes emballages une fois triés vont être recyclés (connaissance des étapes du tri et du recyclage dans mon territoire, visite du centre de tri de ma collectivité), je vais plus facilement consentir à un effort lié à une contrainte matérielle (espace de « stockage » dans une petite surface, bac ou conteneur de tri éloignés). À l'inverse, la connaissance de la consigne de tri ne suffit pas : ainsi 93 % des Français connaissent la consigne de tri des bouteilles en plastique, pour autant seules 1 sur 2 sont collectées. Dans ce cas, la connaissance ne suffit pas à générer l'action. Les leviers doivent donc être travaillées de concert pour créer le réflexe tri.

Illustration

Faciliter le geste de tri : de l'intention à l'action

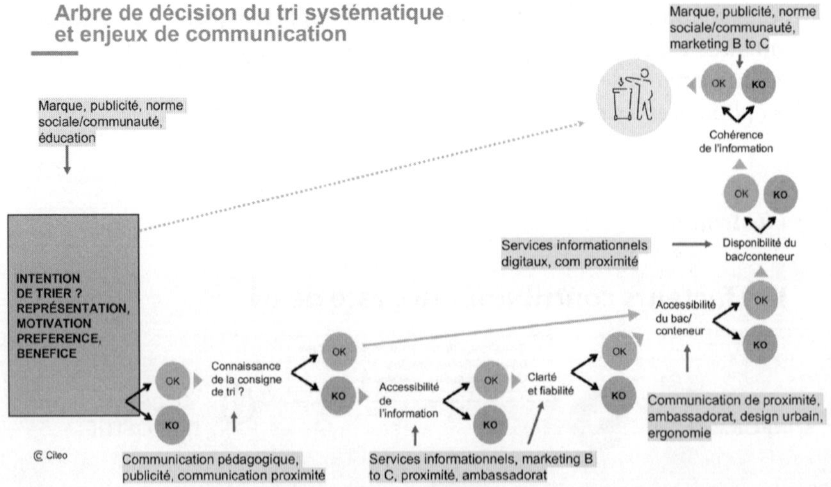

Mettre en place des stratégies de communication dédiées au changement de comportements répond à deux conditions indispensables : travailler sur un temps long et combiner différentes approches et techniques. Petit tour des leviers activés par Eco-Emballages-Citeo depuis 1992 pour développer le geste de tri :

- la publicité pour créer de la valeur symbolique sur le déchet, nouvel objet de communication dans les années 1990 ;
- une nouvelle sémantique pour nourrir des représentations positives ;
- l'influence et les communautés pour renforcer la norme sociale ;
- l'éducation à l'environnement pour favoriser l'autonomie des individus ;
- la psychologie sociale pour engager au-delà des attitudes ;
- le design thinking et les do tanks, l'intelligence collaborative pour développer de nouveaux services adaptés aux usages.

La publicité pour créer de la valeur symbolique sur un nouvel objet de communication : le déchet

La première étape qu'une marque peut faire avant d'espérer modifier les comportements dans la durée est de capter l'attention du consommateur sur son produit, de construire des représentations positives de celui-ci afin de faire émerger le besoin et de fonder une nouvelle norme[1].

Edward Bernays[2] est l'un des premiers à promouvoir l'utilisation des automatiques cognitifs, ces heuristiques qui nous permettent de traiter des volumes d'information de plus en plus conséquents. Imprégné des travaux de Sigmund Freud, son oncle, il propose de mettre en œuvre des mécaniques d'association non conscientes entre un bénéfice plutôt symbolique et un produit pour construire des représentations partagées par le plus grand nombre. Ces nouvelles techniques publicitaires visent à fabriquer du besoin, à construire de la valeur symbolique sur un objet – par exemple la cigarette, associée à la virilité, susceptibles de séduire autant les hommes que les femmes dans un contexte d'émancipation – et à révéler des groupes d'appartenance auxquels l'individu souhaitera appartenir. Le récepteur du message publicitaire va inférer le message qui a aucun moment ne sera explicité, le message publicitaire faisant sens par effets d'associations automatiques avec un ensemble de références intériorisées. La puissance et l'impact dans la durée seront proportionnels au sentiment de liberté éprouvé par l'individu et à son niveau d'exposition aux messages. À l'inverse, tout message perçu comme injonction générera du rejet.

Ainsi que le souligne Thierry Libaert « Créer un imaginaire désirant (et non culpabilisant) autour de produits innovants est le rôle de la publicité. [...] la communication publicitaire se concentre avant tout sur les segments de marché en croissance. La publicité a potentiellement un effet multiplicateur sur le développement de produits et de services qui relevaient jusque-là de modes alternatifs de consommation. S'y ajoute peut-être l'effet psychologique d'un « présupposé d'exigence sociale » qui, même s'il reste en décalage avec la réalité des consommations, s'alimenterait d'un traitement narratif de la publicité qui convoque l'hyper modernité, l'assurance d'être contemporain, la suggestion de ce qu'une époque doit faire[3]. ». Se pose alors la question de l'éthique de la publicité portée par les marques, qui se dotent, à un moment où leur capacité prescriptrice n'a peut-être jamais été aussi forte, d'un Conseil éthique publicitaire.

1. D'évidence, si le consommateur n'a pas connaissance de l'existence d'une alternative, il ne peut opérer de choix. Pour autant nous verrons que les techniques mobilisées n'agissent pas sur le plan rationnel. Les théories de psychologie sociale et de l'économie comportementale ont d'ailleurs pour objectif d'influer sur le choix des individus en mobilisant le moins d'attention consciente possible.
2. En 1928, dans « Propaganda – Comment manipuler l'opinion en démocratie », Edward Bernays fondateur de l'industrie des relations publiques, explique comment propager les idées et les opinions. Le travail du propagandiste consiste à faire adhérer à des valeurs du point de vue ou des comportements la majorité des populations qui selon E. Bernays ne sont pas en capacité de se prononcer sur les enjeux de société.
3. Avis du Conseil de l'Ethique Publicitaire « Questions écologiques et publicité », 2019.

Étude de cas

Construire un nouvel imaginaire pour installer le tri, mode de vie : l'exemple des publicités d'Eco-Emballages/Citeo

En 1993, Eco-Emballages compte plus de 3 000 clients, industriels de la grande consommation, qui lui ont confié la mise en œuvre de leur obligation légale au titre de leur responsabilité élargie de producteur[1] : gérer la fin de vie des emballages mis sur le marché et développer leur recyclage. Seuls 5 millions de Français disposent de bacs de tri. La très grande majorité des ménages n'est pas encore concernée par la collecte sélective qui se déploie progressivement dans les communes au rythme de la création de l'infrastructure industrielle, notamment la conception des centres de tri, et de la contractualisation avec les collectivités locales, qui restent seules responsables de la gestion des déchets sur leurs territoires.

Eco-Emballages doit donc relever un enjeu de taille : engager dans un temps court et dans un même mouvement à la fois les entreprises, qui financent le système – notamment les investissements de démarrage – et les collectivités, qui le mettent en place. Pour ce faire, l'entreprise place au cœur de sa stratégie de conquête BtoB, le consommateur-habitant-citoyen, qui réconcilie et peut faire levier sur toutes les parties prenantes, le consommateur sur les entreprises et l'habitant-citoyen sur les élus. Encore faut-il l'intéresser à un sujet, les déchets, que depuis Haussmann on cherchait plutôt à enfouir, dans tous les sens du terme. En outre, déchets et décharges sauvages, incinérateurs de première génération et dioxines... : de multiples reportages dénonciateurs nourrissent bien au contraire les réactions de NIMBY et NIMEY.

Indispensables au recyclage, les bacs de tri ne répondent pas à un besoin, ni à une attente des Français. Le déchet est par essence ce que chacun souhaite évacuer de son domicile le plus rapidement possible, ce à quoi on ne veut plus penser et qu'on veut condamner sans jamais poser la question de son origine ou de son devenir[2]. Alors pour installer le geste de tri dans les pratiques du quotidien, un geste qui nécessitera de l'attention, notamment dans sa phase d'apprentissage, il faut faire des déchets un objet de communication positive pour leur rendre leur place dans les représentations des Français, avant que la pratique du tri de ces déchets ne prenne place dans les foyers dans les faits. Les premières campagnes média grand public de l'entreprise visent ainsi à faire

1. Prolongement du principe de pollueur-payeur, la Responsabilité Élargie du Producteur impose aux entreprises de prendre en charge la fin de vie des emballages qu'elles mettent sur le marché, voir introduction partie 3.

2. Baptiste Montsaingeon, auteur d'*Homo detritus, Critique de la société du déchet* (Seuil, 2017) expose : « Au XIXe siècle, un système de pensée se crée autour de la façon dont on se met à définir le déchet sur le mode de l'immonde, de matières qu'il s'agit d'éliminer ou d'abandonner. On considère le déchet comme ce qui n'a plus d'usage, comme le bout du pipeline. C'est notamment lié à l'apparition de nouvelles matières dont on ne sait pas quoi faire des rebuts. C'est d'ailleurs à cette époque qu'on invente la poubelle et la décharge. »

émerger un nouvel imaginaire autour des déchets ménagers, à recréer du lien entre l'individu et les déchets qu'il génère et à rendre désirable le bac de tri. Rien de moins.

Mi-novembre 1993, en prime-time, les téléspectateurs voient se succéder sur l'air de Samba Saravah de Pierre Barouh[1] des plans resserrés et « cuttés » de bennes de camions poubelles – extérieur nuit – poubelles de cuisine ouvertes débordantes – intérieur jour – pendant que familles et rippeurs se livrent, chacun dans son espace, à une chorégraphie de gestes savamment orchestrée. Le 30 secondes, qui met au premier plan les déchets autant que les gestes et mouvements des protagonistes, se conclut par « Un emballage jeté n'est plus un emballage perdu ».

La photo et la musique, comme l'esthétique générale, sont en rupture avec les codes des communications environnementales qui auraient pu être attendus pour informer les Français de la mise en place du recyclage. Dans ce spot, pas de paysages, de « petit coin de nature[2] », de camaïeux de bleus et verts, de lumière douce, mais la ville, une cage d'escalier, des couleurs saturées, contrastées, des réverbères et des néons, tous les signifiants de la vie urbaine et de la modernité. Il s'agit de faire entrer le geste de tri dans les foyers, en ville, là où les gisements sont les plus conséquents, là où les pratiques vont être plus difficiles à installer. Cette première communication montre le comportement attendu, ancre le geste de tri dans un « ici et maintenant » magnifié et donne envie par la dynamique et l'esthétique de l'ensemble. Les déchets sont filmés en gros plan, sans gommer salissures, coulures toutefois les compositions sont graphiques et les codes utilisés sont empruntés aux clips de musique (le réalisateur, Tony Kaye, dira être inspiré par les travaux de Jean-Paul Goude et Jean-Baptiste Mondino), alors que les émissions du Top 50 réunissaient devant l'écran, chaque soir de la semaine et ce depuis près de dix ans une forte audience. Cette communication prépare humblement les Français à envisager le tri dans leur mode de vie avant même que tous puissent dans les faits trier. Six ans plus tard, en 1999, près d'un quart des Français peuvent trier et plus de deux millions de tonnes d'emballages sont recyclés. Deux spots télévisuels « Les gens en avance trient leurs emballages » en 1999 et le « 30 millionième trieur » en 2000 construisent et valorisent la figure du Français qui trie ses emballages, « le trieur ». La sémantique du tri évolue et s'enrichit : les poubelles rondes en fer du premier spot laissent place au bac de tri à couvercle jaune (qui fait sa première apparition en publicité TV), les emballages triés en vrac dans une poubelle de cuisine sont bien distingués des autres déchets ménagers, ce qui n'était pas le cas dans le premier spot, le terme de « geste pour l'environnement » est utilisé. La cuisine, la cage d'escalier, le palier, les plans resserrés sur les gestes constituent les invariants de ces trois spots. En moins de dix ans, le geste de tri a gagné de la normalité et les publicités y ont contribué.

1. Samba Saravah fait partie de la musique du film *Un homme et une femme* de Claude Lelouch.
2. Spot TV « Le Chat Machine », 1989.

Publicité ou communication de proximité, quel est le plus efficace ?

La publicité et plus généralement les communications grand public restent structurantes dans la constitution des représentations comme dans leur persistance rétinienne : parler publicitairement d'un comportement désirable, ce n'est pas le faire adopter, mais c'est contribuer à sa présence à l'esprit d'une part et à son ancrage dans nos croyances collectives et individuelles d'autre part. En matière environnementale, la télévision reste un média incontournable pour la communication et l'information, ce pourquoi Citeo depuis 25 ans s'est attachée à conduire des campagnes de publicité télévisée. Par exemple, les clients d'EDF identifiaient deux points de contact essentiels avec leur marque de fournisseur d'énergie : la télévision et... la facture.

La communication de proximité est le complément publicitaire et hors média du prima du média télévisuel pour agir sur les représentations. Elle se définit par des stratégiques médiatiques adaptées (comme les cahiers locaux en presse régionale de Citeo sur le tri des papiers et journaux). Mais surtout par une présence de terrain qui associe d'autres compétences et approches : signalétique pour la lisibilité et la compréhension des consignes de tri, médiation environnementale et sociale pour le travail d'information et de conviction sur le tri, éducation pour l'adoption durable des connaissances utiles et des gestes.

La question centrale du langage : une marque peut-elle imposer une nouvelle sémantique ?

En mettant en place le dispositif de recyclage, une nouvelle réalité s'est construite qu'il a fallu nommer pour contrarier un imaginaire social susceptible de freiner la pratique du tri : celui des déchets. La communication sur le recyclage fait évoluer les représentations du déchet, concourt à sa réhabilitation en distinguant le bon du mauvais déchet et permet désormais de discourir sur un objet « plus respectable[1] ». Eco-Emballages souhaitait favoriser la reprise d'un champ lexical et d'une iconographie dédiés au recyclage des emballages pour se différencier très distinctement de celui des déchets (bac à la place de poubelle, trier à la place de jeter, emballages recyclables à la place de déchets d'emballages, conteneur ou point de collecte à la place de benne, la couleur jaune pour le tri des emballages, le vert pour le tri du verre...) et induire ainsi une finalité plus noble, la création de ressources au lieu de l'élimination du rebut.

C'est dans cette optique qu'à partir de 1998, des fonds communs de communication rassemblant des méthodologies et des supports de communication clés en mains ont été, et sont encore, mis à disposition des collectivités. Pourtant, force est de constater qu'après 25 ans d'existence, le constat est mitigé et contrasté. La volonté d'une communication harmonisée, dans les territoires et au niveau national, s'est longtemps heurtée à de nombreux obstacles. L'hétérogénéité des

1. Mickaël Dupré, *De l'engagement comportemental à la participation : élaboration de stratégies de communication sur le tri et la prévention des déchets ménagers*, 2009.

bacs, de leur couleur notamment, en est le principal. Le fait que la communication sur le tri soit dans les premières années assurée par les services techniques des collectivités a également pesé, les termes techniques prévalant spontanément dans leurs messages[1]. Enfin, les gestes de tri se sont multipliés (tri des déchets électroniques, piles, ampoules...). Et pour compliquer la tâche, associations et marques, dans leur volonté de soutenir la promotion du geste de tri, ont ajouté leurs voix à celles déjà plurielles des territoires.

Pour autant, les diversités d'équipements, d'organisation et d'émetteurs, si elles réduisent la portée des efforts de Citeo, ne sont pas les seules raisons de la faible appropriation par les Français de la sémantique proposée. L'usage de poubelle prime encore aujourd'hui à celui de bac, parce que la réalité matérielle du tri reste celle des déchets. Le signifiant peut changer mais le signifié reste identique : bacs de tri et poubelles sont les mêmes contenants, trier procède du même geste physique que jeter. Plus encore, le trieur n'a aucune preuve des effets de son geste puisqu'il n'accède pas à la preuve concrète de l'efficience de son geste, la matière recyclée. Le glissement sémantique, pourra-t-il s'opérer dès lors que la réalité matérielle du recyclage, les composantes physiques du tri, se différencieront de l'univers des déchets? Nous pouvons nous interroger sur les effets que produisent sur les représentations les nouveaux équipements mis à disposition des consommateurs dans les magasins, les automates de collecte récupérant bouteilles en plastique et canette en contrepartie d'un bon de réduction de quelques centimes. Ce retour d'expériences, outre qu'il pose la difficulté d'imposer des représentations communes, questionne également les acteurs publics et privés, dont Citeo fait partie, sur leur rôle et les actions indispensables pour faire adhérer aux enjeux de l'économie circulaire, alors que celle-ci peine à trouver sa matérialité pour le consommateur-habitant-citoyen.

Étude de cas

Le Point Vert, quand le logo échappe à la marque ?

Jusqu'en 2016, le Code de l'environnement impose que les entreprises apposent sur leurs emballages un marquage, visible de tous, pour prouver qu'elles s'acquittent de leur obligation légale relative au recyclage. Ce sera le Point Vert, un logo, formé de deux flèches imbriquées l'une dans l'autre – logo intégré dans le logo de l'entreprise. Pour les entreprises qui contractualisent avec Eco-Emballages, il devient un élément de différenciation, un marqueur de leur responsabilité environnementale assumée et elles le déploient très rapidement sur les packagings. À l'époque, bien que présent sur plus d'un tiers des emballages, le signe n'est pas connu par les consommateurs et Eco-Emballages conduit plusieurs actions d'information destinées à l'expliciter : le Point Vert marque

1. Corps creux, corps plats, propres et secs, exutoires... ne sont que quelques-uns des termes qui correspondent à une réalité technique mais ne peuvent être compris par les habitants.

la contribution financière des entreprises au dispositif de recyclage. Malgré cela, pour les consommateurs, le Point Vert s'impose rapidement comme la marque de la recyclabilité des emballages : l'icône est bien plus puissante que les explications fournies. Le plan symbolique prime sur l'énoncé, la forme est plus puissante que le texte et oriente la signification.

Étude de cas

Les consignes de tri : une nouvelle catégorisation du réel, enjeu de connaissance et de représentations partagées

Le tri consiste à distinguer dans la catégorie « déchets », ceux qui se recyclent de ceux qui ne se recyclent pas. Les règles de cette différenciation sont établies par les consignes de tri qui sont dans la majorité des cas apposées sur les couvercles des bacs, rappelées dans les supports d'information diffusés par les collectivités aux habitants et présentes sur 1 emballage sur 2 en moyenne. Pour autant, les erreurs de tri sont fréquentes et même si 75 % des Français déclarent que les consignes de tri sont faciles à comprendre, le sentiment diffus reste celui de la complexité, notamment en raison des différences selon les territoires.

Le manque de certitude sur la consigne de tri liée au déficit de connaissance globale est un des freins majeurs à la pratique d'un geste de tri systématique. Pour qu'il puisse s'inscrire dans la durée, tout comportement doit mobiliser le moins d'attention possible : si les doutes et les hésitations interfèrent dans le processus décisionnel, ils interdisent l'automatisme cognitif. Sans certitude sur le « bon » geste, le consommateur éprouvera à chaque geste de tri non maîtrisé un micro-stress, pesant car susceptible de se reproduire plusieurs fois au quotidien. Arrêter de trier ou ne trier qu'une partie des emballages se présentera comme échappatoire de cette pression. Sa motivation à trier plus régulièrement se confrontera[1] au sentiment de ne pas être en capacité de le faire : découragé de trier, son inaction entrera en conflit avec ses attitudes et valeurs et il résorbera cette dissonance cognitive en faisant évoluer son attitude : « trier ça ne sert à rien ».

Le manque de compétences des Français ne peut être entièrement attribuée à la négligence ou au manque d'intérêt, ni l'expression de leur désarroi à la mauvaise foi. De même, il serait réducteur d'attribuer le manque de connaissance des

1. 91 % des Français déclarent que notre société produit tellement de déchet qu'il faudrait recycler plus et 85 % déclarent que trier leur permet de se sentir utile.

consignes aux seules insuffisances de la diffusion de l'information. Pour accroître la maîtrise des consignes de tri, levier majeur d'une pratique systématique, il faut prendre en compte les représentations qui sont en jeu dans le geste de tri.

La loi, en posant l'obligation de recyclage de la catégorie « emballage » d'une part, les infrastructures industrielles et le marché économique en précisant les critères de la catégorie « recyclable » d'autre part, ont présidé à la définition des consignes de tri[1]. Pour qu'un matériau d'emballage soit recyclable, il faut qu'il puisse être collecté, séparé des autres matériaux, traité en usine et que la nouvelle matière ainsi créée corresponde à un besoin du marché. Or cette réalité n'est pas appréhendable par l'habitant et le manque de connaissance du fonctionnement technique, industriel et économique du dispositif laisse le champ libre à ses projections. Comme le souligne, Mickaël Dupré, les catégories créées par les professionnels se confrontent aux représentations que des individus, qui à défaut de se référer à un savoir extérieur fondent leurs pratiques sur ce qu'ils supposent être les qualités intrinsèques des matériaux[2].

Ainsi, laver les emballages avant de les déposer dans le bac de tri relève autant de praticité (ne pas se salir ou salir le contenant) que de croyances dont les fondements échappent largement au conscient : le déchet est par essence sale, le recyclable n'est pas un déchet, ce qui est sale n'est pas recyclable et laver l'emballage lui confère donc plus de recyclabilité. Le tri des emballages en plastique pâtit le plus de ces projections. Lors d'une étude réalisée pour Citeo en face-à-face dans linéaires en magasins[3], de nombreux consommateurs interrogés sur les consignes de tri ont exprimé quelques-unes des croyances largement diffuses tout en étant hétérogènes. Certains shoppers déclarent ainsi que la souplesse et la finesse des films ou barquettes plastique les rend plus aptes au recyclage car offrant moins de résistance à l'étape de « dissolution[4] »; d'autres à l'inverse attribuent aux emballages plastiques rigides un potentiel plus élevé de recyclabilité supposant que la densité du matériau rende l'opération de recyclage plus « rentable[5] ». La certitude avec laquelle les shoppers s'expriment est relative : le sentiment d'être contraint de répondre et le refus d'être pris en faute d'ignorance, peuvent encourager à proposer une explication – aussi farfelue puisse-t-elle paraître y compris pour celui qui l'exprime.

La simplification du geste de tri, *via* l'extension de la possibilité de trier tous les emballages sans exception, est déployée progressivement depuis 2013 par

1. Jusqu'en 2013, on demandait aux habitants de trier tous les emballages en verre, en carton et papiers, en métal et pour les emballages en plastique, uniquement les bouteilles et les flacons. En 1992, on savait déjà recycler tous les matériaux à l'exception des plastiques. Les bouteilles et flacons composées majoritairement de deux résines, PET et PEHD, constituaient la fraction la plus simple et la plus viable à recycler.
2. Mickaël Dupré, *De l'engagement comportemental à la participation : élaboration de stratégies de communication sur le tri et la prévention des déchets ménagers,* 2009.
3. Action Plus Shopper Research pour Citeo, 2018.
4. À rapprocher du mythe de l'emballage compostable qui disparaîtrait de lui-même dans la nature et qui révèle le refus inconscient du déchet ultime.
5. Ce ne sont que deux exemples parmi les interviews réalisées en magasin.

Citeo et les collectivités en charge de la collecte sélective. Elle permettra de réduire un des nœuds de complexité des consignes de tri et sera susceptible d'augmenter le sentiment de contrôle perçu. Le projet répond à l'impératif d'accroître le recyclage des emballages en développant la collecte, le traitement et les débouchés de la matière recyclée, notamment celle des emballages en plastique, et donc en visant à simplifier le geste de tri des habitants. À date, plus de 25 millions de Français peuvent déposer dans le bac de tri tous les emballages sans exception. La catégorisation proposée aux habitants est réduite à l'alternative « emballages » vs « déchets » en enlevant le critère qui échappe le plus à la perception de l'habitant : la notion de recyclabilité. La phase d'expérimentation qui s'est étalée de 2009 à 2013 a permis d'évaluer la pertinence d'une telle approche et les effets libérateurs de ces nouvelles consignes qui viennent en conformité de pratiques spontanées : les habitants triaient déjà plus d'emballages en plastique que les seules bouteilles et flacons. Information et communication pédagogique ne sont pas suffisantes : s'inscrire dans les usages existants et les représentations des consommateurs a permis de conforter connaissance et pratique systématique.

Comme le souligne Xavier Brisbois[1] « De mon point de vue de psychologue social, nous vivons dans le primat du technique sur le comportemental. L'illustration dans le recyclage en est que le système technique demande beaucoup à l'individu. Il faut une certaine expertise pour savoir quelle partie d'emballage va au tri et laquelle est un déchet. Je crois que de nouveaux progrès peuvent être faits si l'on fait aussi l'effort d'adapter le système aux comportements plutôt que de se contenter de demander aux personnes de s'adapter. Les efforts d'éducation et de motivation des individus ne sauraient être réduits, mais il faut y associer une réflexion sur la bonne interaction des hommes et des systèmes techniques, vers une ergonomie comportementale. »

L'influence normative de l'entourage

C'est Muzafer Sherif, psychologue social turc, qui développe la théorie de la normalisation (1936). Ses expériences mettent à jour le processus qui amène les membres d'un groupe à converger naturellement vers une idée ou un comportement propre au groupe. La norme sert de référentiel en situation d'incertitude : elle est un repère lorsqu'un individu ne sait pas quoi faire ou penser. Dans une situation inédite, par exemple l'arrivée dans un lieu inconnu, on aura tendance à observer quels sont les comportements des personnes déjà présentes et à s'y conformer. La théorie a été enrichie par la suite. Ainsi la norme descriptive – ce que les autres font- est distinguée de la norme injonctive – ce que les autres approuvent ou

1. De l'intention à l'action.

désapprouvent (pression, sanctions, obligation ressentie). La norme porte autant sur les jugements que sur les comportements, elle s'instaure en dehors de toute vérité, est implicite par essence et ne s'exerce pas sous la contrainte externe seule.

Les médias de masse ne sont pas les seuls instruments normatifs : l'entourage d'un individu modèle autant, si ce n'est plus, ses représentations. Chacun a tendance à se conformer aux croyances et pratiques attribuées aux proches – les membres de sa famille, ses amis ou de tout autre groupe référent, c'est l'effet de pair. Un individu s'engage plus facilement dans une action quand il se reconnaît de la même identité sociale que ceux qui s'engagent. Dès lors, une communication qui amène l'individu à penser qu'une majorité de proches[1] est favorable à l'action, qui fait connaître ses opinions positives envers l'objet promu ou met en scène le comportement attendu, renforce la norme.

À l'inverse, représenter les comportements décriés encourage à l'inaction en augmentant inutilement la pression sur les individus et en nourrissant le sentiment d'impuissance. Ils peuvent même produire l'effet contraire en incitant implicitement les individus à les reproduire, selon le principe de « puisque tout le monde le fait... ». De même, utiliser la peur comme levier d'action peut générer des mécanismes de défense contre-productif : l'oubli du message, son rejet, le développement de croyances opposées.

Étude de cas

L'entourage comme levier de changement

Citeo met en place des actions et programmes pour encourager la prescription du geste de tri par les pairs. Cette tendance à la prescription à laquelle les vitrines et systèmes de notation numériques ont donné un essor planétaire, est devenue prépondérante dans les modes d'adoption d'un comportement. Pour Citeo, elle a impliqué de mettre en scène une communauté de trieurs prêts à promouvoir leur relation au geste de tri : c'est « Trier, c'est donner » qui devient ainsi la communauté des trieurs revendiquant leur geste de tri. Comme tout mouvement, Trier c'est donner va au-delà de son « claim » de générosité du geste de tri : campagne de mobilisation, évènements dans les territoires et programme relationnel avec envoi de newsletters proposant des conseils et astuces pour trier, sont les composantes du dispositif de mobilisation. Pour aller plus loin, Citeo met au point un programme d'ambassadorat procédant de la même dynamique participative. Il est destiné, dans un premier temps, aux collaborateurs en entreprise. Le principe, fondé sur le volontariat, est simple : on n'apprend jamais aussi bien que des autres. Chaque volontaire s'engage à impulser des groupes de discussion autour d'une thématique. Les échanges

1. Pour peu qu'il s'affilie à ce groupe, ce collectif qui peuvent être circonstanciés, par exemple : les occupants d'une chambre d'hôtel, les voyageurs d'un train...

sont libres. Un coach apporte des informations utiles aux débats et soutient la dynamique. Au final, le groupe monte en compétence et développe des pratiques vertueuses qui peuvent se propager dans l'entreprise et dans la sphère privée.

L'Éducation à l'environnement : devenir écocitoyen

Le geste de tri se propage dans les familles, transmis des parents à l'enfant lors des premiers apprentissages ou appliqué grâce à l'enfant qui, revenant de l'école et fier de ses découvertes, l'explique aux plus grands. Pour autant, la seule présence d'un enfant ne garantit pas le tri et il serait extrêmement réducteur et cynique de n'envisager sa sensibilisation qu'à des fins de propagation du geste de tri. Pour ancrer durablement cette nouvelle pratique, Eco-Emballages s'est associée en 1993 au Réseau École et Nature afin de mettre en œuvre l'un des premiers dispositifs d'éducation à l'environnement, Rouletaboule[1], puis en 2004 à l'association Teragir pour déployer en France le programme Eco-Ecoles[2].

En effet, l'éducation à l'environnement n'est pas une éducation aux éco-gestes, les « bons » gestes, dont l'enfant serait dépositaire avec la lourde responsabilité de les faire respecter au sein du foyer. Elle n'a pas non plus pour objectif de développer les connaissances scientifiques ou de transmettre des savoirs pratiques, solutions clés en main, aussi utiles soient-ils. Son ambition est plus élevée : former des individus responsables en développant leur esprit critique, leur capacité à apprendre et à faire des choix par eux-mêmes.

La méthode pédagogique est fondée sur l'accompagnement pour « apprendre à apprendre ». Par exemple, à l'école, les jeunes sont invités à s'organiser en petits groupes pour questionner, enrichir leur compréhension d'un sujet posé (la gestion des déchets générés dans l'école par exemple), en cherchant par eux-mêmes les connaissances qui leurs manquent et les méthodes pour les trouver (interviews d'acteurs locaux, visites de centre de tri...). Ils doivent synthétiser leurs recherches pour les partager, confronter leurs idées à celles de leurs camarades et à celles des adultes, professeurs ou éducateurs – qui ne se positionnent pas comme « sachants », mais comme facilitateurs. Tout au long de ce processus de découvertes, d'expériences et de partage, les représentations de chacun, Élèves comme adultes, vont évoluer autant que les connaissances. Les projets d'Éducation à l'Environnement intègrent une phase de réalisation : sur le sujet des déchets, ceux-ci peuvent être

1. Premier programme pédagogique sur les déchets proposé aux écoles, le programme Rouletaboule a été conçu en réponse à un appel à projets de la Fondation de France. Il est constitué de matériel pour animer des ateliers autour des thèmes des déchets et de la consommation et de formations pédagogiques pour les animateurs.
2. Le programme Eco-School existait déjà dans d'autres pays d'Europe en 2004 mais n'était pas déployé en France, aujourd'hui plus de 3 000 établissements sont labellisés.

l'installation de bacs de tri, de composteurs, le montage d'une exposition pédagogique ou artistiques dans la ville pour sensibiliser les habitants... Plus que les modes de pensée, le processus favorise l'adoption de comportements vertueux dans la durée puisqu'à toutes les étapes, les décisions et les actions ont été prises dans un contexte de liberté et à l'issue d'une démarche réflexive qui engage chacun des participants.

L'éducation à l'environnement est majoritairement portée par des associations qui ont structurées leurs expertises et se sont organisées pour agir dans les territoires, très souvent en lien avec les collectivités locales qui souhaitent mettre en place des actions de développement durable. Elle n'est pas réservée aux scolaires et cible aussi les adultes car à tout âge, l'individu est capable de questionner sa relation à l'environnement et sa relation aux autres. « L'éducation relative à l'environnement est le processus de reconnaissance des valeurs et de clarification de concepts qui développent les compétences et les attitudes nécessaires pour comprendre et apprécier les relations entre les personnes, leur culture et leurs contextes biologiques et physiques. L'éducation relative à l'environnement comporte aussi une démarche décisionnelle et d'autoformation du comportement par rapport à la qualité environnementale. » Union internationale conservation de la Nature (1971)

La communication engageante : obtenir de l'individu des actes pour l'amener à penser et à se comporter différemment

> « Seuls les actes nous engagent. Nous ne sommes donc pas engagés par nos idées, ou par nos sentiments, mais par nos conduites effectives ».
>
> *Petit traité de manipulation à l'usage des honnêtes gens*, Joule et Beauvois, 2014

Alors qu'une démarche de communication classique s'interrogera sur la nature des informations à transmettre, sur les arguments à mettre en avant, sur les canaux de communication (outils, supports, médias, relais...) à activer, la communication engageante vise à obtenir des actes de la part de ceux dont elle recherche le concours. Les premières bases de la psychologie de l'engagement ont été posées dès les années 1950 par Kurt Lewin, enrichies par Charles Kiesler dans les années 1970 qui en développe la théorie. Elles ont connu leur essor en France grâce aux recherches de Robert-Vincent Joule et Jean-Léon Beauvois, dont les travaux ont été vulgarisés par deux ouvrages de référence aux titres provocateurs, *Petit traité de manipulation à l'usage des honnêtes gens*, en 1987 et *La soumission librement consentie*, en 1998. L'engagement repose sur deux postulats :

- l'obtention d'une décision ou d'un comportement passe par la réalisation d'un ou de plusieurs comportements préalables à obtenir. La réalisation d'un petit acte préparatoire augmente la probabilité de réaliser un nouvel acte plus coûteux;
- lorsqu'ils sont obtenus, ces comportements débouchent sur de nouvelles idées et attitudes sans qu'il ait été nécessaire au préalable de recourir à l'argumentation persuasive.

Pour autant, ces actes préparatoires pour qu'ils produisent des effets, doivent être conduits dans une situation particulière :

- le contexte de liberté : un acte réalisé dans un contexte de liberté est plus engageant qu'un acte réalisé sous la contrainte ;
- le caractère public : un acte réalisé publiquement est plus engageant qu'un acte dont l'anonymat est garanti ;
- le caractère explicite : un acte manifeste est plus engageant qu'un acte ambigu ;
- l'irrévocabilité de l'acte : un acte sur lequel on ne peut revenir est plus engageant que lorsqu'on peut changer d'avis ;
- la répétition : un acte que l'on répète est plus engageant qu'un acte qu'on ne réalise qu'une fois ;
- les conséquences de l'acte : un acte est d'autant plus engageant qu'il est lourd de conséquences ;
- le coût de l'acte : un acte est d'autant plus engageant qu'il est coûteux (en argent, en temps, en énergie...) ;
- les raisons internes de l'acte : un acte est plus engageant quand il peut être imputé à des raisons internes, une attribution de valeurs personnelles ou une attribution de traits de personnalité ; un acte n'est pas engageant lorsqu'il est imputé à des raisons externes soit des promesses de récompenses ou des menaces de punition.

Largement utilisées en marketing, dans des stratégies dites de manipulation ou pour fidéliser les consommateurs, les procédures d'engagement, combinent différentes techniques : pied dans la porte, hypocrisie induite, amorçage... reposant elles aussi sur tout un arsenal théorique en psycho-sociologie (comparaison sociale, cadrage...).

L'apport de la psychologie sociale : porte-à-porte et communication engageante

Aujourd'hui, 77,5 % de la population française vit en zone urbaine. Dans les prochaines années, ce sera plus de 85 % de la population[1]. Or les performances de tri sont deux fois plus faibles en milieu urbain qu'en milieu rural. Trier en ville présente indubitablement plus de contraintes matérielles qu'à la campagne. Pour créer les conditions d'un tri systématique, il faut d'abord donner accès aux équipements techniques, en premier lieu dans les immeubles : organiser les locaux propreté pour que les bacs soient en nombre suffisants, installer des points de collecte sur la voie publique si les immeubles ne peuvent les accueillir et ce, alors que la densité urbaine rend l'espace public disponible rare et précieux. Ces actions indispensables, bien que mobilisant toutes les compétences de la ville, urbanisme, architecture, voirie, espaces verts en plus de la propreté, ne suffisent pas à garantir l'appropriation par les habitants du dispositif.

1. Insee, 2010.

Citeo et les acteurs des territoires, collectivités locales, bailleurs, associations, expérimentent de nombreuses solutions pour adapter le dispositif de tri aux usages et comportements des habitants. Les approches sont plurielles et complémentaires : recours aux méthodes d'ergonomie comportementale, dites de design thinking; digitalisation du service avec par exemple les bacs connectés qui permettent de visualiser le taux de remplissage des points de collecte pour éviter des déplacements inutiles (tant des habitants que des rippeurs) ; recours aux sciences comportementales pour accompagner le changement...

Citeo a ainsi fait appel à deux docteurs en psychologie sociale[1] pour renforcer l'efficacité d'une technique de communication de proximité assurée par les Ambassadeurs du tri (ADT)[2] : le porte-à-porte. Piloté par Citeo au national et en local, l'expérimentation a été conduite avec trois collectivités en associant étroitement les élus, les responsables des services propreté des territoires et les Ambassadeurs du tri à la construction de la méthode de mobilisation.

Une fois les équipements de l'immeuble mis aux normes, les locaux réaménagés avec la bonne information, les Ambassadeurs du tri vont à la rencontre des habitants en porte-à-porte pour améliorer leur connaissance et leur compréhension de la consigne de tri. Plus que l'apport de connaissance, l'objectif est d'amener chaque habitant à déclarer qu'il va faire un geste de tri supplémentaire grâce à des interactions progressives pour préparer et obtenir son engagement pas à pas. Ainsi que le soulignent Xavier Brisbois et Lolita Rubens, « le fait de déclarer qu'on va faire quelque chose a un impact sur nos actes ultérieurs, car nous avons un besoin psychologique de mettre en cohérence nos paroles et nos actes. C'est en cela que cette méthode diffère des stratégies classiques de persuasion, nous n'essayons pas de convaincre l'habitant, mais de l'amener à agir par une série d'étapes qui l'engagent petit à petit. » La méthode est d'autant plus facilement appropriée par les ADT qu'elle a été développée avec eux et ce dès la phase d'observation. Citeo a développé sur la base de cette expérimentation une formation pour tous les relais de proximité des collectivités.

Méthodologie

Et le nudge ?

Grâce à la rapide vulgarisation récente qu'a connue l'économie comportementale, nous sommes tous devenus experts des mécanismes cérébraux présidant à nos désirs, à nos apprentissages et à nos actions : les systèmes 1 (ou reptilien, largement vulgarisé aussi) et 2, développés par des millénaires de survie, n'ont plus de

1. Lolita Rubens est maîtresse de conférences à l'université Paris-Est Créteil Val-de-Marne. Xavier Brisbois est chercheur indépendant.
2. Ambassadeurs du tri : Ce métier de communication de proximité est né dans les années 1990 pour accompagner la mise en place du dispositif de tri et de recyclage des emballages ménagers, à l'initiative des collectivités locales et encouragé par Eco-Emballages. Aujourd'hui, les missions de proximité peuvent être assurées par des équipes de la collectivité, des associations, des prestataires de service.

secret pour les équipes de marketing et de communication. Les nudges en sont la traduction magique et incontournable pour toute entreprise intéressée par l'adoption rapide et sans douleur de nouveaux comportements vertueux. Mais peut-on ancrer un comportement grâce au nudge – et selon quelle légitimité ? Nos observations empiriques menées à l'occasion de nudges sur le geste de tri réalisés avec BVA et Marseille-Provence-Métropole à Marseille démontrent les vertus du nudge : l'effet de surprise suscitant un effet de « re-connaissance », la réactivation de l'intérêt, de la sympathie, le confortement égotique du bon geste. Ces résultats sont légitimes et peuvent être pleinement suffisants. Mais le nudge ne peut pas faire ce contre quoi il est fait : systématiser un comportement. Il repose sur un principe psychologique exactement contraire. En cherchant des solutions qui activent nos mécanismes cognitifs inconscients, le nudge ne répond pas au besoin de compréhension et de réflexion qui conditionnent nos comportements durables. Passé l'effet d'interpellation et de surprise, il perd de sa puissance avec cet effet paradoxal, que plus on voit un nudge, moins on le remarque, conduisant au retour des pratiques précédentes.

L'intelligence collective, moteur du changement de comportement

Le design thinking

Le design thinking désigne l'application de l'ensemble des méthodes et des outils du design industriel aux processus d'innovation. C'est lui qui importe dans les réflexions marketing l'incontournable *brainstorming* ! Ses méthodes s'appliquent aux enjeux d'adoption de nouvelles normes. À partir d'une analyse mutifactorielle incluant les enjeux de pratiques sociales et individuelles et d'ergonomie, il met au point des dispositifs techniques et physiques permettant d'induire un nouvel usage et un nouveau besoin.

Citeo accompagné d'Okoni, agence de création, de design et d'innovation, a associé Bordeaux Métropole, ainsi que plusieurs acteurs de la ville, pour imaginer et tester plusieurs configurations d'un nouvel espace de tri en ville. Une première étape a mobilisé les méthodes d'intelligence collaborative pour définir les caractéristiques essentielles et idéales afin de favoriser son utilisation. La réflexion a permis d'imaginer de nouveaux services ou usages associés au point de collecte : composteur, fontaine, potager, jeu pour enfants… Des prototypes pour chaque module ont ensuite été conçus et installés sur le terrain pour l'expérimentation qui s'est déroulée sur 10 jours. Tous les 3 jours, la configuration de l'espace de tri variait. L'objectif était de recueillir un maximum de réactions des usagers en situation d'usage réelle. Tout au long de l'expérimentation, les pratiques de tri, les déplacements et utilisations de l'espace ont été observés par deux personnes présentes en permanence. Les usages ont été quantifiés pour mesurer les types de pratiques, les modes de venues, les profils, etc. Des entretiens qualitatifs ont été réalisés avec les usagers de l'espace de tri. La matière issue de cette phase d'expérimentation a servi de base à une réflexion collective. Les partenaires de l'étude ont co-construit les recommandations possibles pour un nouvel espace de tri en ville.

Illustration

Méthodologie du design thinking

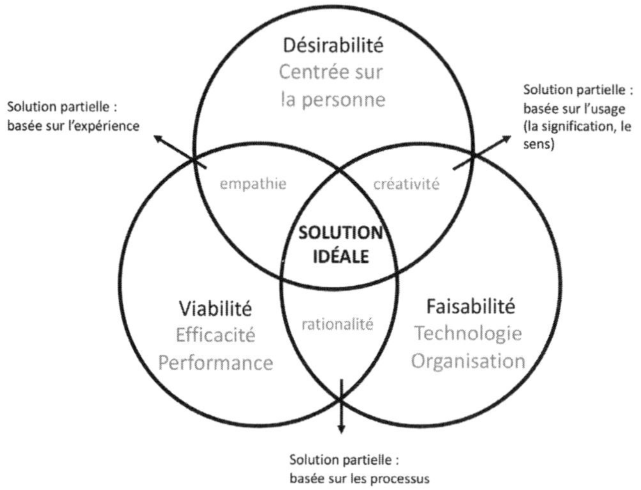

Source image : Doortoinnovation.com/fr

L'intelligence collective et les do tanks

Les propositions de dispositifs et d'outils favorisant l'intelligence collective ne cessent de se multiplier, cherchant à accélérer et systématiser dans les process décisionnels des entreprises – voire des États : conférence sur le climat en France – les process de groupe associant le plus grand nombre possible d'individus ou de catégories d'individus. Inscrite au cœur des processus d'innovation imposés par l'industrie numérique, l'intelligence collective se traduit notamment dans le dispositif expérimental du do tank. Citeo a créé les Ateliers Citoyens, sur le modèle des conférences de consensus, pour en faire son laboratoire d'observation sociétale sur le geste de tri et les comportements de l'économie circulaire. En 2 ans, 80 citoyens dans 4 métropoles ont été formés aux enjeux et méthodes de l'économie circulaire des emballages et des papiers. Ils ont produit par consensus au sein de chaque groupe 50 idées en faveur de la systématisation du geste de tri, idées partagées par Citeo avec l'ensemble des parties prenantes. Citeo pérennise dans la crise son Lab social pour continuer à travailler sur un mode collaboratif avec les citoyens à l'avenir de la filière du recyclage. Également développés par Citeo avec ses clients et ses partenaires collectivités en charge de la collecte sélective, les do tanks associent dans une logique ouverte et collaborative des personnes de compétences et d'intérêts différents sur un ou des objectifs communs de production d'une technique, d'un objet, d'un service ou d'un processus. Ils intègrent les logiques du *design thinking* en ayant pour livrables finaux des prototypes, à expérimenter et valider par le groupe – généralement ouvert – du *do tank* ou selon les méthodes marketing usuelles.

Les entreprises face au défi de la transition vers une société plus vertueuse et durable

Le comportement, est-il réductible à la raison d'être ? Les éco-gestes sont nés de la crise pétrolière dans les années 1970. Ils ont mobilisé, pour leur diffusion, différentes techniques d'influence et de communication, souvent par des institutions publiques ou des acteurs privés intervenant dans le champ de l'intérêt général. L'entreprise s'y est intéressée, en résonance avec son activité : par exemple EDF a promu régulièrement la réduction énergétique, y consacrant une marque dédiée (Bleu Ciel) et une gamme de services associés. Toute entreprise peut-elle avoir un intérêt objectif à améliorer ou changer le comportement de ses consommateurs ? Ou seules les entreprises ayant décidé de mesurer leur contribution sociétale et environnementale, ont-elles la nécessité de s'y intéresser ? En d'autres termes, le comportement fait-il désormais partie de l'objet social de l'entreprise ou de la raison d'être des seules entreprises à mission ? Là encore, il s'agira plus de regarder ce qui dans les transformations récentes infléchit le rôle de l'entreprise, plutôt que d'avancer des certitudes tranchées. Parmi ces transformations, deux semblent nécessiter que les entreprises acceptent de considérer le changement de comportement au-delà du changement de comportement de consommation :

- l'attention environnementale et les peurs associées, démultipliées par la crise actuelle, sont devenues les préoccupations majoritaires des Européens. Entre l'été 2018 et l'été 2019, face à la multiplication des événements climatiques catastrophiques et à la mobilisation de discours scientifiques et associatifs convergents, nous sommes tous devenus climato-convaincus ;
- la défiance marquée à l'égard des entreprises qui est, elle, française dans son expression, mais internationale dans ses mobilisations d'opposition. La crise du Covid-19 a en Europe démontré la capacité des entreprises à faire face à leurs responsabilités et reconstitué leur capital confiance, dans lequel elles auront à puiser pendant la dépression économique mondiale.

Il est probable que la prise en compte des grandes tendances comportementales constitue pour les entreprises un excellent driver pour anticiper et orienter leurs actions à long terme, et celles de leurs consommateurs, évitant, si les réponses sont à la hauteur des questionnements, des disparitions de marché mal anticipées.

Étude de cas

La « raison d'être »

Prolongeant sa réflexion de marque et sa stratégie RSE, Danone a retenu une raison d'être cohérente avec sa stratégie concurrentielle : « Apporter la santé par l'alimentation au plus grand nombre ». Elle s'engage à organiser collectivement son activité inventive pour rendre concrète cette contribution. Danone a confirmé en mai 2020 sa volonté de devenir entreprise à mission, c'est-à-dire de changer ses statuts pour y intégrer sa raison d'être et les objectifs associés.

Citeo a entrepris de son côté un travail de réflexion et de co-construction interne et externe en ce concerne sa raison d'être. Il s'agit ici de rappeler le rôle positif de la réduction de l'impact environnemental des emballages et des papiers pour la planète et la biodiversité, et d'intégrer dans ses objectifs l'accompagnement des consommateurs dans leurs comportements d'achat responsable. Le travail en cours devrait aboutir à la fin de l'année 2020.

Si l'entreprise a intégré le changement de comportement comme un de ses objets de réflexion et d'action, qu'en est-il du comportement vertueux ? Quels comportements l'entreprise peut-elle qualifier ainsi ? Est-ce le rôle de l'entreprise de penser des comportements en dehors de ses enjeux de marché (actes d'achat, nouvelles pratiques de ses salariés, fidélité de ses clients...) ? L'exemple de la responsabilité élargie du producteur, parallèlement à la RSE et 30 ans avant l'entreprise à mission, est venu indiquer la nécessité d'une « troisième voie », celle de la responsabilité et de la contribution. Une voie associant pour l'entreprise sa responsabilité de producteur et de commercialisateur à sa responsabilité citoyenne et civique. Une voie faisant de l'entreprise un acteur économique conscient au niveau environnemental, assumant avec ses consommateurs une co-responsabilité sur l'impact de ses produits. En conservant le prisme de la responsabilité élargie, on pourrait définir un comportement vertueux dans la sphère économique et marchande comme un comportement permettant d'associer une maximisation des bénéfices économiques individuels de court terme à une maximisation des bénéfices environnementaux collectifs de moyen et long terme.

Échange : Une marque peut-elle réellement avoir une conscience environnementale ?

Mélanie Rauscher et Julien Féré

Face à l'urgence climatique, qui apparaît comme une donnée de fond des débats actuels, comment réagissent les marques ? La société de consommation, par nature, est une activité qui vient nourrir les craintes face aux dégradations de nos ressources naturelles. Elle a pour but de produire des objets qui sont mis en circulation dans la société de consommation. Que ce soit les producteurs-distributeurs (H&M, Carrefour, Sephora) ou les plateformes d'échanges (Leboncoin, Vinted, Ebay), l'impact de ces entreprises est non négligeable. Et que dire des entreprises dont l'empreinte est intrinsèquement liée à leur métier (Air France, Shell, Monsanto) ?

Plusieurs réactions sont possibles : prendre le problème à bras-le-corps, et suivre la voie de l'activisme. Des marques comme Body Shop ou Benetton avaient ouvert le chemin sur d'autres sujets de société (acceptation de soi, challenge des tabous). Ou au contraire proposer un discours mesuré, gagnant-gagnant dans lequel l'empreinte du consommateur, de la marque et de la planète sont maîtrisés comme le propose Carrefour ? Voire ne rien faire et attendre de voir passer l'orage en priant pour que le ciel ne leur tombe pas sur la tête... Petite revue des opportunités et du futur de la marque à l'aune de la consommation « responsable »

Une marque peut-elle aujourd'hui décider de ne pas parler d'environnement ?

M. R. : Avec la prise de conscience actuelle de l'urgence climatique, une entreprise aujourd'hui ne peut plus ne pas se soucier de l'environnement – du moins dans le monde occidental – au risque d'être jugée et vilipendée sur la place « médiatique ». Dans le futur, la prise en compte par une entreprise de son impact sur la planète et la mise en place de solutions afin de le limiter est vouée à se généraliser d'autant plus. Toutefois, cela ne veut pas dire que la marque doit parler d'environnement. Déjà, si la conscience environnementale devient la norme, pourquoi en parler ? Dans certaines catégories de produits, clamer son engagement ne permet déjà plus de se différencier de la masse. Cela fait déjà partie du contrat de base. Comme un smartphone doit permettre de naviguer le web ou une paire de chaussures doit protéger les pieds. De plus, chaque marque n'est pas destinée à devenir une militante écologiste. Si ce n'est pas en lien avec son ADN, un tel changement de posture et de proposition nuirait à la cohérence de la marque. Et on le sait bien :

une marque qui réussit est toujours cohérente et fidèle à elle-même. Et surtout, ce n'est pas forcément ce qu'on attend de toutes les marques ! Disney par exemple est là pour nous enchanter et nous faire découvrir des mondes imaginaires bien éloignés de la dure réalité de la vie. La consommation de ses productions permet justement de se ressourcer et de se protéger le temps d'un film ou d'un jeu des discours anxiogènes sur le réchauffement climatique.

J. F. : En fait dans ce domaine il y a dire et faire. Et malheureusement aujourd'hui, beaucoup trop d'entreprises (et de marques) essaient de faire un peu pour en dire beaucoup ! Pour moi l'enjeu de la RSE (pour ne pas parler de développement durable) n'est pas de crier beaucoup mais bien plutôt de mettre en place les actions concrètes qui sont contributives d'un mode de vie plus respectueux et durable. L'exemple que choisit Mélanie avec Disney est assez symbolique : c'est une entreprise qui a très vite intégré les différentes dimensions de la RSE. Aujourd'hui, tous les produits dérivés qui sont vendus autour des licences de films sont produits avec un cahier des charges rigoureux et devenir un prestataire Disney implique des devoirs : sur les conditions de travail, sur les matières utilisées, sur les normes respectées. L'entreprise est consciente de son impact et a fait un travail de fond formidable. Pourtant, elle n'a pas repeint en vert tous ses films, et continue de produire de rêve et de nous vendre des peluches. Plus durables, plus justes, mais toujours chargées de valeurs.

Qu'est-ce qui a changé chez le consommateur ?

M. R. : On pourrait croire qu'avec la prise de conscience de l'urgence climatique, l'être humain prend conscience de son impact négatif sur son environnement, se remet en question et change de comportement. Dans la réalité, il existe une véritable dissonance entre le discours et les actes. Ainsi, si l'on en croit l'étude de référence de Kantar TGI, plus de 80 % des Français se disent concernés et engagés pour l'environnement. En revanche, quand on leur demande les critères de choix des produits d'entretien ménager, l'environnement arrive en dernier (le prix, l'efficacité et la praticité sont en tête !).

En fait, le consommateur moyen, tout comme l'être humain, n'a pas changé. Il/elle est toujours guidé par ses désirs, freiné par ses peurs et emplis de contradictions entre ses intentions et ses actions. Le besoin d'appartenir à un groupe guidé par un but commun a toujours été essentiel (encore plus lorsque la survie de l'individu en dépendait !). Et la peur de l'apocalypse, qui se projette aujourd'hui sur la crise climatique, a toujours existé. Ce qui a changé aujourd'hui, c'est l'environnement du consommateur moyen. En conséquence, celui-ci s'adapte tout en restant fidèle à son essence. Aujourd'hui, l'objectif est de lutter collectivement contre la crise climatique. Et l'intention, soit le discours, est bel et bien là. Mais les actes engagés au quotidien ne répondent quant à eux pas forcément à l'appel. Comme cela a toujours été le cas pour l'être humain.

J. F. : Le changement se fait plutôt au niveau de la société : les pouvoirs publics, les associations, les médias ont transféré une partie de la responsabilité sur les consommateurs. On ne leur dit plus « consommez et on s'occupe du reste » mais « vous votez avec votre porte-monnaie ». Cette dilution de la responsabilité fait porter le poids de la culpabilité environnementale sur celui qui achète. Ainsi les marques de voiture proposent de l'électrique, mais dans le même temps, ce secteur (qui est un des premiers en communication sur le marché français) nous vend du rêve, c'est-à-dire des grosses cylindrées, et des SUV urbains polluants, le segment le plus en croissance du marché.

Comme un lapin pris dans les phares, le consommateur se retrouve pris dans une contradiction. Car voter avec son porte-monnaie, cela sonne comme un droit, en fait cela se transforme souvent en devoir, voire en examen de conscience. Là où le principe de plaisir (et de nécessité) était la base de la consommation, il se trouve battu en brèche par la conscience environnementale. Et l'acte d'achat n'est plus dénué de conscience. Autre exemple, l'aérien : le prix du billet a été divisé, sur certaines routes, par deux ou trois en dix ans. Le Paris-New York était en moyenne (en vol direct) à 800 euros en 2010, il est facile de le trouver à 300 euros en 2020. Comment résister à la tentation ? Alors que dans le même temps la pression sur le mode de transport « avion » et les émissions de CO2 s'accroît ? Alors Air France propose de planter des arbres, et le consommateur s'envole pour les tropiques... avec une petite arrière-pensée...

Est-ce qu'un discours responsable ou rassurant est tenable ? Ne peut-on pas toujours faire mieux ?

J. F. : Le problème du développement durable, c'est qu'un discours jusqu'auboutiste finit par remettre en cause l'activité humaine. Si l'on prend l'exemple des transports, beaucoup d'entreprises proposent la compensation de CO2. La promesse : vous produisez des gaz à effet de serre mais on va compenser en neutralisant les effets par des dé-consommations. Le discours dur serait plutôt de privilégier des modes de transports non-émetteurs de CO2 : le train, le vélo, la marche à pied ou même la voiture électrique. Mais même pour ces modes, le dilemme reste présent : vaut-il mieux se déplacer en produisant le moins possible de CO2 ou éviter de se déplacer ? Dans un cadre professionnel, cela veut dire privilégier la webcam ou le mail plutôt qu'une réunion physique. Et pour aller plus loin, et si on évitait la réunion tout simplement, en trouvant une autre approche du projet ? Car même un mail ou un pont de téléconférence sont consommateurs d'énergie et donc néfastes pour la planète.

On le voit, aujourd'hui, ce qui manque à notre société est une échelle des repères. Les consommateurs sont perdus car l'actualité médiatique met en exergue nos comportements, les pointe du doigt en proposant difficilement des alternatives : pollution digitale, émissions, consommation de viande... Il est plus facile de dénoncer que de construire. Et les marques qui proposent des solutions, qui donnent des alternatives sont celles qui arriveront à émerger. Elles ne créent pas des modèles parfaits – le modèle parfait serait de cesser drastiquement l'activité humaine – mais elles proposent des solutions tenables pour des consommateurs en quête de repère. La clé pour les marques aujourd'hui est d'aider leurs clients à résoudre le paradoxe que contient l'oxymore « consommation responsable ».

Y a-t-il des marques ou des secteurs épargnés ?

M. R. : L'engagement environnemental peut être un positionnement de marque judicieux pour tout secteur. Aujourd'hui et demain, je ne pense pas qu'il existe/ra de secteur sans aucune marque engagée. Même sur des secteurs comme le divertissement, *a priori* éloigné des préoccupations climatiques, certaines marques peuvent se différencier de la concurrence en proposant une offre écologique. Certains parcs d'attraction autour du végétal existent déjà, tout comme de plus en plus de boîtes de production éco-friendly voient le jour. Même les entreprises de pétrole aujourd'hui revendiquent leur engagement. Bien que la question de la crédibilité d'une telle approche se pose...

J. F. : Aujourd'hui aucun secteur de la consommation n'est épargné. Le troc (sites d'échanges, petites annonces entre particuliers) s'en sort mieux, mais on oublie souvent que le réservoir du troc reste le neuf et qu'il nourrit cette industrie parallèle, que les demandes des deux secteurs sont liées. En revanche, les grandes institutions sont moins exposées. Car ce que ce modèle du développement durable dénonce avant tout, c'est de faire du profit (pour les entreprises) ou de prendre du plaisir (pour les consommateurs) au détriment de la planète. Un comportement individualiste qui est l'essence d'une société capitaliste qui se cherche une nouvelle raison d'être...

Ce discours jusqu'au-boutiste ne va-t-il pas conduire à la mort des marques et des entreprises telles qu'on les connaît ?

J. F. : Pour moi, les marques qui parviendront à résoudre cette équation sont celles qui parviendront à aller dans le bon sens (moins mais mieux, plus responsable, plus durable) sans en faire un argument de communication. Toutes celles qui profitent du créneau du « green » pour vendre plus ou plus cher sont à terme vouées à être limitées. Au contraire, celles qui vont encourager des comportements vertueux sans brandir la planète comme un argument de vente vont dans le bon sens. Un exemple qui me touche de près (N.D.L.R. : Julien Féré dirige la communication de l'activité Voyages de SNCF) : le train. Avec ce mode de transport électrique, peu émetteur de CO_2, on pourrait repeindre les rues avec des affiches vertes, passer des spots TV comparent le train face à l'avion et dénigrer les comportements qui ne privilégient pas ce mode. Pour moi, c'est facile, dénonciateur, et peu créateur de valeur à long terme.

Au contraire, plutôt que de communiquer en creux, nous avons décidé de mettre en avant les offres, de pousser les destinations européennes qui sont plus connues et de rénover en profondeur l'offre de service et l'image (prix, confort, modernité) des marques TGV INOUI et OUIGO pour donner envie à plus de gens de prendre le train. Et le travail est payant : en 2019, nous avons transporté un nombre de passagers record sur toute l'histoire de la grande vitesse française. Pour s'en sortir, il faut avoir un *business model* qui est vertueux, bien sûr, mais il faut surtout aider les gens à faire le bon geste sans les culpabiliser ou les forcer « au nom de la planète ». Il faut qu'ils vous choisissent pour eux, et que dans le même temps ils fassent du bien à notre environnement. Sinon le choix contraignant peut se retourner contre vous à n'importe quel moment !

M. R. : Personne ne souhaite que toutes les marques soient activistes, ni les entreprises, ni les consommateurs. De sa vision à son design, une marque a un pouvoir d'enchantement qui explique l'attrait des consommateurs. Aujourd'hui, l'engagement climatique est « tendance », car il résonne avec les aspirations actuelles des consommateurs. Les marques s'alignent derrière cette nouvelle exigence, afin de proposer une offre pertinente pour ses contemporains. Toutefois, les grandes marques ne perdent pas de vue leur ADN et ce qui fait leur singularité. L'engagement vient se greffer à ce qui est déjà existant, il ne remplace pas le cœur de sa proposition. Les marques continuent et continueront toujours de vendre du rêve avant de promouvoir un projet politique. L'émotionnel primera toujours sur le rationnel. Même les marques engagées par essence proposent un récit unique, poétique : Patagonia par exemple vend le mythe d'une nature féminine foisonnante, virginale, inatteignable. C'est la proposition d'une évasion dans un paradis terrestre lointain, couplé à un engagement tangible, qui fait le succès de la marque.

2.3 *Méthode : Faire vivre une marque et l'animer*

Point de vue : Marque employeur *vs* marque commerciale… Une dichotomie ?

Julien Féré

Les entreprises ont coutume d'opposer marque employeur et marque commerciale. Pour des logiques d'organisation souvent – la marque employeur étant souvent le territoire régalien du corporate quand la marque commerciale est manipulée par le marketing –, mais aussi pour une question d'état d'esprit : on ne parle pas au nom de l'entreprise comme lorsque l'on parle au nom d'une offre ou d'un produit. Mais dans un monde où les barrières entre les communications sont de plus en plus poreuses, cette posture est-elle encore tenable ? Doit-on toujours parler de communication interne et de communication externe ? Et quels sont les ponts possibles qui s'offrent aux entreprises et aux marques, sans qu'elles se dénaturent ?

Les « vrais gens » dans la publicité : le mythe d'une transparence du médium

Cela fait déjà de nombreuses années que la publicité met en scène des « vraies » personnes sur des supports destinés à la promotion d'une marque, de ses produits ou de ses services. Cette « ficelle » est éprouvée dans le cas de la communication « marque employeur ».

En effet, depuis de nombreuses années, le secteur de la communication « marque employeur » (recrutement, communication interne, mise en avant en externe des métiers et des filières) semble vouloir s'éloigner des codes de la réclame commerciale. Tout se passe comme si, lorsqu'il s'agit de ressources humaines, on cherchait à gommer les ressorts habituels de la promotion. Derrière cette logique globale, il y a sans doute la volonté de ne pas s'inscrire dans une adresse au consommateur, mais à des gens, sans filtre et comme si c'était plutôt un discours d'entreprise que de marque. La marque se met ainsi en retrait et permet une forme de rencontre (ou son illusion) entre l'entreprise et le candidat, l'employé ou la personne de la société civile.

Plus encore que dans la communication commerciale, la communication « marque employeur » est sensible car elle révèle la conception que l'entreprise a de ses employés et de son rapport avec eux. En s'effaçant, la marque crée une forme d'horizontalité, d'hommes (et de femmes) et qui parle à des hommes (et des femmes. C'est sans doute la raison pour laquelle ce type de communication fait également la part belle aux minorités : multiculturalisme, parité des genres, mise en avant des différences (handicap, sexualité, etc.) sont autant de signes qui montrent la prise en compte de l'individu.

Les codants développés par ce type de prise de parole s'éloignent souvent des discours commerciaux, et la cohérence de marque est préservée car les supports sont très différents : annonces de recrutements, salons, stands, portes ouvertes, il y a peu de chance qu'une publicité « marque employeur » se retrouve à côté d'une publicité marchande. Sauf dans le cadre de grandes campagnes qui visent au contraire à toucher les deux publics.

Illustration

La campagne « Venez comme vous êtes » de McDonald's

Cette saga publicitaire a fait le succès de l'enseigne qui met en scène en France, au travers d'exécutions créatives très différentes, le fait que l'ensemble de la société française se retrouve chez McDonald's. On voit souvent cette saga comme une communication tournée vers les consommateurs alors qu'elle peut en fait se lire à deux niveaux. « Venez comme vous êtes », c'est un message adressé aux clients bien sûr : venez la semaine quand vous travaillez, le mercredi après-midi avec vos enfants, le week-end en famille. Mais c'est aussi un message adressé aux salariés et aux futurs employés : qui que vous soyez, vous pourriez avoir votre place dans notre organisation.

D'une façon plus large, le talent de cette entreprise est de faire de chaque point de contact en communication un point de valorisation de l'emploi chez McDonalds. La publicité pour les horaires élargis, ou pour un nouveau sandwich met toujours en scène – comme un passage obligé – le lieu de vente et un (ou plusieurs) employé de façon bienveillante et souriante.

Bien entendu, dans le cas de McDonald's, c'est un très grand enjeu car il s'agit d'une marque qui ancre sa légitimité sur le sol français (malgré son américanisme) par son empreinte économique (avec les filières de production, mais aussi les bassins d'emploi qu'elle crée). Par ailleurs, en raison du turn-over important des équipes, causé par sa taille et sa présence sur le territoire (et le niveau de qualification de ses emplois), elle a de gros besoins en termes de recrutement. Chaque point de contact est donc l'occasion de renforcer cette opération séduction, envers ses collaborateurs, et envers d'éventuels prospects intéressés pour rejoindre l'entreprise...

Cette méthode a également fait recette dans la communication commerciale, preuve d'une recherche de transparence et de proximité : montrer les éleveurs derrière le lait, le paysan derrière la boîte de conserve ou le pêcheur derrière le surimi. En effet, paradoxalement, la communication « marque employeur » a essayé de se différencier des publicités traditionnelles et de leurs ficelles marketing. Mais, ironie du sort, rattrapée par celle-ci, elle est aujourd'hui copiée par ceux qui veulent sortir des travers – avérés ou perçus – de la réclame et revendiquent une communication sans filtre...

Ces publicités « réalisées sans trucage » posent des problèmes juridiques. Tout d'abord, la question du casting est un élément fondamental : comment trouver la personne qui va représenter fidèlement son entreprise à l'extérieur, et créer de l'adhésion en interne autour de cette figure ? Les publicités Carglass, par exemple, mettent en scène des collaborateurs suite à un concours interne, et le casting est renouvelé tous les ans. Ensuite, des problèmes de droit à l'image : pour être mis en scène, le collaborateur va au-delà des dispositions qui le lient à l'entreprise. Pour abandonner son droit à l'image – et sur base du volontariat – il peut donc bénéficier d'une rémunération qui va évoluer en fonction des conditions d'exploitation de la publicité ainsi produite (durée, types de médias, etc.). Par ailleurs, l'exploitation de l'image d'un salarié à des fins publicitaires engage l'entreprise : comment réagir si ce collaborateur n'a pas par la suite une conduite exemplaire ? Ou que sa médiatisation soudaine met la lumière sur des faits de sa vie passée – casier judiciaire ou autre... Cela veut dire que derrière le caractère fortuit et « sans filtre » se cache en fait une vraie stratégie de gestion de la mise en lumière et starification de l'interne. D'autant que cette mise en lumière ne vaut que tant que celui-ci fait partie de l'entreprise : s'il la quitte alors que la publicité est toujours médiatisée, cela risque de poser un problème d'image.

On le voit, la mise en scène de l'interne dans la communication externe, qui est une technique très largement répandue dans la communication « marque employeur » et qui gagne de plus en plus la communication commerciale pose derrière ses visuels « simples, « épurés », « transparents » des questions éthiques et pratiques qu'il faut poser en amont de ce type d'exécutions créatives. En revanche, cette mise en scène a également un double effet positif sur les publics : en interne, de la fierté, puisqu'un salarié mis en scène se voit magnifié au travers du dispositif ; en externe, de la réassurance, avec une forme de dévoilement de la chaîne de production, tout en permettant de faire oublier ce qui fait peur (le cadre de l'usine ou la production de masse).

À l'origine, la marque désigne une origine et une appartenance. Elle s'exprime donc au travers d'une personne – le propriétaire

Si on remonte l'histoire, on s'aperçoit que cette pratique est en fait à la genèse même de la publicité. En effet, la marque (au sens premier et avec sa traduction anglaise empruntée à un mot français : « le brandon ») désigne une forme d'appartenance.

Ce fameux brandon était apposé sur le bétail, et le signe distinctif apposé au fer rouge permettait de tracer une appartenance (et par extension une qualité affiliée à cette appartenance. Au départ, une marque, c'est donc un nom, voire deux ou trois initiales qui évoquent un nom : Louis Vuitton (LV), Monique Ranou (la marque distributeur charcuterie de la chaîne Intermarché) ou les éditions Gallimard par exemple.

Illustration

Quand le créateur est une figure tutélaire de la marque et du discours publicitaire

Souvent, l'iconographie publicitaire met en scène le « propriétaire » ou le « créateur » et cette technique est parfois reprise. Ainsi, les pâtes fraîches Rana mettent toujours en scène le fondateur et c'est un gage d'origine (italienne) et de qualité (la tradition). Alain Affelou est également mis en scène au travers de publicités qui oscillent entre autodérision et figure d'autorité de l'opticien en blouse blanche. Sur un ton humoristique, c'est aussi le cas de marques comme KFC (qui en a fait d'ailleurs un territoire de communication, avec le fameux colonel).

Pour les marques qui n'ont pas (ou plus) de créateurs, la mise en scène peut se faire de façon plus métaphorique : Bonne Maman met en scène une « mère » mythique et universelle, qui vit au travers de sa nappe à carreaux ; M. Marie était le « fondateur » métaphorique de la marque Marie pendant de longues années...

Alors bien sûr, l'entreprise horizontale est passée par là et le fondateur (ou le dirigeant) n'est plus forcément la figure de réassurance. De plus, de nombreuses marques ont été créées par les géants de l'agroalimentaire (Activia, KitKat, etc.) ou de l'industrie (Twingo, etc.) comme des « fabrications » marketing qui ne renvoyaient pas forcément à des humains. Certaines ont créé des figures de substitution (M. Propre) ou des mascottes (Miel Pops), mais elles manquent toute cruellement d'incarnation dans un monde où voir la personne derrière le produit crée de la réassurance. Comme si, après des années d'industrialisation et de mondialisation, la mise en avant de l'artisan et du produit imparfait, non aseptisé, était un gage de qualité. On choisit désormais de montrer des femmes et des hommes en situation de « faire » : artisans, producteurs, opérationnels, une chaîne humaine qui donne de la valeur (et de la sécurité) au produit de sortie.

Lactel met en avant ses éleveurs et se positionne non plus comme une marque émettrice, mais comme une coopérative. Tout se passe comme si les marques avaient voulu monopoliser la relation avec le consommateur et qu'elles s'étaient rendus compte qu'elles avaient besoin de recréer un lien perdu, de combler une distance. Après des années de paraboles publicitaires, elles reviennent à une communication qui se veut directe, qui met scène le chemin (simple et sans étape) du champ au client.

D'une technique à une rhétorique publicitaire

Cette pratique de la publicité « sans filtre » se reconnaît à l'utilisation de vrais employés à la place des acteurs dans des communications, que celles-ci aient pour visée de servir la marque employeur ou la marque commerciale. Mais l'usage d'un collaborateur n'est pas le seul indice de cette prolifération des publicités « sans filtre ». Le traitement publicitaire créatif s'en trouve également modifié.

Cela passe évidemment par la personnification de l'acteur mis en scène : dans une publicité classique, on ne cite jamais le nom du mannequin. Ici on mentionne son prénom (plus rarement son nom, sans doute un effet de création de proximité supplémentaire? Derrière l'apparente préservation de l'anonymat). On y ajoute souvent un métier en évitant les termes techniques, voire un âge et une localité. L'ensemble de ces caractéristiques mises en avant crée un effet de réel. Il renforce l'idée que cette personne, représentée, existe et qu'elle est un maillon effectif d'un appareil de production qui se révèle.

Au service de la création de la vraisemblance, d'autres artifices peuvent servir à rendre la publicité moins publicitaire (moins parfaite, moins fabriquée : caméra au poing et ambiance « réaliste » pour montrer que la pub est sans trucage; revendication d'une communication « sans filtre » pour une marque comme « C'est qui le patron » qui fait de l'antipub sa publicité permanente; ou plateformes de rencontres pour des marques comme Blédina ou Fleury Michon, dont l'expression publicitaire devient le lieu de la revendication d'une posture « usine ouverte ». Derrière tous ces exemples, la volonté est de fabriquer une publicité différente, en sortant des formats traditionnels. Car au-delà d'une mise en scène de l'interne, des mécaniques différentes (portes ouvertes, films des coulisses, reportages) sont autant de paroles qui vont dévier la parole publicitaire et lui donner une apparence de transparence.

Le digital (et notamment les réseaux sociaux) ont permis la multiplication de ces types d'expression. Tout d'abord car le coût de production et de médiatisation est moindre (avec des rendus moins « léchés » ou « publicitaires » voulus pour rendre la communication plus crédible – le « mal monté » serait synonyme de vérité). Étrangement, avec la baisse du coût de production propre aux contenus digitaux, on crée des contenus publicitaires et on augmente du même coup leur potentiel de vraisemblance. Paradoxalement, cela coûte moins cher de faire de la publicité qui fait vrai. De la même façon, mettre en scène son interne, c'est aussi faire une économie sur des frais d'acteurs... Alors évidemment, ce type de productions « para-publicitaires » ne sont pas auto-porteuses et elles doivent bénéficier du même soutien médiatique qu'une publicité classique pour émerger. Cependant, leur contexte de production, qui se met en scène dans le rendu final, les rend plus vraisemblables et donc plus appropriables.

Étude de cas

La mise en scène d'un collaborateur, risques internes/externes et médiatraining

Les réseaux sociaux de la marque TGV INOUI s'inscrivent dans cette dynamique de mise en avant de l'interne à l'externe. Contrairement aux publicités TV et affichage qui mettent en scène des agents « en contact » des clients lors de leur expérience voyage (barista, chef de bord, etc.), les réseaux sociaux de la marque cherchent à révéler la partie immergée de l'iceberg : ceux qui font la maintenance, conduisent les trains ou gèrent la tour de contrôle du rail.

Pour cela, la marque a fait appel à sa mascotte « Bobby » qui est un petit chien (un artefact créatif) qui est parti à la rencontre de trois agents qui exercent ces différents métiers. Lors de courtes séquences vidéos, ces agents se racontent en interaction avec le chien et sont mis en scène sur leur lieu de travail : cabine de conduite, technicentre, etc. Ces vidéos sont médiatisées *via* les réseaux sociaux de la marque (Twitter, Instagram, Facebook), postées de façon naturelle et soutenues par des investissements médias.

Lors de la diffusion de ces vidéos, le retour du grand public a été très positif. Beaucoup de commentaires sur ces « héros de l'ombre » qui œuvrent pour la régularité des trains et leur entretien. En revanche, en interne, certains ont vu d'un mauvais œil que certains employés fassent la promotion de l'entreprise et de sa marque commerciale, et ont profité de l'opacité des réseaux sociaux (faux profils, etc.) pour critiquer ouvertement leur collègue.

Ce phénomène a incité l'entreprise à prévoir un programme d'entraînement spécial pour tous les collaborateurs qu'elle met en scène : en amont, un média-training, pour réagir face aux différents retours positifs et négatifs du public, et une préparation psychologique. En aval, un suivi des réseaux sociaux pour avoir les retours en temps réels (commentaires, etc.) et faire stopper si nécessaire en s'adressant directement aux personnels concernés. En tout cas, la mise en visibilité soudaine d'un salarié dont ce n'est pas le métier (d'être acteur) nécessite une préparation.

Et une logique qui pousse à la disparition de la marque (et de la publicité) : le « sans filtre » poussé à l'extrême

Derrière ces logiques de mise en avant des collaborateurs, on le voit, il y a une volonté de mettre la marque au second plan, en retrait de ceux qui la font (et la consomment). Plus encore, sur les réseaux sociaux, la marque se fait désormais intermédiaire : ce miroir qui permet à l'externe de voir à l'intérieur, et à l'interne de se montrer à l'extérieur...

Cette apparente disparition de la marque peut aller encore plus loin. Certaines grandes entreprises se sont aperçues que leurs collaborateurs étaient présents sur les réseaux sociaux. Pour partager leurs passions et ce qui les anime, mais parfois ce qui les anime, c'est leur profession... Deux solutions se présentent à une entreprise sur le sujet des réseaux sociaux : elle peut museler en empêchant de parler de ce qui se passe à l'intérieur, en ajoutant notamment une clause au contrat de travail et en ayant une veille permanente pour monitorer (et sanctionner) les écarts. C'est le cas pour des industries qui sont positionnées sur des enjeux industriels sensibles (nucléaire, chimique, etc.) ou fortement concurrencés. En revanche, une autre posture peut être de cadrer la parole de l'interne tout en l'encourageant. Les marques qui ont choisi cette option ont compris que les réseaux sociaux étaient un lieu formidable pour créer une communication réputée sans filtre : plutôt que de mettre un salarié en scène dans une publicité, pourquoi ne pas utiliser directement sa parole, son fil pour en faire un porte-parole engagé ?

Les études sur le bouche-à-oreille le montrent : on fait plus confiance à un proche (une personne qui est dans notre cercle d'amis par exemple) qu'à la publicité : et si tous les collaborateurs d'une entreprise murmuraient à l'oreille de leurs clients ? Évidemment, cela implique de lâcher prise sur la maîtrise du contenu produit, et de donner des primes (de l'information, des exclusivités, des relations directes) à ceux qui s'en saisissent pour qu'ils s'engagent. Cela peut donner une réelle opportunité de passer d'une communication descendante (entreprise – consommateur) à une communication peer-to-peer (collaborateur – consommateur).

Méthodologie

Construire une communauté interne qui se fait le porte-parole de l'externe

Évidemment, cela ne peut se faire que sur la base du volontariat... Pour construire ce type de communauté porte-parole, il faut :

1. CARTOGRAPHIER : qui sont les collaborateurs internes présents sur les réseaux sociaux externes ? Quelle est leur sensibilité par rapport à l'entreprise ? Quel est le degré de maturité de leur pratique et leur sphère d'influence ?
2. ÉDUQUER : sur la dimension technique, aider ceux qui veulent s'impliquer à mieux maîtriser ces outils et les doter de matériel et de contenus capables de les aider à progresser ; Sur la dimension stratégique : leur donner les clés pour comprendre la stratégie d'entreprise, les marques, leurs valeurs, leurs codes, etc.
3. ANIMER : traiter cette communauté de façon spécifique, avec des avant-premières, des moments de fédération, et développer au-delà de la somme des individualités un esprit d'équipe qui permet le rebond et la diffusion.

Le retour du publicitaire : faire agir l'externe pour faire agir l'interne

Et puis la tendance est même en train de s'inverser : pendant plusieurs dizaines d'années, le credo a été de mettre en scène l'interne et d'en faire un levier de valorisation pour l'externe. Aujourd'hui, de nombreuses grandes entreprises créent des mouvements antinomiques (mais pas forcément opposés, car on peut cumuler les deux techniques, on le verra) : dans une société où les messages se complexifient, où les entreprises sont de plus en plus grosses et où les collaborateurs sont difficilement touchés en interne par les messages, la publicité (externe) devient un moyen de faire bouger l'interne.

Et ce à deux titres : tout d'abord, la publicité externe touche les publics internes. Cela peut créer un agacement, quand la réalité ne se retrouve pas dans la publicité, ou au contraire de la fierté si le miroir est flatteur mais crédible. Dans un second temps, par son effectivité, elle modifie aussi – et même d'abord ! c'est sa visée première – le regard des clients, et de fait leur horizon d'attente.

Étude de cas

Le lancement de TGV INOUI

Si l'on prend l'exemple de la marque TGV INOUI, lancée il y a deux ans comme un rebranding de TGV au travers d'une nouvelle expérience de voyage, la marque met en scène à chaque campagne un chef de bord au service des clients qui voyagent avec lui.

De fait, celui qui a vu la publicité et qui s'assoit dans son train va donc regarder différemment l'équipe à bord. Avant, il s'adressait à un contrôleur (qui passe du temps avec ceux qui ne sont pas en situation régulière). Maintenant, il est en interaction avec un chef de bord à son service, et se sent donc libre de l'interpeller pour une information, une aide à la connexion au WIFI ou pour baisser la luminosité... C'est la même personne, mais la publicité a modifié sa perception.

Et dans le même temps, elle a donné le signal aux chefs de bord qui ont vu cette publicité que leur métier s'était modifié. Les attentes ne sont plus les mêmes et les standards de l'expérience dont ils sont les garants sont désormais dans la tête de tous les clients...

À la recherche de la cohérence : reconnecter imaginaire publicitaire et expérience vécue – en interne et en externe…

Bien sûr, la clé de ces actions de regards croisés (la mise en scène de l'interne en externe, l'utilisation de la communication externe comme un vecteur de changement pour poser une direction et un but en interne), c'est la cohérence. Cela implique que ce qui se passe dans l'entreprise soit en ligne avec ce qui est perçu sur le marché et que tout le monde avance dans la même direction. Sinon, c'est le symptôme « Air France » : on crée un film publicitaire magnifique « *France is in the air* », une belle poésie qui place la marque dans le haut des expériences de voyage et en parallèle l'expérience de voyage s'aligne sur Easyjet avec la vente de billets à services additionnels payants (repas, bagages…). On devient schizophrène, même le personnel est perdu sur la posture à tenir…

Que ce soit pour les collaborateurs ou pour les clients, la publicité ne doit pas fabriquer du rêve… elle doit changer la façon dont on regarde ses pratiques (si on parle de l'interne) ou dont on consomme un produit ou un service (si on parle du client). Une publicité qui fait rêver, mais qui n'est pas alignée avec l'expérience peut faire vendre, sur le court terme, mais l'effet négatif risque de se faire ressentir sur le long terme. Cela questionne le rôle du communicant et la place de la communication dans une entreprise… Sans doute plus proche des opérationnels, du terrain que de la tête ? Ou en tout cas en lien très fort entre les deux. Une communication réussie, pour ses clients et ses collaborateurs (et c'est encore mieux quand ça marche ensemble), c'est une communication qui permet de comprendre la ligne stratégique, la direction de la marque, et de voir concrètement ce que cela change en termes d'expérience… Un trait d'union entre la tête et les jambes de l'entreprise.

Alors pour conclure… Doit-on toujours parler de communication interne et de communication externe ? Pourquoi garder ces silos ? Je milite pour une vision de la communication unifiée, et dans laquelle ce qu'on dit à l'externe ou à l'interne se répond (bien sûr, pas avec les mêmes timings, et souvent pas avec les mêmes langages ou leviers). On a beaucoup parlé de l'interne comme vecteur de changement de l'externe, mais on oublie aussi que les retours clients, notamment au travers des réseaux sociaux, sont un formidable vecteur de motivation et de réaction de l'interne. Car ces fils sociaux sont aussi une formidable fenêtre ouverte sur ce qui se passe dans la tête des clients et sur la société. Alors évidemment, sous forme d'hyperbole, car sur Twitter les commentateurs sont toujours très agacés ou dithyrambiques, mais quand même…

Pour moi, il faut différencier l'expertise – qui permet de créer des supports pédagogiques pour un métier ou une population donnée – et la stratégie qui ne peut être pensée en désolidarisant ces deux publics. Car ils sont la même face d'une pièce de monnaie et la communication devient une forme de rencontre, comme une prémonition (positive) de l'expérience à venir !

Étude de cas : Faire vivre la marque TGV INOUI

Anne Bock et Julien Féré

Le 16 septembre 2018, la marque TGV INOUI est officiellement lancée à Paris (Gare du Nord, Gare de Lyon, Gare Montparnasse et Gare de l'Est) et simultanément à Lille, Strasbourg, Bordeaux et Lyon, ainsi que dans toutes les gares où les trains de cette nouvelle marque vont s'arrêter. Cela couvre moins de 50 % du trafic de la marque qui l'a précédé (TGV) mais l'ensemble des circulations principales qui permettent de sillonner la France. Pour l'occasion, tous les agents portent des foulards aux couleurs de la marque, ils changent symboliquement de badge pour arborer fièrement celle-ci et un film publicitaire est lancé en même temps d'une campagne d'affichage. La marque se met à vivre.

Pourtant, derrière ce « grand matin » de la marque se cachent une multitude de points de contact qui vont être modifiés sur le long terme. En effet, pour quadriller l'ensemble du parcours client TGV INOUI et pour ripoliner tout le matériel roulant TGV, il faudra plus de deux ans... et beaucoup de patience et de créativité : écrans dans les gares, à bord des trains, boutique, mailings clients, applis, sites Internet, partenaires, réseaux sociaux... Chronique d'un « rebranding » et de l'animation d'une marque nationale de grande ampleur...

La stratégie de switch : lancer la marque avant le rebranding complet

Le rebranding de marques qui ont des « empreintes » physiques (réseaux de distribution, produits distribués, matériel, etc.) est toujours complexe. En effet, du fait de l'ampleur du champ d'expression de cette marque, il est souvent impossible de créer un effet « grand soir/grand matin », car le switch de marque se fait de façon progressive, et parfois sur des années. Certaines marques (voir encart Étude de cas) choisissent d'afficher cette progressivité pour ne pas perdre leurs consommateurs. D'autres au contraire misent sur l'effet de rupture et utilisent la publicité comme un accélérateur de changement de perception – le temps que l'expérience produit suive... En tout cas, la composante temporelle est un facteur essentiel à prendre en compte.

Étude de cas

Le Petit Déjeuner de Lu à Belvita

Dans le cadre du passage des biscuits « petit-déjeuner » sous le pavillon international de Belvita, le groupe a décidé de jouer la prudence sur le territoire français où la marque Lu était très bien installée. Pour cela, trois phases ont conduit au rebranding qui a été mis en scène sur le packaging. Sur ce type d'opération, la cible est très clairement l'acheteur fréquent qu'on ne veut pas perdre au moment de la bascule de nom...

PHASE 1 : annonce de changement, sur l'emballage classique « LU Petit Déjeuner » apparaît une mention sous forme de pastille « bientôt, LU Petit Déjeuner devient Belvita, recette inchangée ». Première installation du logo et réassurance sur la formule.

PHASE 2 : packaging Belvita (avec mention du nom produit qui demeure « Petit déjeuner ») et mise en avant dans la pastille de l'ancien logo « LU Petit Déjeuner » avec une mention « recette inchangée ».

PHASE 3 : packaging définitif Belvita. Aucune mention de LU.

À noter que cette transition a été accompagnée d'un renfort en publicité, avec une pastille ajoutée à la fin du spot TV Lu Petit déjeuner qui mentionne le changement de nom.

Dans la grande distribution, le risque de ce type de changement progressif est la co-présence de packagings de nature différente, notamment dans les enseignes ayant des plus faibles taux de rotation. Ce risque est minimisé par la fidélité des clients à une enseigne de supermarché, permettant un phasage de la communication *via* le packaging.

Dans le cas du lancement de TGV INOUI, le switch de marque est intervenu en plein milieu de la transformation du parc de trains. En effet, en 2017 a été dévoilé le nom, rapidement modifié pour remettre TGV au cœur de la nouvelle marque ainsi créée (voire chapitre 3 sur la galaxie de marque en OUI de la SNCF). Et il a fallu plus d'un an et demi pour continuer à transformer ces matériels. Au programme de cette métamorphose industrielle : des opérations esthétiques extérieures et intérieures, des rénovations en profondeur et l'équipement en wifi. Tout cela pour donner l'impression au client qui monte dans un train TGV INOUI de monter dans un tout nouveau matériel.

Quand la marque est lancée le 16 septembre 2018, seule une partie du parc est équipée de ces trains liftés. En revanche, la majorité des relations importantes sont dotées. À l'extérieur, les trains TGV INOUI se distinguent des trains TGV par une nouvelle livrée grise, avec un nez blanc et le logo de la marque présent à l'avant, sur les voitures et en majesté sur la voiture-Bar. À l'intérieur, des stickers ont été apposés sur les plateformes avec des phrases connivente (« prenez de la hauteur », « par ici les gourmands », « miroir mon beau miroir »). Dans les voitures, on retrouve cette tonalité sur les fenêtres « no filter », « siège avec vue » tandis que d'autres marquages indiquent comment profiter du WIFI. Au-delà de ces aménagements esthétiques qui « marquent » (au sens propre...) la différence, l'ensemble des tissus a été rénové en profondeur, les sièges remis à neuf, les toilettes totalement nettoyées, et la voiture-bar reliftée avec du bois, des PLV plus qualitatives et un habitacle repensé. TGV INOUI a fait sa mue, et les annonces du chef de bord (qui arbore fièrement depuis le 16 septembre 2018 un badge à son nom logotypé TGV INOUI) le soulignent.

Cette transformation aurait pu se faire dans le temps, comme l'exemple Belvita et sans forcément choisir une date symbolique. Pourtant, en marquant d'une pierre blanche l'anniversaire de la marque, l'entreprise entend frapper fort en interne, comme en externe. Pour l'interne, c'est l'aboutissement concret d'un projet qui date de plusieurs années et qui a conjugué les efforts de toutes les forces vives : les agents en contact qui se sont formés à la nouvelle relation clients, les agents en technicentre qui ont rénové et équipé les matériels, etc. En créant un lancement officiel, dans toutes les grandes villes de France, la marque ainsi baptisée fait entrer l'entreprise dans une nouvelle ère, de modernité, de conquête et résolument tournée vers le futur. En relations presse, une date symbolique permet de scénariser et de concentrer l'attention médiatique, en faisant d'une transformation continue une marche de franchie. De même, du point de vue du grand public, la transformation continue devient effective, car la marque fait sa première prise de parole en communication.

Le 16 septembre 2018 sera donc un feu d'artifice synchronisé : en interne, du terrain aux directions centrales, dans les médias, en TV, en affichage, la nouvelle marque se déploie. Le film publicitaire, réalisé par Rosarpark, met en scène une famille ordinaire – la famille Perrin, deux parents, une petite fille et un chien – qui se prépare, comme des cosmonautes pour un voyage extraordinaire. On découvre lors de la chute qu'il s'agit en fait de leur premier voyage avec TGV INOUI « préparez-vous pour une nouvelle aventure ». Le pendant social de l'opération « où est Bobby » vient jouer sur un faux-raccord de la publicité en invitant le grand public sur les pages nouvellement créées de la marque à sillonner symboliquement les nouvelles destinations TGV INOUI à la recherche du fameux chien. Et éventuellement gagner des billets pour tester le produit pour de vrai. Un voyage d'influenceurs à Lyon avec Bobby clôture ces festivités...

La rhétorique de la marque, coexistence de deux chartes d'expression pour couvrir le champ des possibles

Pour donner vie à cette marque, les agences sont parties de son nom, qui a donné naissance à un logo dont le centre de gravité est le « O » de « inoui ». En effet, ce mot a la particularité de pouvoir se retourner et de se lire dans les sens. Par ailleurs, il traduit bien l'idée de bulle de confort propre à l'expérience de voyage proposée par la marque, et vient s'inscrire en complémentarité du rond plein (en rose ou turquoise) qui est à l'origine de l'identité de OUIGO.

La promesse de la marque peut se définir ainsi « la liberté du meilleur voyage en France à grande vitesse ». TGV INOUI définit sa proposition de voyage en creux par rapport à OUIGO, qui roule à la même vitesse, mais dans des conditions (options payantes, sièges moins confortables, contraintes d'arrivée en avance, etc.) adaptées au modèle de production d'un low cost. Mais la promesse de TGV INOUI ne se fait pas que par rapport à OUIGO. Elle clame aussi sa supériorité et unicité par rapport aux autres moyens de transport. Face à l'avion et avec la prise en compte tant du temps pour se rendre dans les aéroports que le temps contraint (attente à la sécurité, à l'embarquement, contraintes au décalage et à l'atterrissage, etc.), le temps de trajet en train est souvent inférieur sur les destinations domestiques France. Même scénario face à la voiture, qui souffre de l'encombrement des routes notamment aux heures de pointe et aux grands départs, d'une vitesse moindre et d'une autonomie plus basse – limitée aux capacités du conducteur. Ainsi que face au bus, dont les durées de trajet et le confort sont moins-disant.

Méthodologie

Comment rédiger une promesse de marque ?

Pour rédiger une promesse de marque, il faut partir d'une mise à plat de la marque et de sa proposition de valeur. Pour cela, un outil comme la pyramide de marque (voir « Les dessous du marketing et de la communication ») peut être pertinent. Cette mise à plat sera confrontée à la concurrence sur le marché sur lequel l'entreprise opère.

Ensuite, il faut essayer d'isoler, dans la proposition de valeur, ce qui est unique et qui permet de créer une différence positive. Pour cela, deux façons de faire :

1. Partir d'une idée générale ou d'un concept issu directement de la pyramide : la mission de la marque ou une interprétation de son métier. Il faudra alors la nourrir de preuves tangibles. Si les preuves viennent à manquer, c'est que la promesse est trop faible ;
2. Partir des preuves : aller chercher dans les tangibles ce qui est différent ; un brevet, une façon de travailler différemment, une expérience client, un service. En rassemblant tous ces points de différence, trouver le lien qui les unit pour construire la promesse.

Cette promesse de la liberté et de la meilleure expérience de voyage se traduit dans un temps « utile », puisque la durée du voyage avec TGV INOUI peut être consacrée à ce que le client décide d'en faire : dormir (dans le siège le plus confortable des moyens de transport), manger (avec Le Bar accessible durant tout le trajet), travailler ou profiter de contenus grâce au WIFI, rêver en regardant le paysage défiler à grande vitesse. Cette promesse est soutenue par trois piliers de preuves qui viennent nourrir celle-ci de tangibles. Le pilier du service, avec un travail sur les agents qui sont passés de « contrôleurs » à « chefs de bord ». Formés sur les standards de l'hôtellerie, ils passent moins de temps avec les clients en situation irrégulière grâce aux portes d'embarquement et sont au service des clients. Le pilier du confort, un attribut fort de TGV qui a été transféré sur TGV INOUI avec le siège, ainsi que l'habitacle entièrement rénové et un espace pour se mouvoir largement supérieur à l'avion, au bus, à la voiture... lancé à 300 km/h. Et enfin le pilier de la connectivité, avec l'équipement au WIFI, qui a aussi permis d'inventer de nouveaux services : contenus, jeux, commande en ligne au Bar *via* le portail WIFI, etc.

Pour faire vivre cette promesse, une première charte a été bâtie et a majoritairement vécu dans les trains. Cette charte dite « éditoriale » a permis de donner naissance aux supports commerciaux, à l'aménagement intérieur des différents matériels et des boutiques et à tout type de communication informative à destination des clients. Elle a utilisé le rouge du logo (aussi appelé « French Berry »), ainsi que deux autres couleurs, le bleu et le jaune. Ce trio forme la « palette » colorielle de la marque TGV INOUI, à laquelle viennent s'ajouter des nuances de gris. Les éléments formels sont composés de cercles qui reprennent le concept de « bulle de confort » et agrandissent le cercle du logo central. Ils peuvent vivre seuls, en plein ou tronqués (mais toujours à plus de la moitié) et entourent également une gamme de pictogrammes SNCF, pour faire un pont avec l'identité de la marque mère tout en lui donnant son existence propre. La charte éditoriale, au-delà de l'aménagement des espaces et des trains, permet de construire tout élément émis par TGV INOUI qui ne contient pas une iconographie publicitaire : mailing client, totebag en partenariat (voir encart illustration), affiches dans les espaces de vente ou au Bar du train... Sa simplicité et sa mise en production aisée permettent d'en démultiplier les usages, tout en créant la base de la charte qui permet de faire vivre la marque en publicité.

Illustration

Les tote bags « enfants » en partenariat Disney et TGV INOUI

Suite à cette première charte, une seconde a vu le jour pour permettre de travailler les expressions publicitaires de la marque. Pour traduire la promesse de la marque (la liberté du meilleur voyage à grande vitesse en France), l'agence Rosapark a introduit le concept d'hyper-expérience. Cela traduit une mise en scène – exagérée – de l'expérience client, à même de provoquer un changement de perception et de se représenter l'expérience TGV INOUI. Une façon de représenter l'extraordinaire contenu dans le nom de marque au travers d'un concept créatif.

Ce concept s'est exprimé dans le film de lancement (la fusée) dans lequel la famille Perrin se prépare à vivre un voyage extraordinaire. Mécaniquement, l'hyperexpérience se traduit par cette comédie potache autour d'un entraînement pour partir dans l'espace, avec une motrice de train TGV INOUI à la verticale pour représenter une fusée. Cette publicité est suivie d'une saga réalisée par Maïwenn, diffusée à partir de 2019 et directement inspirée de la saga culte Total « vous ne viendrez plus chez nous par hasard » qui a marqué les années 1990. Dans trois épisodes qui ont lieu à bord du train, des scènes de vie et d'interaction entre clients et chefs de bord montrent que la relation avec le personnel de TGV INOUI a totalement changé et que ceux-ci sont des hôtes d'accueil au service des clients. Par exemple, un chef de bord qui a aperçu une étudiante qui révisait pour un examen de physique lui livre – par le biais de l'annonce à bord – les petits trucs pour calculer la vitesse du train et l'énergie cinétique. Ces scénettes, forcément décalées, jouent sur l'exagération pour mettre en scène ces moments de vie à bord.

Au-delà de cette saga publicitaire, le concept d'hyperexpérience donne lieu à une extension de la charte éditoriale en charte publicitaire. À partir des trois couleurs de la marque (rouge, bleu, jaune), des successions de visuels colorés proposent des mises en scène de personnages détourés, entourés d'un cercle qui représente le « O » de TGV INOUI et émaillés de néons qui symbolisent la vitesse en mode hyper-espace (voir encart illustration). Trois séries de visuels sont produites : la première met en scène au cœur de ce cercle le client, vautré sur un énorme coussin pour symboliser le confort, ou assis en train de pianoter sur une tablette pour représenter le wifi. La seconde fait la part belle aux agents avec des visuels qui mettent en scène un chef de bord, un barista, etc. en situation d'accueil, pour représenter le pilier service de la promesse. Enfin, la dernière série, plus métaphorique, représente au travers de personnages des destinations, en France (Lyon, Bordeaux, etc.) ou à l'étranger (Espagne, Italie, etc.) pour communiquer sur les différentes villes desservies, le prix et le temps de parcours.

Cette grammaire de communication devient le flagship de la marque, puisque même si la charte éditoriale permet de démultiplier les prises de parole, ces visuels publicitaires sont déclinés en publicité média, mais également sur tous les supports propriétaires de la marque (vitrines, bornes libre-service, pochettes à billets, salons grand voyageur, etc.). TGV INOUI rhabille les espaces de ce langage bariolé et remplace une communication d'acteur traditionnel du ferroviaire par un code pop et populaire, qui parle à tous les publics (le pro, la famille, etc.) sans créer de barrière, et en s'inscrivant toujours dans l'expression de l'hyper-expérience. Même si les néons symbolisent la vitesse de façon métaphorique, une version motrice (avec un train TGV INOUI qui sort en 3D du cercle de la marque et crève littéralement l'affiche) est créée dès le lancement.

À cette grammaire visuelle vient s'ajouter une charte linguistique, qui transcende les expressions éditoriales et publicitaires, en proposant à chaque interaction avec son public, une forme de décalage et de connivence qui est dans l'identité de la marque – une forme de rituel de communication. Cela passe, on l'a vu, à l'intérieur du train, par ces stickers « siège avec vue » ou « *no filter* ». En publicité, l'affiche motrice porte l'accroche « la France à portée de train » quand le visuel de l'agent, les bras ouverts en posture d'accueil arbore un « choyez les bienvenus » caractéristique. À chaque fois, la marque joue sur un double sens ou une expression détournée pour créer un accident linguistique qui crée de la personnalité et suscite de l'attention, dans un monde de prolifération de la parole publicitaire.

Illustration

La campagne de publicité TGV INOUI

Faire vivre la marque sur le terrain : la marque pour tous !

Le succès d'une marque ne réside pas que dans l'activation de ses moyens de communication publicitaire. On l'a vu, la mobilisation des supports « propriétaires » est également un gage de succès. Tout d'abord parce que cela permet de donner plus de visibilité aux créations et aux territoires d'expression. Ainsi, les bornes libre-service dans les gares parisiennes, qui permettent d'acheter des billets en autonomie dans le hall, ont été adhésivé en rouge, bleu et jaune pour arborer fièrement les couleurs de TGV INOUI. Mais au-delà de cette logique papier peint, qui permet à la marque d'exister en plus des périodes de campagne « payantes », un rebranding du parcours client est nécessaire.

Car on ne le réalise pas forcément en tant que client, mais le nombre de points de contact à une marque (et notamment une marque de service ou de transport) est impressionnant : depuis le moment où l'on achète son billet (affichage sur la page devis, mail de confirmation, mail « carnet de voyage » en amont du déplacement, applications pour suivre les horaires, etc.), en passant par le passage en gare (boutiques, écrans d'affichage des trains, extérieur du train, salons grand voyageur) et évidemment l'intérieur du train (portail WIFI, PLV du Bar, stickers dans les toilettes, tenue de l'équipe à bord). Ces différents points de contact ne sont en général pas totalement maîtrisés par l'équipe de la communication, qui travaille avec les différents groupes projets (les SI pour les écrans ou le portail WIFI, les équipes sur le terrain pour les tenues, etc.).

Deux composantes sont donc nécessaires pour réussir à baliser ce parcours client de façon pertinente et cohérente du point de vue de la marque. De la flexibilité, car la charte doit s'adapter au digital, au format d'un écran, à un nombre de caractères limité sur les panneaux d'affichage en gare. Il faut à la fois tenir les fondamentaux de l'identité et les adapter en permanence aux contraintes techniques. Et de la pédagogie, car chaque support est co-managé par des parties-prenantes qui n'ont pas le filtre de la marque en ligne de mire. Sur la tenue des agents de propreté par exemple, leur intérêt est que ce soit visible, que ça fasse « propreté » et que la tenue ne soit pas trop salissante pour éviter de devoir en changer trop souvent. Et ces injonctions doivent être prises en compte dans la démarche branding, tout en servant au mieux l'intérêt de la marque, et la tenue globale de l'équipage à bord... Chaque détail du parcours clients (le badge du chef de bord, le pictogramme qui indique les toilettes, le e-billet) devient un lieu d'expression de la marque, et la cohérence de celle-ci ne réside pas que dans ses affiches. C'est par la puissance de sa présence tout au long du parcours client, tellement évidente qu'elle devient non questionnable, que TGV INOUI se met à exister dans la tête des clients...

Dans ce parcours client, un élément fondamental est au cœur de toutes les interactions clients et influe sur la perception globale de la marque. Ce n'est pas la publicité TV ou l'affiche, mais la relation avec les femmes et les hommes qui incarnent la marque. Quand un client appelle le service client pour une information, la qualité de l'échange et la façon dont l'agent va répondre à ses questions va sans doute avoir plus d'importance sur sa perception de la qualité de l'expérience TGV INOUI que toutes les publicités qui pourront être créées. Et un sourire accompagné d'un « bon voyage » au moment de l'embarquement, un des moments les plus stressants du déplacement, sera vécu comme un réconfort positif par n'importe quel client. Le souvenir de l'expérience et du lien humain est fondamentalement structurant dans la façon de façonner l'expérience de la marque. Plus la marque est incarnée par des métiers (et dans le cas de TGV INOUI, cela représente 18000 agents!), plus ce lien humain doit être pris en compte et travaillé, car il est indissociable de l'image de marque. Sinon, on risque de se retrouver avec une marque schizophrène, qui vend du rêve, crée un horizon d'attente en sur promesse et déçoit au moment de l'expérience. Ça a été longtemps le cas d'Air France, qui avait une des communications les plus premiums du marché aérien, mais dont les classements en termes d'expérience étaient en deçà face aux compagnies asiatiques et du golf – notamment pour des raisons d'équipements de ses avions et de service.

Dans le cas de TGV INOUI, la mission de faire de chaque interaction humaine avec le client un point de contact positif, est doublement importante. Tout d'abord, parce qu'il s'agit d'un transport de masse ; pour donner l'impression d'une personnalisation, le lien humain reste la seule façon de procéder. Ensuite parce que le service est au cœur de la promesse de la marque (le premier pilier en importance) ;

la connectivité ou le confort sont « copiables » par des concurrents, alors que la qualité de l'accueil et de la relation sont uniques.

Pour cette raison, la première partie du travail a été de former les plus de 6 000 collaborateurs qui sont en relation direct avec des clients à la relation client. En s'inspirant des standards de l'hôtellerie, l'idée a été de les faire passer la marche en termes d'accueil, de prise en compte des besoins et de réponse aux situations normales ou perturbées qu'ils peuvent connaître. Pour donner à chacun l'occasion de vivre un voyage unique, qui lui ressemble, et donc répondre à la promesse de la marque autour de la liberté du voyage. Suite à cette formation, un livret « La marque pour tous » a également été édité pour donner les clés de la marque (tant sur le plan formel que linguistique) aux populations qui répondent au téléphone, communiquent sur les réseaux sociaux ou travaillent dans les boutiques. L'objectif : qu'ils puissent se saisir de ce ton connivent et parler avec les mots de TGV INOUI. Comme s'ils étaient la première ligne de la voix de la marque.

Ce déploiement s'est suivi de contacts rapprochés entre les équipes de la marque et la relation client, notamment sur les réseaux sociaux ou une réponse en public à un client devient un support de communication visible de tous. Enfin, et notamment pour les agents qui ne sont pas en contact direct (technicentre ou travaillant dans les centres opérationnels de contrôle des trains, sorte de tour de contrôle ferroviaire), il a été décidé de « révéler » ces métiers de service, en faisant des réseaux sociaux une plateforme de découverte de leurs métiers. Le but étant de faire comprendre au grand public et aux clients que l'agent qui entretient le train, ou celui qui s'assure de sa trajectoire depuis le poste de commande n'est pas directement en contact avec lui, mais contribue à nourrir la promesse de la marque. La saga « des métiers de l'ombre » est née de cette volonté et représente un fil directeur de la communication sur les réseaux sociaux.

Filiation et vie de la marque dans l'écosystème SNCF

Beaucoup se sont interrogés, à la création de cette marque TGV INOUI, sur ses liens avec ses marques cousines OUIGO et OUI.SNCF (voir article du chapitre 3 sur la gestion de l'écosystème) et sur ses liens avec la marque SNCF. La tentation aurait pu être forte de couper le cordon et de s'affranchir d'une marque synonyme de retards, de grèves ou de crises. À l'origine, la création de la galaxie des marques « OUI » était par ailleurs une façon de séparer le discours commercial de ces sujets de crise. Cependant, au-delà de ces sujets négatifs contingents, la marque SNCF est une marque patrimoniale bénéficiant d'une forte notoriété. Elle porte également des valeurs fortes autour de l'engagement de service public et de la sécurité. Il a donc été décidé, et c'est le système qui prévaut sur la communication publicitaire (voir encart illustration plus haut), de garder la marque SNCF comme un traceur, un gage de qualité et d'endossement de l'ensemble des marques transporteurs, dont TGV INOUI. Ainsi, les trains continuent d'arborer sur leur nez et près de la classe le logo de la marque mère, et toutes les communications sont « endossées ». Certes, le rapport de proportion est différent, avec une taille de logo en mineur, mais les différents tests auprès du public ont montré que cette filiation fonctionne à plein. Le transfert de valeur de fiabilité et de sécurité fonctionne, puisque celles-ci font également partie du set de valeurs de TGV INOUI.

Mieux encore, les études ont montré que la communication de la marque commerciale nourrissait de façon positive les valeurs de la marque mère SNCF. Ainsi, la note d'image de la marque se trouve améliorée lorsque ses marques commerciales communiquent, et les items comme la modernité, ou l'adaptation aux besoins des clients, s'en trouvent améliorés. En revanche, en période de crise, comme durant les grèves, la note d'image du groupe chute, tandis que les notes de la marque TGV INOUI se maintiennent. Comme si cette circulation avait un effet « clapet » protecteur des marques commerciales.

Mesurer pour s'assurer que la théorie fonctionne

On l'a vu tout au long de cet article, au-delà de créer une marque et une identité, déployer une nouvelle marque sur un produit aussi largement répandu que le train est un travail colossal qui prend du temps, de l'énergie et de la patience pour couvrir tous les points de contact à la marque et gérer les contraintes liées à la disponibilité du matériel. Le produit n'est pas mis à l'arrêt le temps de changer les logos, et dans le cas de TGV INOUI, les trains roulent 365 jours par an, sans tenir compte des jours fériés ou des vacances. Le matériel est donc une ressource sous pression, qui ne peut pas souffrir des exigences d'un rebranding...

Pour réussir ce changement de marque, il était fondamental de pouvoir en mesurer les répercussions. Pour cela, on fait en général appel à deux types d'indicateurs, qui traduisent aussi bien les ambitions courts termes et longs termes : des indicateurs de vente et des indicateurs de marque.

Dans les indicateurs de vente, évidemment, on ausculte les variations des volumes de vente et du remplissage des trains. En dehors de la période de grève, 2019 (année pleine du lancement de TGV INOUI Dévoilée en septembre 2018) a été une année record en termes de transport de personnes sur des lignes à grande vitesse. Dans le même temps, les indicateurs de satisfaction client se sont améliorés et les standards de l'expérience (les fameux piliers de la promesse) ont considérablement progressé au fur et à mesure du déploiement de la marque. Cela veut dire que le bruit positif généré autour du lancement de la marque s'est traduit en intentions de voyager, mais aussi que contrairement au « syndrome » Air France, l'expérience de voyage était en ligne avec l'horizon d'attente construit par la publicité.

Sur le plan de l'image, il a été mis en place un baromètre de marque (voir encart méthodologie) permettant de suivre dans le temps l'évolution des indicateurs classiques d'un tunnel de conversion (de la notoriété à la préférence), mais aussi d'analyser les valeurs de la marque, le tout au regard des autres marques du secteur transport. Un an après son lancement, TGV INOUI était première de son secteur sur l'item « marque qui me permet de voyager comme je l'entends », qui est la traduction dans les mots du client de la promesse de la marque. Cet indicateur (en plus de l'amélioration significative des items de notoriété et de considération) nous confirmaient donc que la promesse de la marque était compréhensible, crédible et restituée par les clients, plus globalement par les Français.

Méthodologie

Construire un baromètre de marque

Sans ce type d'outils, il est impossible de piloter une marque et ses actions de communication. Les règles d'or pour construire un baromètre :

1. Une périodicité et des dates d'études fixes : en terme méthodologique, au-delà de la représentativité, il faut des dates de terrain comparables pour pouvoir, d'une année sur l'autre, suivent les indicateurs de façon robuste.
2. Un set de concurrence : tout l'intérêt de ce type de démarche est de pouvoir comparer les réponses des interrogés sur sa marque, ainsi que sur les autres marques du secteur, afin de comprendre les dynamiques et de se fixer des objectifs : conquérir la place de numéro 1 en termes de notoriété, etc.
3. Des indicateurs standards et d'autres personnalisés : le set d'indicateurs standards comprend les différentes étapes d'un tunnel de conversion : notoriété, considération, achat, préférence. Les indicateurs personnalisés peuvent être les valeurs ou des dimensions structurantes du marché : perception prix, préférence modal, réflexe écologique, etc.

Cet outil doit être un outil de pilotage pour une direction de la communication, mais doit être également partagé par les autres parties-prenantes de l'entreprise pour prendre des décisions structurantes sur le sujet des marques.

Et demain ? La marque à l'épreuve du temps

Cela a été répété à plusieurs reprises dans ce chapitre, et tout au long de cet ouvrage : la composante temporelle est essentielle dans le cadre d'un projet de construction de marque. Tandis que le temps de l'entreprise et des projets s'est accéléré, la part d'attention des consommateurs pour les marques s'est amenuisée (si tant est qu'elle ait été élevée un jour...). Pour eux, le but est la consommation du bien ou du service plus que son enveloppe-marque. La marque est donc d'abord un outil de positionnement pour l'entreprise avant d'être un outil de reconnaissance pour le consommateur. Et ce changement de paradigme prend du temps.

Pour que TGV INOUI s'installe et prenne sa place sur le marché du transport, il faut donc compter de nombreuses années. Les progrès réalisés sont rapides, mais la permanence et la cohérence sont gages de cette installation. Dans un monde de l'entreprise où la révolution permanente est un état d'esprit, tracer un sillon devient un vrai challenge. D'autant plus que le secteur ferroviaire est à l'aube de son ouverture au marché (décembre 2020) et que d'autres acteurs vont arriver avec de nouvelles marques : Flixtrain, Trenitalia, Renfe, Avlo, autant de noms qui se murmurent et qui comptent tous se faire une place sur le marché du train. Et il y en aura sans doute d'autres !

Alors le succès de la marque résidera dans sa capacité à résister au séisme concurrentiel, à s'adapter aussi en fonction de l'évolution de son marché, ce qu'a fait Easyjet en passant d'un modèle hard low cost (aéroport de province, tout payant, etc.) à un modèle plus conventionnel. Et puis par son incarnation dans de nouveaux produits.

La prochaine génération de matériel roulant à grande vitesse, qui verra le jour durant la décennie 2020 sera le premier matériel « natif » TGV INOUI et marquera sans doute une nouvelle rupture dans l'adéquation de la marque commerciale avec son offre et les services qu'elle propose aux clients...

Point de vue : Marchandisation des marques médias et médiatisation des marques marchandes : étude d'un processus de symbiose au travers du cas Brut

Julien Féré

Cet article est paru dans le volume XVIII de la revue *Communication et Management*, coordonné par Valérie Patrin-Leclère, Karine Berthelot-Guiet, Caroline Marti et Frédéric Aubrun. Ce numéro est dédié à l'étude des cas de publicitarisation et de dépublicitarisation. L'analyse d'une collaboration Brut et SNCF semblait se prêter parfaitement à cette thématique, tout en clôturant ce chapitre sur la vie des marques, au travers d'une collaboration co-brandée pour construire un contenu de marque...

Dans le langage courant, la symbiose qualifie un rapport mutualiste gagnant-gagnant entre deux parties-prenantes. Elle se rapproche ainsi d'un échange commercial comme dans la relation qui unit une entreprise (qui veut communiquer sur une marque) et un média (qui vend de l'espace publicitaire dans le cadre de son modèle de financement). *A contrario,* dans son acception biologique, la symbiose ne caractérise pas forcément une association strictement favorable. Elle peut en effet avoir des conséquences négatives sur l'une ou l'autre des deux parties-prenantes, voire les deux (on parle de relation parasitaire).

L'objet de cet article est d'étudier les relations entretenues par une marque et un média, et leurs effets positif et négatif sur chacune des parties-prenantes, dans le cadre de productions symbiotiques. Par « production symbiotique », nous désignons toute forme de production de contenu émanant d'un média qui ne s'affiche pas explicitement comme de la publicité (sans mention « publi-reportage » ou autre). Cette production – *a priori* interdite par la loi – peut exister sur le numérique et les réseaux sociaux, car elle passe sous les radars des organismes en charge de réguler la production de la publicité. Dans la droite lignée des travaux de Caroline Marti, Valérie Patrin-Leclerc et Karine Berthelot-Guiet, ces contenus se retrouvent à mi-chemin entre une publicitarisation du média – dont le contenu rédactionnel est payé par des marques – et la dépublicitarisation de la production des marques – qui créent un contenu d'apparence parfaitement non marchande.

Au-delà de ce paradoxe, des modèles comme Brut ou Konbini interrogent l'équilibre global des médias et les principes idéologiques et économiques qui guident le secteur. Sur le plan économique dans un premier temps puisque dans l'industrie médiatique, les sources de revenus sont identifiées et balisées – alors que dans le cas de ces médias numériques, l'audience est une valeur d'échange qui fait monter les enchères de la production du contenu financée par la marque. Sur le plan idéologique dans un second temps, puisque dans le cadre d'un média classique, la publicité est balisée et ses espaces sont définis – bien que chaque média dévoile des stratégies pour créer une contextualisation propice à l'immiscion – en vue de maintenir une caution journalistique dé-corrélée des contingences commerciales.

Le choix de Brut, l'emblème du « média dispersé »

Un des exemples (à succès) de cette production – que nous qualifierons comme – illicite est le « média » Brut (c'est ainsi qu'il se définit : « Brut : média d'info 100 % digital ») qui multiplie les collaborations avec des marques en produisant des vidéos qui apparaissent au même titre que d'autres (purement journalistiques) sur ses différentes plateformes d'expression (application, réseaux sociaux Facebook, Instagram, Twitter, écrans numériques Clear Channel dans les centres commerciaux).

Notre choix s'est porté sur Brut, car il est aujourd'hui (en 2020) le plus emblématique des « médias dispersés » (qui parient sur la dispersion de leurs contenus grâce aux plateformes sociales, et non sur la curation au moyen d'un site, d'une feuille de papier, d'une chaîne de télévision ou de radio). Bien que dotés d'un site web de « stockage » de leurs contenus, ces médias vivent sur et grâce à nos réseaux sociaux.

Avec 4 millions d'abonnés – un peu plus de 5 % de la population française souscrit à ses contenus –, Brut est leader en audience, et bien des Français les voient du fait du partage. C'est donc un cas d'école de média issu des réseaux sociaux à succès (au sens où il s'est construit une audience et un modèle économique de financement de la production de ses contenus), à tel point qu'il est sorti de la toile et s'est associé en 2019 à l'afficheur Clear Channel pour lui fournir des contenus courts à diffuser sur ses écrans digitaux, dans les centres commerciaux, les villes et les lieux de flux...

Cet appétit en fait aussi une des marques médias dispersées les plus transversales : âge et critères socio-démographiques de son audience sont très diversifiés (contrairement à Konbini et ses sujets tournés vers les plus jeunes, ou Loopsider et ses contenus citoyens qui ciblent les actifs aisés en mal d'écologie d'après les créateurs eux-mêmes). Cette dimension démocratique lui donne un positionnement paradoxal, à la frontière entre les marques médias d'information traditionnelles, que Brut vient concurrencer par ses audiences, et l'univers hautement désirable des réseaux sociaux pour les marques marchandes.

En effet, contrairement à la télévision ou la radio, où le message publicitaire peut être « diffusé » à une audience captive (c'est-à-dire prisonnière d'un média de flux qu'elle est en train d'écouter ou de regarder, interrompue de publicités, avec des stratégies d'évitement plus ou moins possibles), la consommation des contenus sur les réseaux sociaux relève d'une forme de consentement de l'audience qui choisit de consommer un contenu en fonction de ses centres d'intérêts ou de la capacité de ce contenu à susciter cet intérêt. La publicité en est donc réduite à se faire choisir, ou à se faire passer pour un contenu « rédactionnel », dans le cas des symbioses produites par Brut.

Brut est ainsi une porte d'entrée parfaite, une tenue de camouflage pour ceux qui cherchent à faire parler d'eux sur ces plateformes que le milieu professionnel incite fortement à utiliser pour s'inscrire dans la modernité des pratiques de communication et de marketing. Nous ne développerons pas ici le « fantasme » des canaux numériques qui circulent dans la profession, mais plusieurs articles traitent du sujet dans le premier ouvrage collectif de cette collection, *Les dessous du marketing et de la communication*[1].

La marque Brut

Quand on est consommateur du contenu Brut, on rencontre en général la marque *via* les réseaux sociaux. Elle peut se présenter sur les écrans digitaux de son partenaire Clear Channel ou son site web, mais nous l'avons vu, son « lieu » d'existence natif reste les plateformes sociales.

Ce qui frappe de prime abord quand on explore son écosystème, qu'il soit tourné côté annonceur (les marques qui sont prêtes à investir pour utiliser la visibilité de ce média) ou audience, c'est l'immédiateté assumée et l'absence de présentation métadiscursive. Brut n'est pas un média qui se positionne, il existe de fait et au travers de ses productions. Ainsi la seule trace d'une définition sur le site est la mention « Brut : média d'info 100 % digital » dans la barre d'adresse du navigateur. Le reste de la page n'est qu'une suite infinie (le défilement de la page ne s'arrête pas) de vidéos rangées par thématiques et quelques mentions légales. Pas d'éditorial comme dans un magazine, pas de prise de parole d'un rédacteur en chef ou de présentation d'une équipe : pour reprendre une célèbre formule du chantre de la médiologie McLuhan, le contenu est le contenant...

Ici il semble que Brut se concentre sur ses fondamentaux, à la base de la pyramide de marque[2] et les traces évidentes de son existence, sans autre visée que produire des vidéos (et faire de l'argent, mais la vision mercantile est complètement absente de sa présentation, contrairement aux autres médias qui « exhibent » des pages de publicité, des spots TV et les encadrent pour les signaler à leurs audiences). Les tangibles de cette marque média constituent son positionnement.

1. Sur le sujet des imaginaires circulant des professionnels du marketing et de la communication, voir notamment la première partie sur le consommateur (chapitres « data », « stéréotype » et « tendances ») et troisième partie sur la rencontre entre les marques et leurs publics (chapitres « communication intégrée » et « cas Coca-Cola »).
2. Voir dans le livre précédent *Les dessous du marketing et de la communication*, chapitre 2, la section consacrée à la pyramide de marque du même auteur.

On peut considérer que le nom du média est programmatique de son traitement éditorial. « Brut. », cela semble indiquer une forme de concision, que ce soit au travers d'un nom très court, ou du point final qui signe un « mot-phrase », comme si tout pouvait être dit en l'espace de quatre lettres ; une volonté de résumer le monde au travers de courtes vidéos, comme des haïkus japonais. Et la signification du mot vient renforcer cette interprétation, avec l'image de ces « extraits de réels », sans traitement ni filtre, comme si l'équipe éditoriale et les journalistes s'effaçaient derrière la réalité qu'ils traitaient. Pourtant Brut n'extrait pas simplement du réel : le média a inventé un format, en rapprochant texte et image sans son, en mêlant images d'archives et interviews de protagonistes face caméra et en construisant une tension narrative qui trouve sa résolution dans les dernières secondes de la vidéo...

On retrouve ainsi dans ce nom et ce logo une forme de transparence paradoxale : une marque qui se veut sans filtre et concise, qui extrait le réel, mais qui triture en fait ce réel et prend la peine de signer toutes ses vidéos, en entrée et sortie de contenu, mais également tout au long de celles-ci avec un « watermark[1] » qui assure que quelle qu'en soit la diffusion sur les différentes plateformes, il sera toujours attribué à son géniteur.

Derrière son absence de positionnement, Brut est donc un média aux carrefours de deux paradoxes : un refus de parti pris et de subjectivité apparent non départi d'un traitement éditorial et d'une revendication d'auctorialité permanente, et un effacement total de son modèle économique exclusivement publicitaire (pas d'abonnement payant), condition *sine qua non* de son financement... Une analyse de Valérie Patrin-Leclère qui peut s'appliquer à cette marque média qui, sous couvert de dissimuler sa dimension marchande, s'érige parfaitement en marque à la course à l'audience : « l'euphémisation de la dimension transactionnelle des marques, inhérente au phénomène de *dépublicitarisation* n'est jamais que provisoire et le refoulé de la transaction éclate dans la saturation des espaces culturels à conquérir pour être visible » (pages 189-190 de l'ouvrage collectif de Karine Berthelot Guiet, Valérie Patrin-Leclère et Caroline Marti, *La fin de la publicité ?*).

Un éclatement des contenus qui permet de brouiller la frontière éditorial/publicité et crée les conditions d'une symbiose

Notre hypothèse est qu'en se présentant comme un « infra-média » (c'est-à-dire un média qui n'obéit pas aux mêmes règles que les autres de par son mode d'expression et de diffusion), voire un média transparent (qui donne l'illusion de ne pas être un média), cette marque média suivie par plus de quatre millions de personnes échappe aux règles de production orthodoxes du monde des médias. Cette hypothèse est renforcée par une première analyse des formes d'expression

1. Il s'agit d'un vocabulaire professionnel qui désigne la surimpression de la marque sur des contenus vidéos ou photos (la plus célèbre watermark est celle de « Getty Image »). Cette incrustation de la marque sur le contenu permet d'en ancrer la propriété, quelle que soit l'activité de reprise (copier/coller) propre à cet univers numérique.

de ces objets médiatiques : les médias « traditionnels » sont attachés à un support, qui joue à la fois le rôle d'inscription physique (la feuille de papier, l'écran de télévision, etc.), mais aussi d'agrégation de différents contenus au sein d'une même entité. Par exemple, tous les programmes d'une chaîne de télévision qui se succèdent sont « marqués » par la chaîne qui les diffuse. Le fait que France 2 diffuse « Plus Belle la Vie » a une influence autant sur la perception de la chaîne que sur la perception du programme. Dans le cas des infra-médias comme Brut, le lieu d'agrégation n'existe pas et les vidéos (puisque ce média s'exprime par vidéo) qui sont produites sont disséminées *via* les comptes puissants de Brut sur différents réseaux sociaux, et relayées par des internautes *via* la pratique du partage qui est courante sur ce type de contenus. Ainsi le contenu est dissocié de son support de diffusion et « voyage » dans de nombreux contextes. L'effet « grille de programme » ou « sommaire » des médias traditionnels est annulé par la diffusion non contrôlée des vidéos au gré des impulsions de ceux qui les consomment, transformant le spectateur en diffuseur, le récepteur en émetteur/récepteur, et presque support média.

Ce phénomène de circulation – qui nous renvoie à la définition du *trivial* théorisée par Yves Jeanneret « le caractère transformateur et créatif de la transmission et de la réécriture des êtres culturels à travers différents espaces sociaux » – a une influence sur la signification du contenu. C'est un phénomène que connaissent tous les médias qui mettent à disposition leurs contenus sur des plateformes de partage de pair à pair (comme les réseaux sociaux), en rompant le rapport induit par les mécaniques de diffusion traditionnelles. Cependant, dans le cas de Konbini ou de Brut, ce phénomène est accentué par l'existence quasi exclusive de ces médias sur ces plateformes de partage. Comme si le commentaire sur le média, le métadiscours sur le contenu *via* son partage et sa glose était devenu le média. Une pratique qui nous renvoie une fois de plus aux analyses d'Yves Jeanneret, notamment sur la glose de la Bible par les moines copistes.

Ainsi, Brut se « démédiatiserait » pour créer les conditions d'émergence d'un contenu hybride qui n'est ni publicitaire, ni médiatique (au sens journalistique du terme). Pour étayer cette proposition « d'infra-média », nous avons analysé le fonctionnement de Brut dans la façon qu'ils ont de construire leurs productions. Cette analyse, par le choix emblématique et représentatif du média Brut peut s'appliquer à ses concurrents (Konbini, Loopsider, Minutebuzz) avec des ajustements de positionnement aux marges.

(1) Sur le plan de l'auctorialité, où l'effacement de la figure du journaliste laisse place à l'émergence de celle de narrateurs pluriels pouvant être assimilés à des « influenceurs », comme si Brut devenait le label de productions personnelles. D'ailleurs, contrairement au « sujet » du journal télévisé ou à l'article de presse, les contenus ne sont pas signés par un journaliste. Cette analyse des contenus produits est corroborée par l'organisation au sein des équipes Brut : contrairement à une rédaction qui est séparée des équipes de la régie publicitaire, ici, les producteurs peuvent travailler de façon indifférenciée sur des reportages sponsorisés ou autoproduits par Brut. La non-scission de l'organisation engendre à l'origine

un traitement « égalitaire » des sujets, qu'ils soient publicitaires ou éditoriaux. Et cette organisation transparaît dans l'organisation des contenus produits. Comme dans le cas d'un roman, le narrateur face caméra prend le masque de l'auteur, et le journaliste disparaît – formellement car en fait c'est lui qui tire les ficelles – derrière cet artifice.

(2) Sur le plan de la diffusion, contrairement aux marques médias traditionnelles, qui ont érigé des murailles de Chine entre production publicitaire et production journalistique, Brut ne différencie pas les contenus produits et toute vidéo se retrouve indifférenciée dans le flux social, sans hiérarchie, contexte ou mention de financement. Ces supports parient sur une forme d'immédiateté, avec des productions de contenus massives (des milliers de vidéos, faites de productions d'images ou d'orchestration d'images existantes). Ils font et défont les gloires de ces marques médias et celle-ci semblent parfois naître et disparaître du jour au lendemain de nos écrans. Ces productions ont une valeur souvent éphémère et sont massivement reprises car toujours en lien avec l'actualité. Pour ces contenus de l'*hic et nunc*, l'instantanéité est une des conditions du succès de diffusion sur les plateformes – une forme de pertinence, comme pour beaucoup de médias d'actualité –, l'audience étant leur moyen d'exister. Mieux encore, le partage par un pair leur confère un endossement et une forme de crédibilité.

Cette « viralité » est le fantasme des professionnels de la communication (voir le chapitre « communication intégrée » de l'ouvrage *Les dessous du marketing et de la communication*) repose sur ce partage de pair à pair, car c'est le mode de diffusion des médias dispersés. Elle permettrait de démultiplier les audiences, en faisant du lecteur un diffuseur, et en ajoutant sa caution de lecteur proche à celle du support qui produit la vidéo. Le contenu est ainsi doublement endossé, par le média et par celui qui fait le partage.

(3) Sur le plan de l'éditorialisation, avec un traitement « Brut » qui se caractérise par les sujets choisis (insolites, révélateurs de coulisses ou d'événements ignorés) et le ton (une entrée par le témoignage caméra au poing, ou le reportage qui entremêle images d'archives et commentaires en typographie). En revanche, les critiques de la consommation ou les dénonciations des modèles de production sont absentes. Brut n'est pas un média qui fait polémique ou qui choisit des positions tranchées : loin des extrêmes, il révèle mais sans choquer et il cherche à attirer le plus grand nombre, sans exclure. Ce qui attire, c'est le traitement graphique (oxymore entre les images et le texte, mélange d'images, scènes inédites ou données marquantes), mais pas les positions idéologiques.

Un modèle de création de l'audience qui crée de la valeur et du désir pour les marques et pour les consommateurs

Pour revenir au sujet de la symbiose, au travers de ces trois dimensions (auctorialité, diffusion, éditorialisation), Brut offre aux marques une façon naturelle de s'insérer dans ses productions. Sur le plan de l'auctorialité, l'absence de séparation entre régie et journaliste garantit un résultat « à la Brut » quel que soit le niveau de financement ou d'endossement. Mieux encore, sur le plan de la diffusion, ses productions en propre (ses contenus journalistiques purs) deviennent un alibi dans lequel les productions publicitaires peuvent se fondre. Et c'est encore plus performant quand la production publicitaire arrive à s'ancrer dans un fait d'actualité (nous le verrons dans le cas de la collaboration Brut/SNCF) car le produit publicitaire est ainsi travesti en sujet de journalisme : il apparaît comme légitime dans la chronologie d'un média d'immédiateté. Enfin, le travail d'éditorialisation produit par Brut vise à rendre ses contenus uniques, non copiables, tout en restant apolémiques. Au carrefour entre traitement journalistique traditionnel et procédés de « racolage » propres aux réseaux sociaux, il produit des « scoops » modérés, ou des découvertes « mesurées » qui n'effraient pas les marques marchandes dans leurs tentatives d'association. Mieux encore, il crée du désir pour ces formes d'association, poussant à des projets de symbiose.

Loin de se dissimuler ce statut, ces infra-médias en font ainsi une force et un point de différenciation dans le paysage médiatique. Ils se présentent comme la nouvelle génération de médias, qui ne vivent qu'au travers des plateformes et n'ont plus besoin de faire de l'audience pour faire de la publicité. Au contraire, les contenus (hybrides ou semi-publicitaires) qu'ils produisent font de l'audience. Ils retournent ainsi la hiérarchie des valeurs des médias classiques. On l'a vu, les équipes de journalistes qui traitent des contenus produits « en propre », par le média pour le média, sont également ceux qui s'impliquent dans les commandes des marques. Ce n'est pas un parasite : l'association est volontaire et voulue. Pour les marques c'est l'occasion de se faire passer pour ce qu'elles ne sont pas : transformer une parole commerciale en parole institutionnalisée (par le média) et valorisée (par les réseaux sociaux).

Étudier des productions publicitaires « illicites » : le choix de l'infiltration sous couverture

Sur le plan méthodologique, il est important de souligner que l'étude d'une pratique « marginale » se heurte aux difficultés de construire un terrain. À partir du moment où ces productions publicitaires ne se signalent pas comme telles, il faut trouver des tactiques pour « découvrir » ces pratiques derrière la visibilité des contenus présentés comme journalistiques par Brut. Par définition, elles sont très difficiles à étudier, car aucun indice ne les différencie des autres productions sémiotiques. La seule manifestation capable de nous mettre sur la piste d'une vidéo réalisée en partenariat, est la présence répétée de la marque, qui envahit le propos jusque dans la légende du contenu. Comme si le « client » financeur cherchait à déguiser sa présence publicitaire, mais sans pour autant renoncer à l'efficacité de son investissement : une forme de dépublicitarisation (au sens annulation des marqueurs de la présence marchande) qui conduit à une hyperpublicitarisation (au sens saturation de la présence dans l'espace public).

Pour savoir si ces contenus étaient effectivement des productions publicitaires déguisées, et au-delà des indices qu'ont pu laisser Brut et la marque commerciale qui est à l'origine du partenariat, nous avons donc eu recours à une observation participante. Profitant d'un projet de partenariat entre le média et SNCF, nous avons pu être témoins du dispositif, depuis l'approche commerciale jusqu'au bilan de diffusion des contenus produits, en passant par toutes les étapes de la conception et de la production. Nous avons ainsi profité de notre posture d'observateur participant sur le terrain professionnel (professeur associé et professionnel de la communication), pour analyser les configurations économiques et contractuelles de ce type de collaboration, une méthodologie déjà décrite et utilisée dans notre travail de thèse – réalisée en CIFRE dans le cadre d'un contrat tripartite avec l'agence nationale de recherche, le laboratoire de recherche (GRIPIC) et une agence de publicité (EURO RSCG C&O) pour observer la circulation des tendances dans le milieu professionnel.

L'observation participante fait tomber le biais de l'observateur, en ne créant pas de biais de dissimulation, surtout dans le cas de pratiques qui sont parfois à la limite de la légalité. En revanche, elle peut conduire à une forme de schizophrénie pour l'observateur qui est également protagoniste, la recherche ayant une influence sur ses actions durant le projet. Ainsi, tout au long de cette réalisation, l'éthique a été au cœur de l'observation et en conséquence de la production de ce projet. Les aspects développés dans la dernière partie sur les conséquences néfastes pour les acteurs du processus de symbiose sont également valables pour l'observateur partie-prenante mais ne remettent pas en cause la validité du travail de recherche. Ils témoignent d'une recherche « en acte » qui a une influence sur les pratiques professionnelles qu'elle étudie et réciproquement.

Notre terrain d'étude : la collaboration Brut X SNCF, « à la découverte des métiers de l'ombre »

Le projet qui a initié la rencontre entre Brut et SNCF est né de la volonté de faire découvrir au grand public les métiers qui composent la chaîne de valeur du produit TGV INOUI. Cette marque, lancée en 2019, a fait du service un point de différenciation avec le reste du marché du transport. En pariant sur l'importance de la relation humaine qui s'établit entre agents et clients, elle compte émerger face à ses concurrents directs sur le ferroviaire et autres modes de transport. Ce parti pris est traduit dans ses créations publicitaires par le concept « d'hyper-expérience ». Cela se traduit par la mise en lumière dans ses productions publicitaires des agents au service des clients. Ces productions prennent la forme d'une saga télévisuelle réalisée par Maiwenn, avec trois récits de vie à bord. Dans l'un d'eux par exemple, « l'examen », le chef de bord durant son annonce de bienvenue explique la formule mathématique de calcul de la vitesse du train pour aider une étudiante qui révise un examen qu'elle va passer à Paris. La saga publicitaire se prolonge en affichage avec des visuels d'agents souriants, les bras ouverts ou tendant un café et des accroches comme « choyez les bienvenus ».

Mais cette saga publicitaire est la partie émergée de l'iceberg des métiers qui contribuent à l'expérience de voyage. En effet, les clients ne sont pas en contact avec l'agent qui nettoie le train, le répare ou le conduit et qui est pourtant fondamental dans la construction d'un produit à la hauteur des attentes. Comment mettre en lumière ces différents métiers ignorés, révéler la complexité de cette industrie – qui s'efface quand le voyage se passe bien – et valoriser ces expertises comme des points de différenciation pour la marque TGV INOUI ? C'est à cette occasion que naît le projet d'une rencontre avec Brut.

En effet, il est beaucoup plus facile de magnifier le rôle du chef de bord dans un film publicitaire classique en reprenant le concept de la saga Total « vous ne viendrez plus chez nous par hasard » que de montrer les différents métiers qui « réparent » le train. Il faut plus de temps, et il faut intéresser le public à un sujet qui paraît aride, décorrélé de la magie du voyage et moins spectaculaire. Il faut utiliser l'intérêt et le traitement journalistique d'une marque média, pour transformer notre « publicité » pour les métiers de l'ombre de SNCF en une histoire qui saura intéresser le public...

Les différents acteurs du marché sont audités, mais il apparaît que Brut est celui qui a le plus de potentiel, pour les mêmes raisons qui nous ont poussés à le choisir comme exemple emblématique de notre terrain : la taille critique de son audience et le nombre de vidéos produites, le positionnement « réseau social » mais avec un traitement de l'information « cool » qui parle à tous, et enfin son catalogue impressionnant de symbioses avec d'autres marques. Brut va permettre d'intéresser une audience large à un sujet ignoré, aux marges, tout en exploitant sa valeur branchée pour la transférer sur ce sujet sérieux.

Le projet est monté pour une série de trois vidéos qui verront le jour entre janvier 2020 et mai 2020 à la rencontre de trois métiers : volontaire de l'information, chef de COS[1] et agent de technicentre de maintenance.

Un terrain propice au traitement « d'actualité » du média Brut

La production de ces trois vidéos s'est faite dans une période particulièrement agitée : grève record (la plus longue de l'histoire de l'entreprise) en décembre-janvier, puis confinement lié au coronavirus (la plus longue baisse de fréquence de TGV de ses quarante ans d'histoire). De fait, Brut a accueilli ce projet avec enthousiasme, SNCF devenant un sujet d'actualité brûlante pour ce média fortement consommateur d'information contextuelle.

Ainsi, deux vidéos sont corrélées à l'actualité de l'entreprise : la vidéo de Lorena, volontaire de l'information, tournée en décembre en plein cœur des grèves, et diffusée en janvier quand la situation commençait à repartir. On y voit une employée de l'entreprise, qui travaille dans les bureaux du siège, descendue sur le terrain avec son gilet rouge pour aider les clients perdus en gare face aux trains annulés et autres retards liés à la situation de grève. Cette vidéo est archétypale du traitement

1. L'univers ferroviaire est rempli d'acronymes qui désignent des lieux et des procédures techniques. Le COS (Centre Opérationnel de Service) est la « tour de contrôle » d'une ligne donnée de chemin de fer et assure l'orchestration du roulement des différents matériels sur cette ligne.

Brut, avec une interview face caméra entrecoupée d'images de contextes (plan large sur la gare, plan sur la foule de dos, etc.) et d'éléments typographiques (les questions posées par le journaliste notamment). On y découvre un métier et une posture d'entreprise au travers d'une histoire personnelle, faite de dévouement au service du client. Cette vidéo est à contre-courant de ce qui s'entend sur la SNCF durant cette période, et permet de découvrir une autre facette de l'entreprise que celle relayée par les médias traditionnels. Sans être de la propagande (les volontaires de l'information sont une activité réelle et fortement mobilisée durant ce type d'événements), cette vidéo permet de modifier le regard porté par le grand public sur cette entreprise qui semble paralysée dans le conflit social, en redorant son image au travers de l'engagement (qu'elle encourage et organise) de certains de ses employés.

La vidéo du technicentre Sud-Est européen a été tournée pendant le confinement et diffusée la semaine du 11 mai, durant le déconfinement progressif et la reprise du trafic. Dans cette vidéo, et contrairement à ce que Brut a l'habitude de produire, le nombre d'intervenants est important : cinq personnes qui constituent une équipe de maintenance se relaient et témoignent pour montrer les différentes étapes de redémarrage d'un TGV : cabine de conduite, freins, ventilation, entretien des sièges. Leur manager produit le métadiscours qui permet de donner la cohérence à toutes ses actions. La vidéo est produite dans un environnement industriel inconnu du grand public, au milieu de trains à l'arrêt et avec des agents masqués pour répondre aux nouvelles normes imposées par l'épidémie de Coronavirus. Cette vidéo est diffusée en plein redémarrage des transports publics et déconfinement de la population. Elle montre comment l'entreprise est pro-active pour faire repartir ses trains, en assurant la sécurité ferroviaire (freins, etc.) et sanitaire (renouvellement de l'air, propreté, etc.). Sa diffusion se fera en concomitance de nombreux sujets traités par les journalistes des médias d'actualité sur le même thème, et d'une campagne SNCF sur la sécurité sanitaire (en train, tous responsables !). Comme pour la première, le tournage est réalisé avec un iphone, avec un trépied pour les interviews face caméra, et caméra au poing pour toutes les scènes « d'action ».

On le voit, ces deux vidéos, qui ont connu le plus de succès lors de leur diffusion, (la troisième étant moins corrélée au contexte, présente la tour du contrôle de la ligne nord au travers du métier de son manager) ont des ingrédients en commun. Elles sont ancrées dans un fait d'actualité pertinent pour l'entreprise, présentent des hommes et des femmes qui s'engagent dans des contextes difficiles et donnent à voir une facette méconnue de l'entreprise. Ces différentes caractéristiques expliquent sans doute le succès de leur diffusion, avec plus de deux millions de visionnages sur la première semaine, ce qui dépasse largement (voire double) les performances « vendues » par Brut lors de la construction du partenariat commercial. Pourtant, derrière ce succès se cachent de multiples tensions...

Tension entre maîtrise du discours de la marque marchande et traitement éditorial à la Brut

En effet, même si le produit final est très réussi, et s'il est un succès (si l'on s'en tient au résultat d'audience qui est le critère de réussite défini par ce média), son accouchement ne s'est pas fait sans douleur. Contrairement à ce que l'on pourrait penser dans le cas d'un projet financé par une marque, Brut n'est pas du tout conciliant sur le choix des sujets ou de son traitement. Le média garde en tête deux composantes : le potentiel d'audience (qui est sa part du marché de départ) et la pertinence de sa proposition pour son audience (qui permet sur le long terme de maintenir son modèle). On se retrouve dans un cas opposé au modèle publicitaire classique : dans un magazine par exemple, la rédaction n'a pas droit de regard sur le contenu publicitaire produit par les marques et c'est au moment de la maquette finale (quelques jours avant l'impression) que les contenus journalistiques et publicitaires se retrouvent ensemble pour former la production finale ; ou alors il s'agit clairement d'un contenu délimité « publi-rédactionnel ».

Ici, il n'y a plus de frontière entre la production publicitaire et éditoriale et le média considère qu'il est garant de la qualité de ce qui est produit, car cela influence sa performance à court et long terme. C'est ici que se construit un rapport de force : le client financeur veut de son côté contrôler ce qui se dit dans ce contenu et comment cela est dit. Cela engage la légitimité même de son action de communication. De cette double contrainte naît une zone de frottement permanent, depuis le choix du sujet (qui doit correspondre aux aspirations du client, mais être suffisamment vendeur pour générer de l'audience pour le média), en passant par la production (le client souhaitant cadrer les images et les discours produits, le média souhaitant produire des contenus à fort potentiel d'audience), jusqu'au timing de diffusion (le client souhaitant maîtriser sa diffusion, mais le média souhaitant diffuser au moment où cela est le plus pertinent dans son marché de l'information). Personne ne voulant céder, cela peut aboutir à des compromis qui sont dommageables pour l'ensemble des parties...

La symbiose profite-t-elle à tous les protagonistes ?

Comme dans le cas de la symbiose en biologie, cette production atypique peut donc avoir des conséquences non maîtrisées : une perte de maîtrise de la part des marques – qui cherchent à recréer les conditions de leur existence, par exemple en sursignifiant leur présence dans le contenu. Mais également pour le média qui – au travers de ces collaborations financées qui ne sont pas à son initiative mais à celle de son « client » – crée une collection hétéroclite de contenus qui viennent déstabiliser son positionnement et sa ligne éditoriale.

La faible durée de vie de ces médias très numériques qui naissent et meurent sur les réseaux sociaux comme Melty.fr ou Minutebuzz, est-elle un indice de l'usure que le recours à la publicité cachée peut avoir sur la crédibilité de ces médias présents uniquement sur les réseaux sociaux ? Comme si leur succès était dû à leurs abonnements (logique de l'audience qui prévaut dans l'univers des médias) mais que leur audience créait une popularité qui attirait les marques, et par là même engendrait des contenus qui ne sont plus à même d'intéresser l'audience – une forme de phagocytage pour reprendre la métaphore biologique. Le média concerné se trouve face à une équation insoluble qui prend son origine dans son mode de production : la disparition de la frontière publicitaire attire les marques, qui commandent des contenus mais font du même coup baisser la qualité des contenus produits en altérant leur pertinence journalistique. De cette désauctorialisation vient le brouillage éditorial qui crée ce cercle vicieux et fait finalement chuter l'audience…

La fin de la frontière publicité/contenu journalistique créerait ainsi une zone de floue à l'origine d'une détérioration de la qualité du média, et d'une érosion de son audience. Consubstantiellement, la publicité « déguisée » en contenu journalistique aurait ainsi une influence parasitaire sur les médias qu'elle colonise, en créant une rupture dans la nature des sujets portés et leur traitement. Et pour reprendre l'expression, la volonté du commanditaire (l'entreprise derrière la marque marchande) phagocyterait la relation du journaliste avec son contenu dans le cadre de son travail au sein d'un média…

Pour les marques, la production symbiotique est une perte de maîtrise…

D'un point de vue strictement publicitaire, ce type de contenus symbiotiques vient déplacer le rôle et la production d'une publicité pour une marque. En effet, dans le cas d'un tournage classique, le client est à la manœuvre totale de ce qui est dit, et comme l'explique Roland Barthes dans son article « Rhétorique de l'image », la marque et son agence saturent totalement l'espace sémiotique de leur volonté. Tout ce qui est mis dans la publicité « fait signe » pour l'annonceur qui maîtrise les effets de sens (avec à la marge quelques effets induits parfois involontaires, mais l'univers créé reste majoritairement à la main de la marque).

Dans ce cas de figure, on l'a vu avec le cas SNCF, la production sémiotique est un compromis. Il n'y a pas de scénario, comme dans le cas d'une production publicitaire, d'achat d'art (accessoires, décors, costumes) et comme son nom l'indique, « Brut » va prélever des éléments de réel, de façon partiellement cadrée, mais aussi partiellement improvisée. On ne connaît pas à l'avance les images qui seront tournées, et le canevas du journaliste n'est pas validé en amont par le client. Il a une trame globale, comme dans la comédie italienne, sur laquelle il peut jouer en fonction des personnes interrogées, du moment et de son intuition journalistique. Certes, le montage final permet de maîtriser dans l'ensemble les effets induits, mais la situation de tournage crée une forme d'incertitude, et un flottement du sens qui est très différent de la production publicitaire – sans surprise et saturée sur le plan sémiotique.

Ainsi, en position de « client commanditaire » sur un des tournages, le journaliste m'a demandé à plusieurs reprises de quitter le lieu et de prendre du recul, pour ne pas « casser » le sentiment de spontanéité des personnes interviewées, et pour lui laisser une plus grande liberté de mouvement. Fidèle à son positionnement non affiché, le média revendique une forme d'indépendance journalistique qui cadre mal avec le contrat publicitaire qu'il signe avec son client, une autre forme de paradoxe qui peut définir l'existence du média Brut... Le contenu ainsi produit dans le cadre de cette symbiose est un hybride : il n'est ni publicitaire, ni journalistique. *De facto* cela se lit dans le flottement de sa diffusion : produit par Brut et diffusé *via* ses réseaux sociaux, il est aussi porté par les réseaux sociaux de la marque émettrice, rendant difficile son attribution par ceux qui le visionnent – une fois de plus il y a un brouillage et un jeu de dupe sur la notion d'auctorialité. Entre le journaliste qui produit, le média qui « marque » (au sens propre) le contenu de son empreinte watermark, et la marque commerciale qui diffuse. La diffraction n'est pas que portée par le mode de diffusion, mais aussi par l'éclatement même de la figure de l'auteur.

Les propriétés manipulatoires du média Brut sur son public

Car la première manipulation qu'opère Brut sur son public est celle du déplacement du statut de l'émetteur. Le média recommande d'ailleurs aux marques que ses contenus sponsorisés ne soient « pas trop marqués ». Globalement, son mode de production, par des vidéos non signées et une équipe de journalistes « fantômes » (qui n'endossent pas les contenus) permet à la marque média de niveler l'ensemble de ses productions. Que ce soient des vidéos journalistiques ou des vidéos sponsorisées, le média gomme les marqueurs de différences en rendant ses vidéos journalistiques anonymes et canoniques (quel que soit le producteur) et en rapprochant le plus possible ses vidéos promotionnelles de ses vidéos journalistiques (au prix parfois d'un bras de fer avec son commanditaire). Pour le lecteur, cela conduit à l'identification d'un seul émetteur : le média Brut lui-même qui passe du statut de média (c'est-à-dire de lieu de rencontre entre un lecteur et un journaliste) à celui de personne morale – producteur, diffuseur, caution.

Le deuxième déplacement est celui du traitement du sujet. Pour les médias d'actualité à la Brut, les productions médiatiques peuvent être de deux ordres : une diffusion factuelle (chiffres, données statistiques, relais d'informations émises par les différents organismes comme l'AFP) ou une analyse (point de vue, éditorialiste, analyse critique d'un sujet) ; voire un mélange des deux. Or Brut invente un troisième traitement, que nous avons évoqué plus haut dans le cas de la trivialité : celui de la glose. Bien sûr, on l'a vu dans le cas de la SNCF, le média cherche à « accrocher » ses sujets sur des faits d'actualité, et cela favorise leur diffusion. Mais au-delà de cette logique opportuniste qui le rattache (comme il s'autoproclame) à la famille des médias d'information, sa logique de traitement journalistique est celle du commentaire. En choisissant de mettre en exergue des témoignages de parties-prenantes, ou de reprendre des images d'archives et de les compiler, le média produit de façon infinie (et à faible coût) des contenus qui alimentent l'écosystème de partage des plateformes.

Le contenu pertinent peut être ainsi construit le plus vite possible, puis partagé par des spectateurs/diffuseurs en quête d'actualité sur le profil de leurs réseaux sociaux, et ainsi montrer qu'ils s'inscrivent dans l'ici et le maintenant de la société à laquelle ils participent. Comme dans le cas de la diffusion des tendances[1], la circulation est aussi importante que le contenu qui est partagé, il permet au public d'être présent et d'exister socialement.

Et cela nourrit du même coup le modèle de diffusion de Brut qui repose sur l'audience. La finalité de Brut n'est pas de transmettre une information ou de critiquer un phénomène, mais d'alimenter une fabrique infinie d'images qui permettent à son audience de se positionner *via* son partage tout en légitimant sa production. Le partage devient donc plus important que le visionnage, quel que soit le contenu à l'intérieur. Et dans cette galaxie, les vidéos sponsorisées sont non identifiables, c'est la loi du nombre qui prévaut sur la qualité intrinsèque du contenu.

Vulnérabilité économique et critique du média Brut

Mais cette boulimie de partage à laquelle répond Brut par une boulimie de production a ses limites : en effet, le média n'est plus consommé pour la qualité intrinsèque de ses contenus alors que les marques le choisissent tout de même pour porter une qualité de message. La fonction première de la publicité pour une marque n'est pas phatique, elle doit permettre de créer une action (que ce soit la modification de la perception, ou un acte d'achat).

Et ce que vend Brut à ses marques est loin d'être cette fonction : quand le média promet deux millions de visionnages, il promet en fait deux millions de contacts, c'est-à-dire de personnes pour qui le contenu est apparu une seconde, et qui l'ont éventuellement partagé pour apparaître comme « pertinent » dans l'ici et le maintenant de notre société. Tant que les marques ne s'en aperçoivent pas, le modèle économique de Brut est viable. Mais ses prédécesseurs (Melty, Minutebuzz, etc.) qui ont connu des destinées aussi fulgurantes (mais brèves) semblent montrer que l'engouement suscité par ces plateformes (qui nourrissent le fantasme de la profession autour du digital, des réseaux sociaux, de l'éditorialisation de la publicité) peut être de courte durée.

Et cette lassitude peut aussi bien toucher les marques qui financent que les audiences (pas compris), qui ont également prouvé leur versatilité en termes de plateformes sociales et de marques médias issues du numérique. En effet, en prenant le risque de créer des contenus qui sont diffusés sans être vus, Brut devient une marque média badge – elle permet de s'afficher et de se définir sur les réseaux sociaux. C'est le même fonctionnement pour les fans numériques de CHANEL qui ne peuvent acquérir une pièce de la marque mais s'abonnent au fil

1. Un autre exemple de circulation triviale issue de mon travail de thèse dans lequel une des hypothèses confirmées par le terrain de recherche est que la construction des tendances permet aux différents acteurs (médias, marques, individus) de s'inscrire dans l'immédiateté de la société et de faire partie du monde. (Féré, 2013)

de celle-ci pour qu'elle apparaisse sur leur profil. Brut participe à la construction de l'identité virtuelle de ceux qui la consomment, avec le risque que ce besoin d'identité soit plus fort que la consommation effective de ses contenus. Pour filer la métaphore, c'est le cas d'Arte ou du journal le Monde qui sont – en déclaratif – plus consommés qu'en audience effective car ils sont considérés par la population comme des marqueurs culturels.

Le geste de diffusion du contenu est alors plus important que le contenu qu'il contient et le potentiel de diffusion est inversement proportionnel à l'attachement créé, générant le risque pour Brut d'être remplacé par la prochaine étoile montante des médias dispersés. Pour revenir à la métaphore biologique, Brut occupe une « niche écologique », c'est-à-dire une place dans un écosystème qui lie les marques commerciales en symbiose, les consommateurs de ses contenus et le média lui-même. Mais « l'usage » (au sens propre et figuré de ses contenus) qui est nécessaire à son fonctionnement économique le conduit également à sa disparition, entraînant probablement son remplacement à moyen terme par une autre espèce de média dans cette même niche. La symbiose ici analysée risque d'entraîner la mort du média colonisé. Ce qui donnera sans nul doute naissance à de nouveaux processus de symbioses...

Chapitre 3
Mettre fin à une marque

Les industries liées à la consommation sont tournées vers la création du nouveau. Que ce soit la mode, le cosmétique ou même la grande consommation, elles créent de l'obsolescence pour créer du désir pour la nouveauté et remotiver (financièrement) les signes qu'elles produisent, en créant une impérieuse envie d'acheter. C'est ainsi que la mode a depuis longtemps renoncé à communiquer sur les fonctions premières des vêtements (pas assez rentables) que sont « cacher la nudité » et « tenir chaud ». Elle vend plutôt une identité, une façon d'être au monde et de se rapprocher d'un ici et maintenant de la société. Une façon d'appartenir au présent.

C'est sans doute une des raisons qui conduisent les professionnels du marketing et de la communication à ne pas penser à la mort des marques. Alors que les rayonnages des librairies et les mailings des agents saturent l'espace de propositions tentantes : trouver le bon nom de marque, choisir sa typographie, réussir son logo... Aucune ne donne de leçon pour euthanasier sa marque à moindre coût, ou faire évoluer son architecture de marque en tuant les branches mortes.

Cette partie s'intéresse précisément à ce sujet : les marques ne sont pas éternelles. Elles répondent à un besoin économique ou politique à un moment de l'existence d'une entreprise, mais si le marché évolue, si les acteurs se concentrent ou si l'activité disparaît, elle n'a plus de raison d'être. Comment cela se passe alors? Comment éteint-on la lumière? Une entreprise, peut-elle se décider d'arrêter une marque?

On le verra dans cette partie, après l'arrêt « officiel » du côté du producteur, subsistent des fantômes de la marque, des avatars qui continuent d'évoluer dans l'espace public, au gré de voitures encore en circulation (pour le marché automobile) ou d'objets vintages qui deviennent des vestiges du passé et sont brandis au titre d'objets de collection. En fait, une marque ne meurt tout à fait que quand ses avatars physiques (ses produits) ont totalement disparu de la circulation dans l'espace public et que la mémoire collective s'est éteinte. Ce qui peut arriver très rapidement, ou au contraire durer pendant des dizaines d'années...

L'essentiel de « Mettre fin à une marque » en un clin d'œil

3.1 Rétrospective et perspective

- Une histoire de la société à l'aune de la mort des marques par Julien Féré (SNCF)
- Étude de cas téléphonie et aérien : les morts de marque, marqueurs des transformations d'un secteur par Julien Féré (SNCF)
- Étude de cas : Marques créateurs vs mort des créateurs, comment une marque patronymique peut-elle survivre à son fondateur ? par Margot Besnier (SNCF)

3.2 Débat : La marque phénix, disparaître pour mieux renaître

- Échange : Les marques vont-elles disparaître et s'effacer de l'espace public ? échange entre Julien Féré et Mélanie Rauscher
- Étude de cas : Vinted : la mort de la fast fashion ? par Anne Bock (SNCF)
- Étude de cas Oui Family, Redonner vie à l'architecture commercial des marque SNCF par Julien Féré (SNCF)
- L'anti-consumérisme, un mode de consommation comme les autres ? échange entre Julien Féré et Mélanie Rauscher
- Étude de cas Monoprix : Renaissance d'une marque par Jean-Patrick Chiquiar (Rosapark)

3.3 Méthode : Comment « stopper » une marque et orchestrer sa disparition (après l'avoir créée) ?

- Étude de cas : OUIBUS, Va, vis et reviens par Béatrice Godineau (SNCF)

3.1 Rétrospective et perspective

Une histoire de la société à l'aune de la mort des marques

Julien Féré

Beaucoup de livres qui s'intéressent au sujet des marques traitent du processus de création. Car dans une dynamique de projet, l'étape de « naissance » de la marque est souvent le tournant qui permet de le faire exister, le rendre tangible, tant pour les partis-prenantes de l'aventure que pour les publics externes (investisseurs, grand public, partenaires, etc.). Cependant, la naissance est souvent un micro-moment dans la vie d'une marque. C'est pourquoi le second chapitre de cet ouvrage, consacré à la façon d'animer une marque est si conséquent. Et on l'oublie souvent, mais la « mort » d'une marque doit également se gérer, car on n'éteint pas celle-ci uniquement en mettant la clé sous la porte.

Ainsi, quand on pratique une activité de veille, on s'intéresse souvent à la naissance des nouvelles marques. D'ailleurs, il est beaucoup plus facile d'étudier les marques qui apparaissent : nouvelles campagnes, articles de presse, bouche-à-oreille, elles font souvent parler et cela fait partie d'une stratégie de lancement. En revanche, sauf quand cela est frappant, les marques qui disparaissent partent souvent dans l'anonymat. De plus, parfois, elles perdurent dans leur usage (des produits ou des services qui continuent de durer au-delà de l'animation de la marque, en portant toujours le nom) et ont un petit goût de nostalgie qui nous rappellent d'anciens temps. C'est le cas des serveurs mails, qui ont connu beaucoup d'évolutions : qui se souvient de caramail, lycos, voire même plus récemment hotmail ? Pourtant, certains continuent d'utiliser des adresses qui portent ces noms de domaine et leur donnent du même coup un petit supplément de vie.

Car du strict point de vue de l'expert, considère-t-on qu'une marque est morte quand elle arrête d'être animée ou quand elle est oubliée (ou non connue) par le grand public ? Les professionnels du marketing et de la communication pencheront pour la première option : Caramail est mort même si certains continuent de l'utiliser et ont de fait une bonne notoriété, voire une image de son service. En revanche, si l'on interroger le grand public, il se souvient, voire il utilise des marques qui ont depuis longtemps disparu de la circulation : Lancia, Rover ou Saab sont trois marques de voiture qui ne sont plus commercialisées aujourd'hui. Faillite, effet de concentration ou stratégie commerciale du groupe, elles ont disparu des concessions et pourtant il existe encore de nombreux propriétaires de ces modèles. Pour eux, la marque est bien vivante. Certains sont mêmes des collectionneurs et des fervents défenseurs de celle-ci et continuent de l'animer sur les réseaux sociaux *via* des clubs de collectionneurs ou des associations.

On le voit, le sujet de la mort des marques réinterroge le lien entre ceux qui « font » la marque et ceux qui la « consomment », voire inverse le rapport de force. Le sujet est alors beaucoup plus compliqué qu'une simple opération comptable : c'est probablement lorsqu'une entreprise (pour des raisons diverses, financières ou autres) arrête de commercialiser une marque, que la dissociation marque/entreprise est la plus importante : la marque se met alors à exister (pour une période plus ou moins longue, comme une mémoire ou une résurgence) de façon totalement indépendante de l'appareil de production et appartient en quasi-exclusivité au grand public et à ses consommateurs...

Pourquoi « tuer » une marque ?

L'étude des secteurs où les marques « meurent » se révèle intéressante... On pourrait penser que les secteurs concernés par des disparitions de marques sont moribonds. En fait, il s'agit souvent de ceux qui sont le plus dynamiques. Car les premiers marchés touchés par ce phénomène sont ceux qui sont en reconfiguration.

Et en tête celui des nouvelles technologies : apparition de nouveaux usages, émergence d'acteurs ou au contraire, fusion-acquisition ont rendu les marques sur Internet extrêmement volatiles. À chaque fois, la bataille que se livrent les entreprises entraînent la production d'un nombre importants de services (et donc de marques), suivie d'une diminution plus ou moins lente au gré des fusions et de ceux qui jettent l'éponge car ils n'arrivent pas à émerger. C'est ce qui est arrivé dans le cas des moteurs de recherche par exemple : Lycos, Google (évidemment) et d'autres se sont lancés dans cette aventure, mais seuls certains ont survécu. Le même schéma s'est produit plus récemment dans le secteur de des chauffeurs privés (Chauffeur Privé, Uber, etc.) et de la livraison à domicile (Deliveroo, Foodchéri, Uber Eats, etc.) qui ont explosé. Le branding se fait alors le témoin dans les signes d'une bataille de marché, et l'apparition progressive de marque dominante se fait au détriment des concurrents qui disparaissent car ils font faillite, ou qui se transforment car ils s'étendent, s'internationalisent et sont rachetés comme c'est le cas pour Chauffeur Privé devenu Kapten pour poursuivre sa croissance à l'étranger.

Un autre schéma d'apparition/disparition correspond à l'accompagnement des usages. Ainsi, dans les interactions sociales, Internet a commencé par créer des « chatrooms » : ICQ, Yahoo messenger ou AOL en tête. Puis est arrivé l'usage des blogs et de leurs hébergeurs : 20six, Skyblog ou Blogger. Remplacé par les prémices des réseaux sociaux avec l'apparition de Myspace, puis Facebook, Instagram ou Twitter, eux-mêmes concurrencés par les derniers nés qui essaient de s'imposer : Snapchat ou Tiktok. On le voit, l'histoire de ces « marques » qui correspondent à des usages est en fait une archéologie de la façon de communiquer et de construire des relations sociales sur Internet.

Enfin, une dernière possibilité qui conduit à l'évolution des marques dans un secteur est le cadre légal. En effet, le législateur peut décider des modifications profondes qui entraînent par exemple une ouverture du marché. C'est ce qui est arrivé il y a quelques années pour l'électricité. Dans ce cadre, la concurrence arrive (tout comme dans le cadre de la livraison à domicile ou des réseaux sociaux) avec des créations et des disparitions de petits acteurs. Mais cela a aussi une incidence pour les entreprises en place. Ainsi, EDF et GDF ont dû repenser leur architecture de marque pour se mettre en conformité avec la réglementation de leur marché. GDF a choisi de faire disparaître son acronyme au profit de ENGIE pour sa marque grand public qui va au-delà du métier du gaz. L'administrateur du réseau s'appelle lui GRDF. La marque GDF disparaît donc en conséquence de cette évolution du marché. Côté EDF, la stratégie retenue est différente. EDF reste la marque grand public, présente sur la facture, et la marque du groupe qui propose désormais toutes les formes d'énergie (et pas que l'électricité). En revanche, elle a dû changer le nom de son administrateur de réseau ERDF, jugé trop proche du groupe et de la marque BtoC en Enedis qui prend alors vraiment son indépendance en tant que marque du réseau d'électricité. Une complexité du cadre légal qui se lit en filigrane dans la complexité des approches en branding...

Les règles de la transition

Ces différents changements ne peuvent se faire du jour au lendemain, et passer d'une marque à l'autre doit s'accompagner, en communication et sur le produit, car il n'est souvent pas possible de tout changer d'un seul coup. Les transitions de marque sont toujours échelonnées dans le temps (voir le chapitre dans cette section sur la « galaxie » des marques en OUI de la SNCF et l'étude de cas Belvita).

Pour la mort d'une marque, même règle, il n'est souvent pas possible d'éteindre une marque comme on éteint la lumière, en appuyant sur un interrupteur. Car le propre d'une marque (comme son nom l'indique) est de servir d'indicateur : sur les produits, sur toutes les étapes du parcours client, et sur tous les « actifs » de l'entreprise qui sont reliés à cette marque. Ainsi, pour donner vie à celles-ci, les sociétés utilisent de plus en plus les supports qui leur appartiennent comme vecteurs de communication : usines, camions de transport, biens immobiliers, cartes de visite, points de vente sont autant de lieux d'expression qu'il faudra « effacer » suite à la disparition d'une marque. D'ailleurs, on constate une forme de permanence qui fait parfois même partie du patrimoine d'une ville. Ainsi, près de Montparnasse, Rue de Rennes, le magasin « Felix Potin », enseigne de distribution alimentaire disparue depuis plus de vingt ans demeure un des emblèmes du quartier. Dans un autre registre, le logo de la marque Atari (une marque d'informatique et de jeux vidéo) disparue fleurit sur les T-shirts des jeunes geeks qui se revendiquent du rétro-gaming et veulent faire revivre l'esprit des jeux vidéo d'antan.

La première source de communication à s'éteindre est en fait la publicité. En effet, cela représente une source de dépenses pour l'entreprise, et il apparaît inutile d'utiliser cet argent pour faire la promotion d'une marque morte. Viennent ensuite ses produits ou ses services, qui cessent d'être manufacturés ou proposés. Et enfin tous les biens « immobiliers » qui perdurent plus ou moins en fonction de la difficulté (et du coût) lié à leur transformation. Il est important de noter que même si les biens cessent d'être produits, un effet de permanence demeure.

Marques et mémoire, une « histoire » à l'aune des marques enterrées…

On l'évoquait plus haut dans le cas de l'automobile, ou la présence d'une marque dans l'espace public peut durer plusieurs dizaines d'années après son extinction. En fait, c'est le cas de tous les produits à cycle d'usage long (électroménager par exemple), à forte valeur financière (automobile, luxe) ou à fort valeur symbolique car ayant un caractère de collection (mode). La gestion de la marque « éteinte » passe dès lors dans les mains du grand public, de ses consommateurs qui dépensent souvent beaucoup d'énergie à la faire vivre, voire à la préserver. Musées de marques, collectionneurs qui s'échangent des objets ou des artefacts de la marque (réclames, objets promotionnels, etc.), la marque de consommation devient dès lors le prétexte d'un archivage et d'une mise en valeur qui sont proches du culturel…

Que ce soit par la petite porte (pour les objets du quotidien) ou par la grande (voitures présidentielles, objets *vintage* marqueurs d'une époque, réclames fameuses), ces marques éteintes d'un point de vue commerciale vont en fait être des sources précieuses de valeurs imaginaires, marquer des générations et alimenter – sans doute – la naissance d'autres marques par des phénomènes de connotation…

Étude de cas

La renaissance d'une marque-modèle en marque

Quand on évoque le phénomène de la « renaissance » de marques éteintes, le cas de l'automobile semble être très fertile. Que ce soit du côté des italiennes (et de la mythique Fiat 500), des anglaises (avec la Mini) ou des françaises (avec le cas du modèle DS de Citroën devenue une marque à part entière de voitures haut de gamme du groupe PSA), les modèles du XXe siècle ont inspiré de nombreuses gammes de voitures à succès dans notre société contemporaine.

Sans doute faudrait-il relire ces rééditions (qui parfois ont peu à voir avec la ligne d'origine – en dehors du nom) à l'aune du travail de Roland Barthes sur les mythes. Ces résurgences sont le signe que l'imaginaire automobile contemporain se nourrit de celui du XXe siècle, un âge d'or de la voiture, marqué aussi par une insouciance de l'usage, et une volonté de se rassurer en consommant ces valeurs automobiles du passé…

Sur le plan économique, par ailleurs, il semble que comme dans le cas des franchises de film (Batman, Superman, Avengers, etc.), une bonne suite soit un risque industriel maîtrisé, au contraire des pertes potentielles liées au lancement d'un modèle nouveau. Dans un contexte financier tendu et pour un marché qui est plutôt en contraction, la « suite » d'une saga mythique permet de faire diminuer la part de risque.

Même si elle est encore trop peu prise en compte, l'étude de ces « objets ordinaires » que sont les marques qui ont connu leur apogée (et leur descente) à une époque est un révélateur (au sens photographique) de l'esprit du temps. Tout comme Michel Foucault étudiait l'état d'esprit d'une société à l'aune de la façon dont elle gère la folie (dans l'histoire de la folie à l'âge classique), on pourrait imaginer une histoire de la société (et notamment de la société de consommation au XXe siècle) au travers de ses grandes figures de branding et de ses réclames iconiques. Ce que nous incite à faire Roland Barthes dans son article « rhétorique de l'image » où il fait de la publicité Panzani « corne d'abondance » un emblème de la société d'après-guerre, au début de l'industrialisation des produits de grande consommation.

Quelle valeur pour les marques ressuscitées ?

La dormance d'une marque, uniquement alimentée par sa portée historique et par une poignée d'irréductibles, peut durer plusieurs années. Il y a quelques années, des entrepreneurs avaient ainsi ressuscité la marque Cadum pour relancer l'image de ce bébé joufflu qui était passé dans le langage populaire sous l'expression « Bébé Cadum ». Née au début du XXe siècle et popularisée par son fameux bébé qui est un emblème de l'après-guerre, la marque entre en dormance au début des années 1960 quand le géant Palmolive lui préfère des marques globales pour animer ses différents marchés. Au début des années 2000, elle est rachetée par un fond d'investissement et deux entrepreneurs qui entreprennent de la rebâtir de fond en comble, en exhumant la figure du bébé heureux, et finissent par la revendre – valorisée – pour 200 millions au groupe L'Oréal. Sur le même exemple, mais dans un laps de temps beaucoup plus court, la marque de distribution sur catalogue « La Redoute » est rachetée pour un euro symbolique en pleine faillite, et après une marche forcée vers le digital (exit le catalogue papier) et l'investissement de la décoration d'intérieur (avec AM/PM), revient sur le devant de la scène comme une des marques en vogue sur la vente à distance.

Ces deux exemples nous montrent que la valeur d'une marque peut perdurer – au-delà du modèle économique qui l'a fait naître – et que pour redonner vie à une marque disparue, il faut travailler à une re-motivation de ses signes et de ses emblèmes.

Comme dans le cas des re-lancements de marques automobiles désuètes, ou dans la mode avec le retour de la marque Courrèges rachetée par deux publicitaires, ces retours en grâce sont marqués par deux composantes. Tout d'abord, la reprise d'un passé mythique – souvent comparé à l'âge d'or. À grand renfort de tonalités pastelles, de clins d'œil désuets ou de comparaison avec l'époque d'origine, cette première phase permet de donner de la légitimité à la reprise et sert de tremplin à la seconde. La deuxième phase est entièrement dédiée à la réinterprétation : par exemple, Mini crée un SUV pour répondre à la demande du marché avec la Countryman. Fiat propose le 500X, sorte de version XXL de la Fiat 500 dont l'essence même était la miniaturisation. Plus la marque reprend de l'ampleur à l'époque actuelle, et plus les variations peuvent s'éloigner de la version d'origine, jusqu'à faire oublier – même ! – qu'il y a eu une version d'origine. Une forme d'émancipation de la marque réveillée qui se sépare de son passé et entre de plain-pied dans la modernité, pour créer un nouveau mythe…

Au final il n'y aurait pas de marques mortes, mais uniquement des marques en dormance qui attendent que sonne l'heure du baiser qui les réveillera…

Étude de cas téléphonie et aérien : Les morts de marque, marqueurs des transformations d'un secteur

Julien Féré

Pour illustrer les propos du chapitre précédent sur l'histoire des marques, cette partie s'intéresse au cas de Orange (feu France Télécom) qui a bouleversé son architecture de marques entre la fin des années 1990 et les années 2000, et à Air France qui continue de modifier les marques en activité au sein de ses propositions de valeur.

Pourquoi ces deux secteurs ? Ils illustrent les différents types de cas de figure qui conduisent à faire évoluer et à tuer des marques existantes. Pour France Télécom, c'est le changement du cadre légal, avec l'ouverture du marché de la téléphonie ; rupture technologique avec l'essor du téléphone mobile, puis du tripleplay (fixe, Internet, TV) et des offres intégrées fixe plus mobile. Du côté de l'aérien, c'est la guerre des compagnies du Moyen-Orient et asiatique, et la montée en puissance du low cost qui ont conduit le groupe Air France à revoir plusieurs fois sa stratégie de marque, créant et tuant des marques au passage...

On le voit, dans ces cas-là, le branding n'est pas qu'une discipline de stratégie en chambre. Et la puissance d'une marque ne se juge pas que sur des critères de marque. Cela implique de prendre en compte des décisions organisationnelles (expansion internationale, fusion, etc.) et des dynamiques de marché qui dépassent le cadre pur de la réflexion sur la marque, et influent sur celle-ci.

L'arrivée du mobile pour France Télécom : marché en création, les marques éphémères se succèdent

La marque « France Telecom » n'est pas si ancienne qu'on pourrait le croire. En fait, elle naît en 1988 sous François Mitterrand alors que se prépare (sur une transition de plusieurs années) l'ouverture du marché à la concurrence. On le voit, les sujets de création et de destruction de marques sur des secteurs réglementés sont souvent liés à l'évolution d'un cadre administratif...

Dans les années 1990, la construction du réseau téléphonique mobile fait naître un nouveau marché ouvert au grand public et aux professionnels. Avec lui arrivent un lot de marques qui proposent de l'accès au réseau et des terminaux mobiles pour pouvoir utiliser cet accès. Chez France Télécom, qui vit essentiellement du téléphone fixe, présent dans chaque foyer, et dont le modèle économique se décompose (comme sur le marché de l'électricité) entre un forfait « accès » et une consommation au temps passé, ce bouleversement des usages est à la fois une opportunité pour élargir son marché, et une menace, car d'autres se positionnent sur cette innovation, dont la commercialisation n'est pas exclusive à France Télécom.

Cela commence avec des tâtonnements technologiques et la naissance d'une expérimentation qui utilise les ondes radios. La création de Bibop, surtout réservé aux professionnels, permet de se connecter à distance, mais dans des « zones desservies », un peu sur le principe de la connexion actuelle d'un mobile au wifi domestique. Si on s'éloigne trop, la connexion est perdue.

On le voit, la création de marque dans ce secteur va se différencier fortement de la maison mère France Télécom, avec des néologismes qui expriment une forme de rondeur, de facilité et le mythe de la connexion permanente. L'expérience Bibop est un échec économique, mais elle préfigure la naissance du réseau mobile de France Télécom : Itinéris. Celui-ci, de facture plus classique que Bibop, renvoie à l'itinérance, c'est-à-dire la connexion en mobilité, avec un suffixe « is » qui lui donne des lettres de noblesse greco-latine. Tout en jouant la distanciation avec la maison mère, France Télécom ne peut s'empêcher de jouer la carte de l'institutionnel.

Derrière ce nom de réseau arrivent alors des offres commerciales. Le sujet étant éminemment immatériel (en dehors des marques de terminaux qui sont proposées par des constructeurs et non par France Télécom), les opérateurs peinent à ajuster leurs architectures de marque : le tarif et le mode de commercialisation, sont-ils des marques? ou seul le réseau en est-il une? Et parle-t-on au client au nom du réseau ou de son offre tarifaire?

Au départ, la dernière solution est retenue, et c'est le mode de commercialisation du réseau qui devient « l'interlocuteur » principal du client. Naissent alors OLA pour les clients à forfait (ils paient tous les mois un abonnement qui donne droit à un crédit de temps de parole, auquel vient s'ajouter des SMS un peu plus tard). Puis Mobicarte qui est une offre prépayée distribuée physiquement (notamment *via* le réseau des buralistes) pour charger des « crédits » de communication.

Dans le choix de OLA, on reconnaît l'intention de Bibop de créer une marque commerciale et d'inventer des codes pour un secteur qui se défriche. Au contraire, derrière Mobicarte, se trouve en fait un cousin d'Itinéris sur le plan de la création de marque, avec un nom qui dit l'usage à travers la création d'un mot-valise : mobile + carte = Mobicarte.

À la fin des années 1990, le choix de faire « parler » les offres tarifaires est supplanté par une volonté de créer des opérateurs plus puissants, et Itinéris devient la marque dominante relationnelle. Avec le rachat d'Orange par France Télécom et les volontés de simplification et de stabilisation du marché qui vont dès lors présider au choix de marque, Itinéris et ses marques « commerciales » et « tarifaires » laisseront peu à peu la place à une marque unique qui deviendra le modèle dominant du secteur... l'offre commerciale étant reléguée à un nom produit sans dialogue particulier avec ses clients.

Le changement de marque de France Télécom à Orange : changement d'ère pour un leader du marché

Au début des années 2000, France Télécom acquiert Orange après un rapprochement raté de ce dernier avec Vodafone. Après la structuration sur les marchés nationaux des opérateurs mobiles, en parallèle de la construction des grands réseaux et infrastructures, c'est désormais l'heure de l'internationalisation. Car pour pouvoir continuer à peser sur ce marché, il faut dépasser les frontières de son pays et devenir un géant mondial. Cela permet d'investir, et surtout de peser sur les sujets d'interopérabilité, tout en gérant les frais de roaming quand un client passe d'un pays à l'autre en utilisant son réseau mobile.

En France, le rachat d'Orange et son intégration comme marque unique pour tous les services de l'opérateur prend plus de dix ans. Pourquoi ce laps si important ? En interne, tout d'abord, il faut ménager les collaborateurs (même si la succession de suicides chez Orange peut faire penser que ça aurait été un traumatisme) en gérant le passage d'une société à capitaux publics (avec des règles en matière de droit du travail, de management, d'évolution au sein de la société) à une société privée totalement concurrentielle face aux autres acteurs du marché. Mais en externe, l'enjeu est de taille pour France Télécom : gagner des parts de marché sur le mobile et interne (les deux marchés en forte croissance, car le taux d'équipement grimpe au début des années 2000) tout en préservant sa vache à lait : le téléphone fixe. Grâce à lui, l'entreprise perçoit tous les mois des abonnements fixes, alors que le volume de conversation depuis le domicile décroit. Et pour cause, supplanté par l'usage du mobile ! En gardant pendant 10 ans une étanchéité entre le business du fixe et du mobile, France Télécom préserve la rentabilité de cette activité qu'il sait vouée à disparaître pour pouvoir trouver d'autres sources de business.

Les trois activités sont donc « hébergées » par trois marques représentantes des différents métiers du groupe. Le mobile est rangé sous Orange (qui « tue » les marques tarifaires Mobicarte et Ola, et renomme sa marque réseau d'Itinéris à Orange). Cette simplification est plutôt une forme de maturité pour le secteur qui s'est beaucoup cherché sur le branding de ses offres (voir partie suivante sur les marques des concurrents). La division « fixe » reste sous la marque « France Télécom » (et elle englobe la majeure partie des collaborateurs qui ont été embauchés sous marque France Télécom pour gérer les sujets de droits du travail). Enfin, un autre métier émerge, pensé en silo complet du silo mobile (car les usages étaient totalement différenciés) : Internet. Pour asiler cette activité, Wanadoo est lancée en grande pompe. Dans le sillage des marques américaines du secteur digital, elle reprend les codes du moment : une couleur framboise (le buffet de lancement de la marque sera en framboise intégral lors de l'événement externe de « révélation » de celle-ci, des boissons en passant par les petits fours), de la rondeur avec le double « o » et un anglicisme tourné vers l'action « wanna do » : je veux le faire…

Cette division artificielle, France Télécom aurait aimé la faire durer plus longtemps, car elle permet, en créant trois marques, de faire payer trois fois un client et de préserver des marchés étanches. Seulement... un trublion d'Internet décide de casser l'entente des opérateurs sur le système « forfait accès ligne fixe » + « abonnement interne » et invente un nouvel usage : le tripleplay.

Avec le lancement de sa box, Free ne fait pas qu'une rupture dans le packaging commercial de l'offre. Il propose de passer directement l'accès au téléphone fixe par Internet (la fameuse Voice Over IP-VOIP) et donc de rendre caduque l'accès à l'abonnement France Télécom. Il dame donc le pion à France Télécom et Wanadoo, en proposant un accès illimité à trois types de produits : le téléphone fixe (*via* VOIP), Internet et la télévision. Le tripleplay est né, et avec lui la mort de la ligne fixe et de son abonnement traditionnel. Orange doit accélérer sa mutation.

Pour cela, la marque Wanadoo devient caduque et comme beaucoup de ces pure players digitaux des années 2000, elle meurt dans l'absolue discrétion après un lancement en grande pompe à renfort de campagnes de communication autour du fantasme de la révolution Internet. Seules subsistent, comme un effet de rémanence, les adresses mails des anciens clients Wanadoo, qui ont encore pour certain une adresse comprenant cet identifiant...

Orange accélère sa mue et fait disparaître France Télécom (avec une marque de transition « Ma ligne fixe » pour permettre de traire les derniers bastions de l'abonnement téléphonique fixe) et Wanadoo pour asiler l'ensemble de ses propositions commerciales sous une marque unique : Orange. Celle-ci permet une force de frappe commerciale, en créant des dossiers clients uniques, en gérant la circulation du client dans la gamme, voire en allant – et cette fois Orange ne veut pas se faire damer le pion par Free qui a largement dirsupté son *business model* – vers des modèles unifiés quadruple play : Internet + fixe + TV + Téléphone mobile. La gamme Open est ainsi lancée pour fidéliser un client sur toute la chaîne de valeur de la proposition de l'opérateur.

Ce qui est frappant dans cette saga, c'est le passage d'une marque unique France Télécom (en 1988) à une marque unique Orange (en 2013) avec la multiplication entre les deux de propositions de valeurs et d'offres aux multiples marques. Comme si cette mue progressive de l'entreprise avait été nécessaire à accoucher d'une proposition de valeur simple et compréhensible pour le client.

Le deuxième point qui interpelle à la lecture de cette transformation des marques pour le géant leader de la téléphonie en France, c'est la façon dont la réflexion a souvent été guidée par le *business model* et non par la lisibilité pour le consommateur... Quand un opérateur comme Free a au contraire pensé la révolution du modèle en partant d'un usage simplifié... Il a semble-t-il ouvert la voie à une unification du marché, avec des acteurs qui ont tous rendu plus cohérent leur architecture de marque.

À noter que suite à ces mouvements d'unification, l'histoire ne s'arrête pas là, puisque Orange a depuis créé Sosh, son opérateur low cost, et Orange Bank. Une extension de marque par le ciblage (Sosh) et par la diversification (Orange Bank)...

La guerre concurrentielle, fusion/acquisition/disparition sur le marché Internet et mobile

La bataille concurrentielle qui va se jouer entre les années 1990 et 2010 va voir apparaître et disparaître un grand nombre de marques. Sur le secteur d'Internet, face à Wanadoo (le géant issu de l'opérateur historique) et Free (qui casse le marché et le révolutionne) avec sa Freebox, quelques géants émergent comme Bouygues Télécom et SFR, et des marques éphémères entrent et sortent du marché. La création de ces marques est soutenue par des millions d'euros d'investissements (de la création de l'identité en passant par les investissements publicitaires) et le soutien d'égéries comme Eric Cantona. Parmi elles, Neuf (qui passe des mains de Bouygues à celles de SFR en passant par le fournisseur Telecom Italia), Cégétel ou encore Alice (deuxième tentative de Telecom Italia pour entrer sur le marché français de la fourniture d'accès à Internet).

Cette stratégie de création accélérée s'accompagne de destructions tout aussi accélérées : par exemple, Cégétel et 9 fusionnent pour devenir 9Cégétel puis très vite rejoindre la galaxie SFR; Alice est absorbé par Free et disparaît quelques années plus tard. En fait, derrière la marque, il y a la volonté de créer une offre qui fasse monter rapidement le parc d'abonnés pour rentabiliser les investissements faits pour monter la structure. Et l'échec économique entraîne la disparition de la marque, avec acquisition et fusion. Ces mouvements sont très propres aux marchés en croissance et en mutation.

En effet, la révolution digitale du début des années 2000 entraîne un « âge de l'accès », car chaque foyer doit choisir un opérateur, se doter d'une box et d'un abonnement. Chaque fournisseur cherche donc à capter cette manne économique, en construisant des stratégies de communication conquérantes, et en faisant des paris sur ses investissements pour doper sa croissance. Malheureusement, comme le marché est en expansion, la concurrence est très forte, et une sélection naturelle crée au final un regroupement des acteurs autour de quelques marques dominantes. Entre-temps, les consommateurs ont été « trimballés » d'une marque et d'un groupe à l'autre, certains possédant encore une adresse Alice (la page d'accueil du site est toujours active!) ou d'autres étant encore aujourd'hui souscripteurs d'une offre Neuf de SFR suite au regroupement des parcs d'abonnés.

Côté mobile, même dynamique même si l'expansion et le nombre de marques est beaucoup plus limité. En effet, sur ce marché, le coût de création de l'infrastructure (car il faut monter son réseau mobile en propre, c'est le cas de Bouygues Télécom, SFR et Orange) est dissuasif. C'est-à-dire que le coût d'investissement est difficilement rentabilisé, et le temps de construction est un frein à la création de concurrents. Pour contrer ce biais, l'autorité de régulation du marché favorise les mesures de « churn » (changement d'opérateur) en autorisant la portabilité du numéro et en simplifiant les procédures de changement d'opérateur. Par ailleurs, elle va encourager la création de MVNO (opérateurs mobiles virtuels), des sortes de « revendeurs au détail » qui achètent en gros de la bande passante aux opérateurs qui possèdent un réseau et les revendent au détail à leurs clients. Naissent ainsi des marques comme Universal Mobile, NRJ Mobile, La Poste Mobile ou Crédit Mutuel Mobile.

Contrairement au marché Internet, on le voit, la stratégie de création de marque est très différente. Pour les géants du secteur (Orange, SFR, Bouygues Télécom), c'est une façon biaisée de poursuivre leur stratégie de conquête dans un marché qui arrive peu à peu à saturation, mais où il reste des niches de valeur à conquérir. Ainsi, en créant Universal Mobile, les deux groupes font une bonne affaire. SFR crée une offre pertinente pour aller draguer la cible des jeunes, en rentrant par leur centre d'intérêt (la musique) et en adaptant l'offre pour proposer du contenu en plus de l'accès qui est son domaine de prédilection. Pour Universal, au contraire, c'est l'occasion de valoriser sa marque (en concédant une licence de marque à l'exploitant) et d'accroître sa surface de contact avec sa cible de prédilection, donc de renforcer sa crédibilité auprès de son audience. Même schéma sur Virgin mobile.

Cependant, ces marques naissent et disparaissent rapidement, car qui dit business de niche dit faible audience et le modèle économique est difficile à trouver pour des opérateurs qui brassent par ailleurs des millions de d'abonnés. Beaucoup de temps et d'argent sont dépensés pour des cibles de clients très petites en somme... Et la segmentation est repensée sur un modèle low cost/offre à valeur avec l'arrivée chez chaque opérateur d'un modèle à bas coût en commercialisation digitale : Sosh chez Orange, Red de SFR.

C'est la fin du modèle MVNO même si certaines, comme Crédit Mutuel Mobile ou La Poste mobile perdurent, car la marque qui les héberge les considèrent pertinentes par rapport à leur métier d'origine.

La segmentation de marché fait et défait des marques, le cas d'Air France

En plus du modèle d'Orange sur le marché télécom (qui est en fait un triple marché fixe, mobile et interne), nous avons choisi d'évoquer le cas du marché de l'aérien au travers de l'évolution (et des tribulations) des marques dans le groupe Air France. En effet, ces marques évoluent dans un contexte beaucoup plus mature : pas de réelle rupture technologique du marché de l'aérien, mais une croissance progressive du trafic, une baisse du prix du billet symétrique et l'arrivée de concurrents en rupture avec les low costs dont Easyjet.

Dans ce contexte, et avant l'arrivée du low cost qui a redéfini les règles du marché, la bataille d'Air France, c'est d'abord la bataille du réseau. Chaque pays a sa compagnie historique (British Airways pour l'Angleterre, Lufthansa pour l'Allemagne, etc.). Chaque pays a sa marque de compagnie aérienne. À cela viennent s'ajouter des compagnies locales ou régionales qui sont soit indépendantes, soit affiliées aux compagnies nationales. Pour pouvoir offrir le maximum de destinations à leurs publics, ces compagnies doivent s'allier, car elles sont limitées par le nombre d'avions en leur possession. Ainsi, Air France se rapproche de KLM et crée le groupe Air France/KLM comme une holding dans laquelle chaque marque conserve son exploitation (matériel, personnel, relation client) mais mutualise ses correspondances, ses destinations et son programme de fidélité (Flying blue).

D'autres compagnies se joignent au groupe pour former l'alliance Sktyteam, une des trois grandes alliances mondiales. Grâce à celle-ci, la compagnie peut proposer plus d'horaires, plus de correspondances et plus de sièges disponibles. Effet collatéral pervers sur l'expérience client et la marque qui est coutumière sur ce marché : un client peut réserver un vol *via* le site d'Air France pour aller aux États-Unis et se rendre compte à l'aéroport qu'il voyage sur un vol Delta (compagnie aérienne membre de l'alliance). Quand expérience de marque et business ne font pas forcément bon ménage...

L'arrivée d'Easyjet est catastrophique pour les finances d'Air France, et de toutes les compagnies traditionnelles, car ce nouveau venu va bousculer la façon de produire des vols. Contre des prix cassés (et au départ des aéroports de province, même si Easyjet va bien vite se baser sur les aéroports principaux), la compagnie demande à ses clients d'attendre l'avion, de voyager sans bagage (gratuit) et de payer pour tout supplément. En échange, elle fait grossir le marché du court (vols domestiques) et moyen (vols européens) courrier et taille des croupières à ses concurrents. Ceux-ci doivent réagir, au départ en essayant de maintenir leurs prix et de limiter la fuite, puis en créant des offres similaires sur le modèle de leurs concurrents.

C'est ainsi que la marque Transavia fait son apparition. Au départ modestement, notamment pour des raisons internes (les personnels d'Air France n'acceptent pas tous de passer sous bannière Transavia avec des heures de travail en plus, de la vente ambulante à bord à effectuer, etc.). Puis la compagnie s'étend et ouvre des liaisons qui ne sont pas desservies par Air France. Elle prend exemple entre autres sur son cousin maudit Easyjet, en s'attaquant au marché des villes moyennes françaises, dotées d'une clientèle qui veut accéder à l'Europe depuis la province sans passer par Paris.

En réaction, le groupe polarise ses marques et fait de Air France le summum de l'expérience de voyage à la française : raffinée, exceptionnelle, unique. C'est d'abord « faire du ciel le plus bel endroit de la terre », puis « *France is in the air* ». Une façon de contrer par le haut l'essor des compagnies du golf et de l'Asie qui, contrairement à Easyjet, misent sur la première classe (douche en cabine premium, service raffiné, gastronomie à bord, etc.). D'un côté l'entreprise est attaquée par le bas par le low cost sur le court et moyen-courrier, et de l'autre, distancée par des nouveaux venus qui créent des expériences à bord extraordinaires sur le long courrier (vols internationaux).

Entre les deux, l'offre Air France de transport domestique et européen (avec notamment la Navette, sur le Paris-Nice par exemple) doit se réinventer. Elle ne peut pas porter la marque Air France, car le même service n'est pas possible : sur un vol d'une heure, pas de raffinement comme sur un vol de huit heures, il n'y a qu'une seule cabine. Et elle doit se distinguer de Transavia. C'est pourquoi la compagnie crée la marque « Hop ! by Air France », une marque tactique défensive qui permet de distinguer les promesses qui sont faites au client : les grands vins sur le Paris-Tokyo, le verre d'eau sur le Paris-Nice. L'écosystème de marque tient sur le papier (Air France/Transavia/Hop), mais le coût de trois marques à soutenir est beaucoup trop important sur un marché hyperconcurrentiel. Par ailleurs, en dehors de son offre low cost qui fonctionne bien, mais qui représente une portion congrue de son activité, le groupe n'arrive pas à sortir la tête de l'eau.

C'est alors qu'arrive une nouvelle tentative – qui a été peu comprise par le grand public et pour cause – de créer un autre système de marque avec le lancement de Joon. Contrairement aux autres marques qui sont des réponses au marché, Joon est une réponse à l'interne. En effet, pour essayer d'économiser sur un de ses principaux coûts qui est le personnel, le groupe décide de filialiser une partie des effectifs et du matériel, en créant une business-unit indépendante, avec ses propres règles et qui va peu à peu se substituer à la marque Air France sur certaines dessertes. À partir de ce constat froid et financier, le groupe décide d'habiller la mariée en réinventant ses standards : baskets au pied des stewards, smoothie servi à bord et musique branchée, ce sera la marque « millenials » du groupe, toute en bleu.

Mais cette tentative de putsch social meurt dans l'œuf avant que cette nouvelle marque ait pu réellement prendre son envol... le changement de management et l'arrivée de Ben Smith à la tête du groupe orchestre un revirement à 180° : il faut arrêter de multiplier les dépenses et de soutenir trop de marques, et se recentrer sur les business rentables. La marque HOP disparaît, la marque JOON est tuée dans l'œuf, et Transavia et Air France redeviennent les deux marques de la gamme, tout comme dans l'exemple d'Orange et Sosh...

L'avenir nous dira si d'autres revirements de marques attendent le groupe. En tout cas, l'histoire de ses choix et de ses renoncements nous montre comment les cicatrices de ses marques éteintes sont le reflet de son histoire économique, commerciale et stratégique. Car la santé des marques d'un groupe est le reflet de la vitalité de celui-ci...

Étude de cas : Marques créateurs *vs* mort des créateurs, comment une marque patronymique peut-elle survivre à son fondateur ?

Margot Besnier

Chez les spécialistes de la marque, il est d'usage de recourir à la métaphore organique pour traiter la difficile question de la définition d'une marque. Au sein des différents domaines opérationnels de la marque que sont le marketing, le branding et la communication, on parle ainsi couramment de la naissance d'une marque, de son ADN, du cycle de vie de ses produits, de son déclin, de sa mort, etc. Il est d'ailleurs amusant de constater l'utilisation très répandue de cette vision naturaliste, alors qu'il n'existe aucune science de la marque à proprement parler. Il est d'autant plus intéressant de remarquer que cette sémantique du vivant est employée pour qualifier des êtres sans corps. Car si la marque existe, – elle est à la fois un ensemble d'éléments matériels et symboliques qui en constituent l'identité et contribuent à la faire vivre, la pérenniser et parfois à mettre sa vie en danger –, elle n'est faite ni d'organe ni de chair, et ne possède aucun corps-propre. Elle peut certes être associée à des corps (des corps de métier, des corps-images mis en scène dans ses publicités, des corps-destination pour les produits d'hygiène-beauté...), mais tous constituent des corps annexes à la marque, des extensions, des supports d'incarnation qui lui permettent de prendre forme, sans pour autant la constituer.

Il existe toutefois un type de marque en particulier, dont l'existence, l'identité, la survivance et la pérennité relèvent bien d'une question de vie ou de mort d'un corps identifié. Les marques-créateurs, particulièrement les marques patronymiques – au sens propre, marquées du nom de leur fondateur comme un éleveur marque son bétail au corps –, incorporent la figure créatrice, jusqu'à faire corps avec elle, en être le sang et la chair. Les marques-créateurs ont ainsi cette particularité d'être incarnées par leurs créateurs, corps organique autant que symbolique, et sont naturellement confrontées à la question de la mort.

Mais alors, lorsque la mort emporte le corps, la marque-créateur peut-elle survivre à son créateur ? Il semblerait que oui, si l'on constate la pérennité de marques comme Dior ou Chanel, pour ne citer que deux des plus illustres. Mais selon quelles modalités ? Le nom de marque constituerait-t-il un gage d'immortalité ? Ou bien relève-t-il d'un jeu de négociations symboliques permanentes, comme le suggère le cas de la marque Yves Saint-Laurent. À l'inverse, lorsque la marque survit à son créateur, quelle place lui donne-t-elle? Comment parvient-elle à le faire vivre éternellement?

Autant de questions auxquelles nous tenterons d'apporter des réponses en nous appuyant sur l'analyse des cas de marques-créateurs DIOR, Chanel et Yves Saint-Laurent, qui constituent en quelque sorte le parangon des marques-créateurs.

La griffe éternelle, un capital symbolique d'exploitation

La marque-créateur, dans sa nomination même, évoque la relation symbolique entre le produit de la création et le créateur. Traditionnellement, les maisons de mode portent le nom de leur fondateur, et la fondation de leur propre griffe correspond bien souvent pour les créateurs, à une consécration autant qu'un aboutissement. Si l'on peut s'interroger sur la nature de ce lien – originel autant que dispositif marketing post-mortem –, il n'en reste pas moins que la figure créatrice constitue un capital symbolique d'exploitation pour la marque. Dès lors, l'on est en droit de s'interroger sur le double sens de la mort du créateur pour la marque : quelle signification, quelle valeur pour la marque? Mais aussi quel mouvement cela impose-t-il, quelle direction, quel sens à suivre?

Parler de figure créatrice dans les domaines du luxe et de la mode n'est pas un hasard, et si le concept fait autant référence à la notion de création d'entreprise, de création artisanale, que de création artistique, il fait avant tout référence au divin et au pouvoir surnaturel qu'on lui prête.

Célébrée en communication institutionnelle autant que publicitaire, la figure créatrice constitue une aura pour la marque, et renvoie à l'idée qu'il existe une foi dans ce que l'on pourrait appeler « le pouvoir créateur ». On voit bien qu'autour de la marque-créateur s'est constituée une véritable petite mythologie, déterminée par la notoriété et l'apport symbolique du créateur dans la société (Barthes, Mythologies, 19xx). Sa disparition constitue donc nécessairement une épreuve pour les maisons de mode, principalement parce qu'elles sont des entreprises de biens symboliques dont la distinction tient au nom constitué en signe, dans la durée de renom du créateur. Une marque-créateur, c'est un nom qui fait marque, un nom qu'on est parvenu à convertir en capital économique. À la mort du créateur, faire appel à un autre créateur pour lui succéder représente un risque de perdre ce capital, puisque ce dernier instaure une rupture avec le capital imaginaire qui lui est attaché – le style de ses créations autant que son style de vie, qui tous deux contribuent à produire et perpétrer la foi dans son pouvoir créateur.

La signature, modalité du faire croire

Les successions, qu'il s'agisse d'un créateur suppléant ou du partage de fonction entre plusieurs personnes, sont toujours attendues autant que redoutées. Très observés et commentés par le journalisme de mode, ces passages de relais constituent tous une perte du droit à la signature symbolique, et posent ainsi la question du lien entre le biologique et le symbolique : comment faire des produits qui ne soient ni des faux ni des copies, en sachant que seul le créateur en tant qu'individu biologique, est habilité à les signer de son nom ?

Il s'agit de faire du Chanel, du Dior, ou du Yves-Saint Laurent sans eux. Pour autant, se conformer aux modèles établis par les créateurs ne suffit pas, il est question de pallier l'alchimie symbolique du créateur. Or, le pouvoir créateur ne tient pas seulement à une essence artistique, facilement déclinable et reproductible, mais à ce que Bourdieu et Delsaut appellent « une opération quasi-magique manifestée par la signature » (« Le couturier et sa griffe : contribution à une théorie de la magie », 1975). La question de la succession et de la survivance de la marque fait alors émerger une tension centrale entre la maison de mode et la figure du créateur. Car la survie d'une maison de mode est en réalité une question de profit qui dépend de facteurs stratégiques et organisationnels qui échappent au consommateur, qui lui ne voit pas au-delà de l'imaginaire et l'univers symbolique en surface.

Dans leur célèbre article « Le couturier et sa griffe : contribution à une théorie de la magie », Delsaut et Bourdieu analysent le système de production de la haute couture autour de la figure du créateur. Précisément, ils donnent à comprendre comment des objets matériels deviennent rares par le fait d'être produits par un individu singulier, mais aussi comment cette rareté leur est conférée par l'acte symbolique d'apposition de la griffe, sans que cet individu les ait forcément produits lui-même. La survivance de la marque tiendrait ainsi peut-être davantage à la griffe du créateur plutôt qu'à son individualité biologique. Une veste Chanel imaginée par Karl Lagerfeld reste du Chanel même si Gabrielle Chanel n'est plus, de la même façon que toute la maison Dior continue de faire du Dior depuis la mort de son fondateur. Ce qui survit finalement à la mort d'un créateur de renom, c'est son nom, avec tout le capital symbolique constitué de son vivant par le créateur. Nous proposons ainsi l'hypothèse que la clé de survie des marques patronymiques à la mort de leurs créateurs tiendrait dans l'éternité de la griffe, qui serait alors capable d'être transférée sur des objets et des personnes, et passerait ainsi du risque à une opportunité de basculement vers le mythe et l'éternité.

Il convient de s'arrêter quelques instants sur cette notion, car si aujourd'hui le mot griffe est largement utilisé pour qualifier une marque de mode ou de luxe, il caractérise dans le monde de la mode depuis le XIXe siècle, le petit morceau d'étoffe cousu à l'intérieur d'un vêtement qui porte la signature de son fabricant. Ce terme tire son origine d'une pratique issue du domaine de l'édition au Moyen-Âge, où les imprimeurs utilisaient un poinçon métallique pour apposer la signature de l'éditeur sur les couvertures de livres. Ils laissaient ainsi une marque en creux semblable à une griffure, en gage d'authenticité. Cette griffe a conservé son pouvoir magique de promotion ontologique de l'objet : elle le marque d'un transfert de valeur, elle l'étiquette comme bien symbolique, lui permettant de dépasser son seul aspect matériel.

En effet, de la même façon que cela est vrai pour un tableau de maître, il existera toujours une différence de nature symbolique entre un objet signé de la main du créateur – quand bien même il s'agirait d'une réplique –, et une copie ou un faux. L'opération effectuée n'a rien à voir avec une transformation matérielle ; il existe deux temps distincts dans la fabrication de l'objet produit : une fabrication matérielle du produit, et une opération de « passage » à un bien symbolique. C'est bien de la signature dont dépend cette « transsubstantialisation symbolique » qui confère à l'objet sa valeur symbolique et économique. La rareté n'est pas du côté de l'objet, mais de son système de production et de son créateur. Une synergie quasi-magique qui opère quand le pouvoir est associé à une personne identifiée, son aura, son charisme, et dont la signature fait foi.

Ce qui fait du Dior ou du Chanel tient en un mot, ce n'est pas seulement Gabrielle Chanel ou Christian Dior en tant qu'individus biologiques, mais le capital symbolique de la maison qui leur est associé. Ce capital n'est rien d'autre qu'un travail collectif de faire croire, un dispositif de croyance relayé par les discours journalistiques de mode, mais également les discours publicitaires et les communications institutionnelles.

Au départ ou à la mort du créateur, cette croyance est mise en péril, l'individualité et l'unicité du créateur étant par nature irremplaçables, il ne s'agit pas de remplacer le créateur mais de recréer et de perpétuer de la valeur symbolique autour d'un pouvoir charismatique.

Si deux ans après la mort de Coco Chanel on a pu lire dans le *ELLE magazine*, « Mais comment peut-on remplacer Chanel ? », la postérité a montré que Karl Lagerfeld était parvenu à incarner avec brio le nouveau visage de Chanel, sans que la griffe ne perde de sa valeur. À son tour, il a su se créer comme créateur de rareté et de valeur, non pas seulement comme un suppléant anonyme.

Finalement ce qui importe, c'est que le nom ait été constitué en capital symbolique du vivant du créateur, de façon à ce qu'il soit reconnu et capable d'être transféré sur des objets ou des personnes. Il s'agit d'un travail qui dépasse la création, et qui relève d'un travail de considération et de légitimation du créateur. Pour le créateur entrant, il s'agit de se positionner par rapport à l'héritage stylistique de la maison, quand pour la maison, il s'agit de conserver cet héritage et de relayer le faire croire, sans étouffer la créativité du créateur remplaçant.

Interrogé sur le sujet par le *New York Times* en 2017, Karl Lagerfeld confiait : « Il n'y aurait pas de Chanel sans l'histoire de Chanel. Mais il y a beaucoup de choses que les gens pensent qu'elles existent depuis les débuts de la maison alors que c'est moi qui les ai créées. Mon travail, c'est de faire en sorte que les gens y croient, il n'y a pas d'autre moyen pour une maison de mode de survivre ».

L'incarnation, une forme qui ne meurt jamais

La succession de créateurs au sein d'une maison introduit une notion de ligne de vie, faite de ruptures et de continuités. L'exemple de la griffe Yves Saint-Laurent est intéressant : à son arrivée à la direction artistique de la maison en 2012, quatre ans après le décès d'Yves Saint-Laurent, Hedi Slimane décide de se séparer du prénom pour rebaptiser la marque Saint-Laurent Paris. Une décision motivée par un désir de « revenir à l'essence de la maison et la faire entrer dans une nouvelle ère, tout en respectant ses valeurs originelles », comme le rapporte une porte-parole de la maison. Une décision qui peut sembler *a priori* paradoxale, puisqu'elle signifie que l'essence de la maison ne tient pas à l'individualité de Yves, mais qui affiche une réalité incontestable : Yves n'est plus, mais la maison entend continuer à faire du Saint-Laurent, en respectant l'héritage de son créateur. On est bien là dans l'idée d'une réincarnation de la marque qui a perdu son corps initial. Ce qui importe n'est pas l'individu biologique du créateur mais bien tout l'imaginaire qui lui est attaché, tout ce qu'il incarne.

Il est intéressant d'observer qu'aujourd'hui les maisons de haute couture sont divisées en deux typologies : les marques qui continuent de jouer la carte traditionnelle de l'incarnation autour de l'iconisation du créateur et de son univers, comme c'est le cas pour Jacquemus, et à l'inverse, des marques-créateurs « désincarnées » dont la maison Martin Margiela constitue la figure de proue pour avoir misé sur l'anonymat de son créateur, puis relayé ce choix par la constitution d'un directoire artistique collectif à la suite de son départ. Dans ce cas précis, si l'on s'éloigne du mythe du créateur pour lui préférer une vision plus terre à terre et entrepreneuriale, la marque continue pour autant d'incarner quelque chose, ici le contre-pied et le détournement, que l'on retrouve dans les créations et les défilés de la maison.

L'incarnation est centrale pour les maisons de mode, puisque le vêtement n'existe que par sa relation au corps. Un vêtement n'a pas lieu d'exister sans corps, et il est toujours pensé à partir d'un corps de référence. La mode est éminemment liée au corps, il en constitue la limite ainsi que le support, et est intégré au processus créatif. Dans le cas des maisons de haute couture, le corps est plus qu'un corps-chair, il est un support d'incarnation de valeurs, d'imaginaires, de valeurs, porteur d'une vision, etc.

Il existe ainsi deux figures d'incarnation pour les marques-créateurs : la figure créatrice comme précédemment évoquée, dont toute une mythologie est constituée autour de sa personnalité, son histoire, ses manières, ses sources d'inspiration, son charisme, et plus largement son style de vie, notamment par le biais des nombreuses biographies, ouvrages, expositions et films dédiés. La mise en discours et en images du créateur contribue à produire du légendaire autour d'un personnage iconique, à la frontière de la fiction et de la réalité, et dans lequel vient s'inscrire le récit de la marque.

La marque-créateur s'incarne également dans ce que l'on pourrait appeler une figure de style ou grammaire stylistique, constituée d'un ensemble de signes reconnaissables et identitaires de la maison. Véritable patrimoine symbolique et matériel, cette grammaire correspond à une forme d'énonciation à travers laquelle se donnent à saisir l'essence de la marque, sa vision, ses valeurs. Notamment, le total look Chanel, brillamment étudié par Jean-Marie Floch dans son *Identités visuelles* (2010), constitue une rhétorique propre à la maison, une « mise en forme » de valeurs et de la vision de la maison Chanel.

Illustration

La silhouette CHANEL

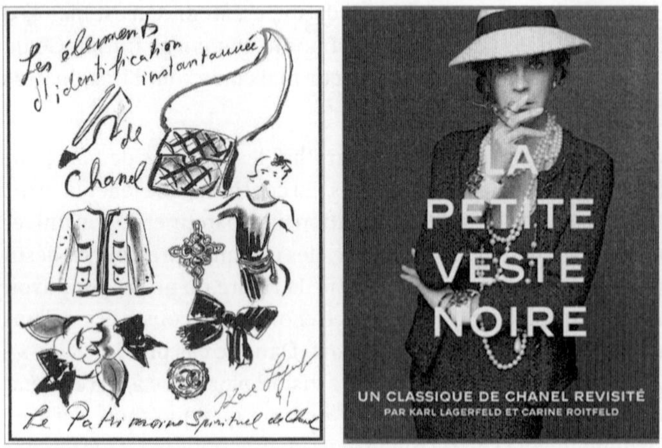

Crédit : Chanel

Créés par Coco Chanel, les éléments de la silhouette Chanel constituent un patrimoine qui va être perpétué, célébré et réinterprété par Karl Lagerfeld. Notamment, la petite veste noire qui va faire l'objet d'une fétichisation créative.

Le style de la maison, qu'il s'agisse de Dior, de Chanel ou de Yves Saint-Laurent, vient s'incarner dans une silhouette signature, une identité visuelle faite de formes, de couleurs, de matières et de lignes. On parle d'ailleurs communément de la femme Dior, de la femme Chanel ou de la femme Saint-Laurent. Le corps de la mode dans la haute couture est avant tout un corps de femme. Un travail du corps-enveloppe qui génère des imaginaires féminins et s'inscrit dans une histoire de la mode, de la féminité, de la silhouette et de l'énonciation du genre. Les silhouettes Chanel, Dior ou Saint-Laurent sont reconnaissables et font partie de notre inconscient collectif du vestiaire féminin.

Étude de cas

3 marques et 3 archétypes de femmes

La femme Chanel est une femme libérée du carcan de l'habit féminin. Plus androgyne, elle répond à un travail sur la liberté de mouvement, sur l'élégance et le confort, la liberté et le maintien.

La femme Dior rompt avec les silhouettes plus masculines d'après-guerre. Femme-fleur, Dior la conçoit comme un culte et en fait une silhouette qui invite à la contemplation et s'inspire de la culture académique du ballet classique : épaules douces, poitrine précisée, taille marquée.

La femme Saint-Laurent est une femme empouvoirée, qui s'approprie les codes du vestiaire masculin. Dans une lettre écrite par Pierre Bergé à son compagnon après sa mort, il dira « Si chanel a donné, comme on a dit, la liberté aux femmes, tu leur as donné le pouvoir. Tu avais bien compris que le pouvoir était détenu par les hommes et qu'en faisant passer leurs vêtements sur les épaules des femmes, tu leur donnerais à elle du pouvoir. C'est ce que tu as fait : le smoking, la saharienne, le tailleur-pantalon, le caban, le trench-coat en témoignent ».

La marque héritage, rétro-perspective

Depuis une vingtaine d'années, les marques-créateurs rivalisent dans la mise en place de dispositifs qui leur permettent de mettre à l'honneur cet héritage qui les définit et les relie à leur créateur. Paradoxalement, la célébration de leurs histoires respectives leur assure un caractère intemporel. On célèbre ainsi la naissance des pièces iconiques qui ont fait le succès des maisons, on rend hommage aux créateurs et égéries qui ont fait leurs renommées, avec pour objectif non pas de créer de la nostalgie et de promouvoir un paradis perdu, mais bien de conjuguer le passé au présent en montrant que l'histoire continue pour écrire celle de demain. Toutes les maisons de haute couture se positionnent sur ce double-sens de la marque : innover et regarder vers le futur, tout en respectant ses racines et valeurs originelles. Une façon de faire fructifier son héritage et de rendre la marque intemporelle.

À travers cette idée, il y a l'idée d'une promesse de fidélité au créateur, qui consiste à avancer dans les traces qu'il a laissées pour éviter les faux pas. La mort est une disparition, la trace s'efface, et l'on doit sans cesse revenir sur les pas du créateur pour être sûr d'emprunter le chemin qu'il avait tracé. La trace acquiert une dimension symbolique, et devient précieuse parce qu'elle est ce qui permet de relier le présent au lointain. Pour les maisons, il s'agit de retrouver et de collecter la plus grande quantité possible de traces, pour assurer son aura et sa légitimité. (Benjamin, 1997)

Les maisons de luxes sont ainsi de plus en plus nombreuses à avoir créé une direction du patrimoine chargée de recenser, documenter et conserver toutes ces « traces ». Une démarche analogue à celle des musées, à travers laquelle l'archive spectralise en quelque sorte le passé, puisqu'il le transforme en trace, en preuves matérielles documentées. C'est aussi le rôle et l'enjeux des nouveaux supports médiatiques de permettre une « métaphysique de la présence » (Derrida).

Étude de cas

La résurrection d'une maison, YSL diversifie sa gamme de produits en s'appuyant sur sa renommée historique

« À la fin des années 1990, la maison était loin d'être pétillante », explique Serge Carreira à Francetv info, spécialiste du luxe et enseignant à Sciences Po Paris. « Elle avait beaucoup de licences [parfums, accessoires...] à l'image altérée et créativement, elle était beaucoup dans la répétition, l'évocation de son passé glorieux. »

Rachetée par Gucci en 1999, puis rattachée à Pinault-Printemps-Redoute (PPR, aujourd'hui Kering), la marque est longtemps restée un poids au sein du groupe, avant de renouer avec les bénéfices à la fin des années 2000. Le résultat d'une « dizaine d'années d'efforts » selon les mots de son P.-D.G. d'alors, Paul Deneve, pendant lesquelles la griffe a su mettre « à profit [...] sa notoriété historique dans le prêt-à-porter pour soutenir ces catégories à fort potentiel de croissance », comme l'explique le groupe dans ses documents officiels. Résultat, en 2012, la maroquinerie pèse 44 % du CA d'Yves Saint-Laurent, les chaussures 23 %, quand le prêt-à-porter, cœur historique de la marque, ne représente plus que 19 % des ventes.

Les archives, futur antérieur de la marque

Cet héritage, patrimoine recueilli par voie de succession, est un imaginaire créatif composé d'éléments matériels et immatériels, qui va orienter le processus créatif de la maison bien après la mort du créateur. Après le décès de Christian Dior, ses six successeurs puiseront tour à tour dans les archives constituées de la maison pour y trouver l'inspiration et réinterpréter les modèles du fondateur, en les adaptant à l'esprit de l'époque.

Les archives sont devenues un véritable enjeu pour les maisons de haute couture qui toutes se sont dotées d'un département dédié, et deviennent peu à peu des entreprises de gestion du patrimoine. Les archives sortent du placard, elles s'exposent, se prêtent et se monnayent à prix d'or, parce qu'elles constituent le lien ultime entre un passé mythifié mais révolu, et un futur sans cesse en devenir. Vestiges d'un monde qui n'est plus, ces pièces historiques servent de base de travail dans le processus créatif.

L'article L211-1 du Code du patrimoine définit « les archives comme l'ensemble des documents, y compris les données, quels que soient leur date, leur lieu de conservation, leur forme et leur support, produits ou reçus par toute personne physique ou morale et par tout service ou organisme public ou privé dans l'exercice de leur activité ».

Dans le domaine de la mode, les archives désignent tout objet ayant partie liée à l'histoire et à la vie d'une maison. Pour Julia Guillon, spécialiste mode chez Sotheby's, passée par les départements patrimoine de Givenchy et de Rochas, les archives recouvrent ainsi « une grande diversité d'objets illustrant la vie et l'histoire d'une marque ou d'un couturier ». On trouve ainsi une pluralité d'archives telles que des documents écrits, des documents audiovisuels, des œuvres d'art, de mobilier ou de l'immobilier, mais également des créations, et tout un tas d'objets symboliques liés à l'histoire et à la vie de la maison.

Cette définition s'affine encore en fonction de la personne chargée de collecter, de classer et de répertorier ces archives. Pour Côme Rémy, ancien responsable du Conservatoire des Créations Hermès de 1993 à 1997, une archive mode a de l'intérêt s'il s'agit d'un « objet qui marque son temps, qui devient intemporel, soit parce qu'il est très créatif, révolutionnaire par la technique, soit parce qu'il étonne et témoigne de l'identité de la maison ».

Si Yves Saint-Laurent a été précurseur dans la gestion de son patrimoine et a dès le début décidé de conserver précieusement son travail, ça n'a pas été le cas pour toutes les maisons qui ont dû reconstituer leur patrimoine a posteriori en effectuant des recherches historiques, et bien souvent aussi à racheter son patrimoine aux enchères ou auprès de particuliers, et à le restaurer.

Étude de cas

Dior

La première opération d'archivage a été décidée en 1984 par le propriétaire de la maison, Bernard Arnault, en vue de la première rétrospective de 1987 (« Hommage à Christian Dior ») consacrée à l'œuvre du couturier pour les 40 ans de la griffe. Cette idée de rassembler, classer, restaurer et préserver, a donné le jour à un service d'archives, rebaptisé Dior Héritage en 2016, à l'occasion de l'inauguration d'un lieu dédié, d'envergure unique, consacré à leur entrepôt et consultation. Cet espace du 8e arrondissement abrite un fonds d'une valeur inestimable qui regroupe une sélection de vêtements signés de la main de Christian Dior, mais aussi des pièces de ses successeurs Yves Saint-Laurent et Marc Bohan. Y sont également répertoriés des chartes de collection techniques, des photos d'époque et coupure de presse, ainsi que des croquis originaux acquis sur le tard. Des centaines de boîtes grises protègent également chapeaux, foulards, souliers et bijoux dans la salle des accessoires – des pièces qui bénéficient d'un traitement à hauteur de leur valeur symbolique et mémorielle et qui sont régulièrement consultées par les stylistes, mais aussi exposées lors de rétrospectives. « Il y a beaucoup de mouvement ici, ce sont des archives très vivantes », souligne Soizic Pfaff, directrice de Dior Héritage qui travaille dans différents services de la maison depuis quarante-quatre ans. Elle se souvient qu'avant l'arrivée de John Galliano, on ne conservait que quelques modèles de haute couture, mais que, petit à petit, les choses ont commencé à changer et que, depuis Raf Simons, toutes les silhouettes, qu'elles soient couture ou prêt-à-porter, sont archivées. (Article du journal *Le Monde*, publié le 2 décembre 2008)

En 2018, Loïc Prigent, insider de la mode, réalise un documentaire *Les dessins de Christian Dior* tourné dans les locaux de Dior Héritage. Une subtile façon d'introniser le passage de ce patrimoine de marque au statut de patrimoine culturel inscrit au cœur de la culture française.

Pour l'entreprise, les archives constituent un trésor sur plusieurs plans. D'abord en interne, où l'histoire de la marque et le travail des prédécesseurs va permettre de construire une culture d'entreprise, mais également d'offrir aux créateurs la possibilité de s'imprégner de la griffe originelle pour imaginer, réinventer, réinterpréter, détourner ou moderniser les produits iconiques et les codes de la marque pour construire les collections actuelles. Que ce soit au musée Christian Dior de Granville où les différents directeurs artistiques qui se sont succédés à la maison dans les dernières décennies sont tous passés, à la fondation Yves Saint-Laurent, ou l'appartement de Coco Chanel, chaque nouveau créateur effectue ce pèlerinage symbolique pour étudier les techniques du couturier fondateur et s'imprégner de son univers. Bruno Pavlovski, président des activités mode de la marque Chanel, raconte ainsi : « L'appartement permet à tous les créateurs de la maison de se ressourcer; c'est une façon de ne jamais l'oublier, de la sentir et de la voir. Elle était tellement en avance sur son temps qu'elle reste très actuelle. »

Sur le plan de la communication ensuite, autant pour colorer le langage de marque et enrichir son récit, que pour permettre aux maisons d'exposer leurs patrimoines, et ainsi de bénéficier d'un rayonnement international. « Les archives fascinent, car elles flirtent avec la mémoire des consommateurs et permettent à tous de pénétrer dans les secrets de fabrication » explique Nathalie Rozborski, directrice de l'agence NellyRodi.

Le passé, nouveau luxe ?

Il est intéressant de voir que ce dialogue passé/futur orchestré par les archives constitue un véritable paradoxe : l'archive qui regarde vers le passé entre en contradiction avec la dynamique même de la mode qui est toujours une quête du lendemain. Une dualité qui se vérifie auprès des particuliers qui sont toujours plus nombreux en quête de pièces rétro, en fripes ou en e-boutique spécialisée. L'histoire charge les objets d'une valeur symbolique, et avec elle leur valeur matérielle. De la même façon qu'à la mort de son créateur, lorsque la maison change de directeur artistique, ou consacre une exposition à la marque, « lorsqu'un défilé réinterprète les archives d'une marque, la demande pour les originaux augmente [...] les archives permettent de donner du temps au temps » remarque Jean-Louis Dumas, ancien P.-D.G. d'Hermès.

Tout l'enjeu autour des archives tient dans la création de valeur pour la marque. Une valeur qui repose sur le récit d'une continuité entre le monde d'origine du patrimoine et le monde présent, et qui vient garantir qu'il s'agit bien du patrimoine de la maison. Car comment déclarer et légitimer patrimoine ce que la maison considère comme lui appartenant ?

Le cas des photographies des défilés YSL révèle la difficulté de cette démarche : initialement reproduites en 10 ou 15 exemplaires dans des albums, elles étaient souvent feuilletées sans gant à plusieurs reprises. Une pratique dont le patrimoine a dû alerter la direction pour expliquer qu'il s'agissait d'objets patrimoniaux et non plus d'objets du quotidien ou de simples documents de travail.

De la maison de mode au musée de mode ?

La patrimonialisation est le processus par lequel un lien va être construit entre le présent et le passé. Deux conditions sont nécessaires pour enclencher la patrimonialisation : l'existence d'un intérêt social pour l'objet et la possibilité d'une connaissance de cet objet et de son monde d'origine. Jean Davallon, chercheur en sciences de l'information et de la communication a bien étudié le phénomène : La patrimonalisation va nécessiter de produire un savoir sur l'objet et d'en établir la provenance, avant de lui attribuer le statut d'objet à garder et à transmettre. Il s'agit d'un savoir reconstruit a posteriori par ceux qui ont « trouvé » l'objet, et qui lui confère un statut symbolique qui va justifier sa conservation immédiate, et au-delà, sa circulation dans le temps, du passé au présent et au futur. La patrimonialisation est à la fois un mode de production et de transmission du patrimoine, en même temps que des significations qui lui sont attachées.

À la différence de la mémoire collective qui est une transmission directe entre individus de manière orale, le patrimoine est ainsi fondé sur des savoirs écrits. Il constitue un dispositif culturel composite, fait d'objets matériels, de fiches descriptives, d'enregistrements, catalogues, etc., et n'existe pas en dehors de l'institution qui le produit. Lorsqu'il est exposé, sa dimension testimoniale lui donne un caractère commémoratif.

L'Exposition patrimoniale

À travers le temps, la notion de patrimoine ayant pris de plus en plus de poids, on est passé de l'histoire mémorielle à l'histoire patrimonialisée. On commémore au nom de la triade hommage/identité/patrimoine. L'exposition de marque contribue à entretenir le désir et la valeur : à travers la mise en scène de sa légende, elle restaure la magie du pouvoir créateur en plaçant les objets patrimoniaux dans un présent de la perception. Ils accèdent alors à un nouveau statut symbolique, une valeur totémique qui les fait passer d'objets culturels à objets de culte : l'exemple de l'exposition « N° 5 Culture Chanel » de 2013 est sur ce point très significatif, puisqu'on s'éloigne complètement de sa dimension industrielle et sérialisée, pour se concentrer sur son processus créatif et en un mot, son « artification ».

Le combat pour la suprématie symbolique du luxe français se joue désormais sur le terrain de la culture. D'où sa recherche de légitimation institutionnelle dans des musées nationaux, afin de passer d'un art tel que l'entendent les expressions « Arts et Métiers » ou même « Arts décoratifs » au rang très convoité de « Beaux-Arts », qui ouvrirait alors aux marques-créateurs le Panthéon de la grandeur.

Il est intéressant de voir l'évolution autour du patrimoine de mode ces dernières décennies : après que les maisons ont pris conscience de son intérêt, relayées par les industries culturelles qui ont démultipliées les livres sur la mode, expositions à succès, et biopics récompensés, c'est maintenant au tour du ministère de la Culture d'en faire une affaire d'État, conscient des enjeux qu'il représente pour le rayonnement de la Nation à l'international. En 2017, Olivier Saillard, historien français de la mode mandaté par le ministère, propose la création d'un label « Patrimoine français de la mode » qui récompenserait le soin de ces maisons apporté à la conservation de leurs archives, ainsi que la création d'un fonds mode au Centre national des arts plastiques en vue d'expositions temporaires ou de prêts aux musées français.

Étude de cas

YSL : du créateur à l'artiste

YSL est le premier couturier à avoir eu, de son vivant, une exposition en son nom revenant sur sa carrière et ses créations. Elle fût organisée en 1983 au MET de New York.

Deux ans après sa mort en 2008, c'est le Petit Palais qui servira d'écrin pour la plus importante exposition-hommage consacrée à son œuvre. La rétrospective retrace sa carrière de 1958 à 2002 à travers plus de 300 modèles de haute couture et de nombreux documents d'archives conservés par la Fondation Pierre Bergé-Yves Saint-Laurent, des débuts chez Christian Dior en 1958 à la robe Mondrian, des modèles inspirés de ses « voyages extraordinaires » au fameux smoking pour femme...

« Dès la fin des années 1970, Yves Saint-Laurent archivait tout, il a été précurseur en termes de musée de mode », explique Florence Müller, commissaire générale de l'exposition. « Certains modèles n'ont jamais été présentés. » On a entre autres pu découvrir des photos, films et costumes du lancement de la fameuse griffe YSL Rive gauche et la collection « 40 » qui fit scandale à l'été 1977, mais également la célèbre série de photos nu en noir et blanc faite de Saint-Laurent par Jeanloup Sieff pour le lancement du premier parfum pour homme, lui offrant un statut d'icône.

Sandrine Tinturier, depuis six ans responsable de la Conservation au sein de la Fondation, a insisté sur le tournant vécu par la maison Yves Saint-Laurent depuis le décès du couturier, qui se caractérise par une évolution de son statut de Maison de couture (avec des documents de travail utilisés lors de la création des collections, des documents que les employés de la maison manipulaient sans précaution particulière et jetaient lorsqu'ils avaient fini de les utiliser) à la Fondation Pierre Bergé (avec des documents devenus des objets patrimoniaux qu'il faut conserver, inventorier, valoriser, protéger). L'entreprise se transforme en Fondation puis en musée à la mort de Pierre Bergé, compagnon d'Yves pendant cinquante ans, qui dira : « Pour l'historien, le conservateur, l'archiviste, le créateur, le professionnel ou le passionné de mode, ce patrimoine s'ouvre à eux pour enrichir leur connaissance à cet art nouveau du XXe siècle, la haute couture. J'ai voulu rendre accessible ce patrimoine qui, je l'espère, sera une source de travail et d'exploration permettant de nouveaux regards sur l'œuvre d'Yves Saint-Laurent. »

Dans le même temps, un deuxième musée consacré au créateur voit le jour à Marrakech, non loin de la villa Majorelle, lieu de résidence du couple mythique. À ce jour, YSL est le seul couturier français à être reconnu sous le statut d'artiste.

Étude de cas

Dior : de la consécration au sacre

En 1987, la maison Dior a alors 40 ans et le petit-cousin du couturier, Jean-Luc Dufresne, inaugure au musée Richard Anacréon de Granville l'exposition « Christian Dior, l'autre lui-même ». L'exposition entraine la création d'un fonds, constitué d'abord de dons de proches du couturier, avant de s'enrichir d'achats effectués par la ville de Granville et le musée Christian Dior qui naîtra dix ans plus tard (de la transformation de la maison qui le vit grandir en un lieu dédié à sa mémoire).

En 2017, pour les 70 ans de la griffe, la plus grande exposition consacrée à un sujet de mode jamais organisée à Paris voit le jour : « Christian Dior, couturier du rêve » a réuni 70 000 visiteurs autour de Christian Dior et des six directeurs artistiques qui lui ont succédé. L'exposition est construite à partir de photos d'archives pour recréer les silhouettes d'origine, et approcher la « magie » du créateur selon les mots de Florence Müller, commissaire de l'exposition.

L'homme derrière le couturier, amateur d'Antiquités, d'objets d'art, décorateur passionné par le XVIIIe siècle. Amoureux des jardins, source d'inspiration pour définir son esthétisme. Robes empreintes de références à la peinture, à la culture et art de vivre : porcelaines, chinoiseries, papiers peints, étoffes. Thématiques créatives sur lesquelles sont revenus ses successeurs : comme des leitmotivs, thème floral, élégance stricte parisienne. Art et photographie profusion de couleurs et de textures.

La visite est construite sur un parcours chronologique de 1947 à 2017 qui retrace l'élan fondateur, le processus de création et l'héritage de l'esprit Dior à travers les décennies, constitués en patrimoine. On y trouve les silhouettes de la griffe en couverture des magazines de mode, qui ont fait le succès de la griffe et ont largement contribué à la production du mythe.

Du musée de mode au musée de marque : patrimonialiser pour mieux marchandiser ?

La muséification des marques de mode continue de faire l'actualité. Une exposition « Gabrielle Chanel, manifeste de mode » était prévue au printemps 2020 pour rendre hommage à la couturière iconique. Après deux ans de travaux financés par la Maison Chanel, le musée organise la première rétrospective parisienne consacrée à Coco Chanel. L'exposition met en avant les plus grandes créations de la couturière, comme les modèles en jersey, le célèbre tailleur des années 1950 et ses robes iconiques. Une sélection de bijoux, accessoires et parfums viennent s'ajouter aux vêtements pour recréer la vision de Chanel sur la mode et la haute couture.

La griffe comme religion, une histoire de communication ?

De plus en plus, les griffes s'apparentent à des religions avec leurs icônes, leurs objets et lieux de culte et leur communauté de fidèles, et accèdent ainsi à l'immortalité. Elles échappent ainsi à la vision industrielle de la mode, appuyées par des récits de marque et des industries culturelles qui nourrissent toujours plus la production du mythe *via* des discours du légendaire (biographies, films, expositions patrimoniales...). Ces discours sont avant tout des discours de croyance, relayés par le journalisme de mode, qui entretient la légende. Mais ils sont aussi parfois le fait même du créateur, dont l'aura tient aussi bien d'un génie créatif autant que de la communication.

Finalement, la véritable mort pour une marque-créateur est celle qui intervient quand on cesse de parler d'elle...

Étude de cas

Chanel, génie de l'auto-fiction

Si Christian Dior a inauguré sa légende en écrivant des autobiographies (Christian Dior & moi ou Je suis couturier) et un dictionnaire de la mode (The Little Dictionary of Fashion), Gabrielle Chanel est allée encore plus loin dans la fabrication du mythe. Cultivant le flou entre fiction et réalité, celle qui ne cessait de commander à ses amis écrivains d'écrire sur elle -« je donnerais les grandes lignes et vous pourriez broder », aura réussi à entretenir le mystère jusqu'à sa mort. Peu avant son décès, elle aura ces mots restés célèbres « Que ma légende fasse son chemin. Je lui souhaite une bonne et longue vie ! ».

Pour la maison, peu importe qui fût Gabrielle Chanel, ce qui compte c'est de la Chaneliser, de la mettre en récit, de façon à l'élever à un rang qui interdise toute équivalence : « Ce qui compte, ce n'est pas la réalité, c'est l'idée qu'on se fait des choses et des gens. Pour moi, Chanel, c'est une idée, et cette idée, je la développe. Brune. Nerveuse. Méchante. Pas une victime. J'aime les femmes qui font chier les hommes. Jamais de ma vie je n'ai vu une embobineuse pareille », dira Karl Lagerfeld.

Une stratégie de légendarisation que l'on retrouve dans la communication actuelle de la marque, de son appartement resté tel quel, dans son jus, la clé rangée dans le bureau d'à côté, à l'onglet « Inside Chanel » du site en ligne de la Maison, dans lequel l'histoire de la marque se donne à lire par chapitres, comme une façon de dire que le mythe ne s'éteindra jamais.

3.2 *Débat : La marque phénix, disparaître pour mieux renaître*

Échange : Les marques vont-elles disparaître et s'effacer de l'espace public ?

Mélanie Rauscher et Julien Féré

Crise de la consommation, réflexes citoyens exacerbés, nouveaux modes d'achat en vrac, etc. les signes d'une baisse de l'engouement pour les marques et le monde marchand sont tangibles.

Et si on se dirigeait vers un univers sans marque, où la technologie a rendu notre contact avec les produits fluide, voire transparent ? Fermons les yeux, imaginons que nous ne portons plus que des vêtements sans marques apparentes (Uniqlo), que nos maisons sont des intérieurs (Muji) minimalistes et que nos frigos sont remplis de produits « marque Repère » aux packagings « images de stocks » descriptifs et sans poésie... que lirions-nous le matin sur notre boîte de céréales ?

Comment on devient une société sans marque ?

J. F. : Avant de se lancer dans le scénario catastrophe, effectivement, il est bon se demander comment cela pourrait arriver. En effet, notre modèle économique – à dominance capitaliste – repose sur le fait que les marchés sont ouverts et que chacun cherche à se différencier. D'où la multiplication des propositions de valeur, en vue de rencontrer la demande et de supplanter les autres. Dans ces environnements, la marque est un repère tangible – elle oblitère le produit comme le brandon oblitère le bétail du fermier – et imaginaire – elle véhicule des valeurs intangibles. Cependant, la plateformisation des modèles économiques (comme Uber) crée une désintermédiation et des positions hégémoniques. Les plateformes comparatives tendent à gommer la marque en lui substituant des critères. Peu importe la chaîne hôtelière, Trivago me propose un hôtel avec piscine, petit-déjeuner inclus et à moins de cent euros. (et vous me direz, Trivago et Uber sont bien des marques...)

M. R. : Un vent de liberté souffle sur notre société. Les consommateurs brisent les chaînes de la dépendance aux marques et c'est ce désir qui peut nous amener à une société sans marque. Ils sont de plus en plus nombreux à acheter en vrac dans un sachet en kraft (donc sans logo), à cultiver leurs légumes dans un potager collectif, à faire des produits d'entretien maison, etc.. Dans le cadre de l'économie collaborative, des pratiques de troc de services, de ventes de vêtements déjà portés ou d'entraide entre voisins se multiplient. Mais pour être honnête, bien que cela nuise *a priori* à l'hégémonie de la marque, nous sommes loin d'annoncer sa mort. Derrière ces nouveaux modes de consommation alternatifs, il existe certes une idéologie et des convictions, mais également une quête de... petits prix ! Acheter sur Vinted des vêtements seconde main auprès de citoyens anonymes permet surtout d'obtenir des vêtements de marques (oui, de marques) à moindre coût. De plus, dans une économie capitaliste, le système est capable de créer un marché sur sa propre contestation – comme les antipubs qui créent des slogans et des campagnes publicitaires sauvage dans le métro ! Ce désir d'un achat plus authentique, moins marketé et plus éthique a déjà trouvé de nombreux adhérents. Pour répondre à cette demande, l'offre se développe et elle est portée... par les marques ! Aussi discrètes soient-elles, comme pour Muji ou Uniqlo, la marque est belle et bien encore très présente. En fait, ce n'est pas parce qu'une marque communique moins (ou de façon moins visible) qu'elle disparaît.

Un monde sans marque, c'est presque une utopie communiste. Est-ce que cela nous rapprocherait d'une société plus égalitaire ? Qu'est-ce que les consommateurs – ou non consommateurs auraient à y gagner ?

J. F. : Notre société est basée sur un principe d'inégalité. Le postulat : nous sommes tous différents et nos actes de consommation (nos vêtements, nos choix de vie, de nourriture, de vacances, etc.) définissent notre différence et notre singularité. Le capitalisme est un succès car il permet à chacun de transformer la relation marchande en déclaration d'identité. Dans un monde sans marque, cette capacité à se définir disparaît, et il faut lui trouver une substitution : passions, qualités intrinsèques peuvent devenir les signes distinctifs principaux. On risque d'avoir une société plus uniforme, mais peut-être plus apaisée également, car moins frénétique à consommer pour exister. Sans marque, plus moyen de faire du choix de son téléphone un mode d'être...

M. R. : Cette question part du postulat selon lequel la marque serait à l'origine des inégalités. Plus de marque, plus de différence, plus de classes sociales ! Mais cela pose la question de l'œuf et de la poule. Est-ce la marque qui créée l'inégalité ? Ou l'inégalité déjà existante dans nos sociétés, prend-elle forme entre autres à travers la marque ? Les marques sont des créations humaines. Et si elles réussissent à séduire un public, c'est bien parce qu'elles parviennent à refléter leurs aspirations, leurs unicités. Les êtres humains se sont toujours parés d'artifices (vêtements, bijoux, tatouages, etc.) afin d'affirmer tant leur appartenance à une communauté que leur unicité. On peut tuer la marque, mais on peut difficilement tuer l'affirmation de la singularité individuelle ou collective.

Les marques sont des repères, des gages de qualité pour beaucoup, notamment dans l'alimentaire ou les services. Comment garantir ce même niveau de qualité dans un monde sans marque ?

M. R. : La marque est un facilitateur. Le consommateur n'a pas besoin de comprendre tout de la fabrication et de la composition pour juger de la qualité d'un jambon par exemple. Il/elle peut se référer à sa marque préférée, en laquelle il/elle a confiance. Si demain la marque disparaissait, il faudrait que tout un chacun devienne expert de tout produit/service acheté pour s'assurer de faire le bon choix. Ou alors, être en lien direct avec les experts. Chaque achat devra être fait auprès du fabricant, du producteur, du cuisinier... cela implique de mettre fin à une économie mondialisée et un retour sans précédent à l'ultra-local. Bâtir à petite échelle des communautés fortes, auto-suffisantes et solidaires dans lesquelles règnent la confiance et circulent le bouche-à-oreille. Finalement, notre viande préférée, n'est-ce pas celle de notre boucher du coin dont nous ne remettrions jamais en cause ni sa connaissance ni son savoir-faire ?

J. F. : La réponse gravite déjà un peu dans notre société. La suspicion autour des marques (notamment alimentaires) a fait naître des tiers de confiance (Bio, Label Rouge, etc.). Ces labels sont les garde-fous (ou en tout cas considérés comme tels) dans la relation industriel/consommateur quand les limites sont franchies. Dans une société sans marque, il y a fort à parier que leur existence serait d'autant plus importante, voire qu'ils se multiplieraient. On peut également se dire que les avis, ou les systèmes de création d'advocacy (évaluations automatiques, prise de température de l'expérience client) s'industrialiseraient. En fait, la disparition des marques exacerberait la recherche d'information et la durée du parcours d'achat. Aujourd'hui, notre cerveau prend des raccourcis basés sur son expérience et sa perception des marques. Dans un monde où elles seraient absentes, il devrait construire une analyse totalement rationnelle et approfondie. Peut-être l'émergence d'un nouveau métier d'aide à la personne ?

Qu'est-ce qui manquerait le plus aux gens si les marques disparaissaient – si on part du postulat que les marques manqueraient aux gens ?

J. F. : Sans hésiter, je dirais le rêve et l'émotion. On le voit sur la question précédente, on réussirait à retrouver la qualité des produits ou la confiance dans une technologie. En revanche, c'en serait fini des univers de marque oniriques, qui nous transportent dans des mondes. La glace se fait expérience sensorielle avec Magnum, CHANEL ou Dior nous donnent accès à des utopies dorées et peuplent le quotidien avec plus de saveur. Je suis sûr que les plus anticonsuméristes auraient du mal à renoncer aux souvenirs qui ont structuré les grands moments de leurs vies avec des marques : première voiture Renault, premier appartement meublé entièrement chez IKEA... Le rationnel, nous sommes prêts à changer de modèle pour y avoir accès, les modèles d'abonnement illimité ou de plateformes le montrent. En revanche, nous ne voulons rien lâcher du symbolique qui rend la vie plus riche...

M. R. : Et également une dimension plus rationnelle, évoquée plus haut : la facilité, la praticité, la rapidité. Les marques permettent un gain de temps considérable quand il s'agit de faire un choix de produits ou services. Cela peut paraître étonnant, car nous nous sentons parfois submergés et perdus par la sur-offre de marques. Mais une marque est un repère : nous pouvons facilement retrouver celle que nous préférons et devrions, si le design de la marque est bien pensé, pouvoir comprendre facilement la valeur ajoutée d'un produit/service par rapport à un autre.

Un monde sans marque, à qui profite le crime ? C'est meilleur pour planète ? meilleur pour les affaires ?

M. R. : Sans marque, il y aurait effectivement moins de désir d'achats. Nous tendrions vers une uniformisation de l'offre et des achats. On pourrait donc imaginer que le besoin d'avoir une grande garde-robe par exemple se ferait beaucoup moins sentir. Cela engendrerait une baisse de la consommation et la planète en serait sûrement ravie ! Mais cela suppose que chacun accepte que le bien-être collectif dépasse notre compréhension contemporaine du bien-être individuel…

J. F. : Pas à nous en tout cas ! Un monde sans marque mettrait toute une industrie (celle qui crée du rêve, d'un logo à un film tv) au tapis… Plus sérieusement, je pense qu'il y aurait une perte de symbolique (et sans doute que d'autres viendraient remplir ce manque) mais je ne suis pas sûr que la disparition des marques profite à quelqu'un… La publicité est un secteur – *via* l'achat média – qui fait vivre les journalistes, qui finance l'espace public (dans les villes, les transports – l'affichage est partie prenante de l'aménagement urbain) et tout cet argent devrait être trouvé ailleurs…

Étude de cas : Vinted : la mort de la fast fashion ?

Anne Bock

Cet article a été écrit en période de confinement du COVID, période sédentaire et particulièrement propice à s'interroger sur la dilution de responsabilité des institutions. Toute la littérature actuelle s'interroge sur « Le monde d'après », terme tellement généralisé qu'il entre dans le langage courant.

Le vide actuel n'est pas nouveau, comme le soulignait déjà au début des années 1980 Gilles Lipovetsky dans *L'ère du vide* : « *Dans un temps où les traditions, la religion, la politique, sont moins productrices d'identité centrale, la consommation se charge de mieux en mieux d'une nouvelle fonction identitaire* ». Pas nouveau, mais plus que jamais d'actualité en période de crise : « *Pourtant, la mise à l'arrêt de l'économie était une opportunité de refaire de la politique au sens premier du terme, c'est-à-dire de définir et de poursuivre des objectifs communs désirables.* [...] *Ce n'est pas ce qui semble se préparer, et ce rendez-vous (presque) manqué met en lumière l'un des grands paradoxes de notre temps : faire de la politique au* XXI*e siècle, c'est refuser d'en faire. C'est décider qu'on ne décidera pas, c'est s'en remettre à l'offre et à la demande.* » Stéphane Foucart, journaliste au *Monde*, avril 2020

Les économistes se relaient pour appeler à libérer l'épargne sécurisée pendant ces deux mois de confinement et la rendre disponible à la consommation, condition sine qua non de reprise économique. Consommer donc, pour sauver le modèle. « *Le choc sur la demande a évidemment plusieurs causes qui se cumulent. Les revenus d'une partie de la population qui s'évanouissent, les consommations jugées non indispensables qui sont reportées, celles qui sont rendues impossibles par le confinement, et, comme « mes dépenses sont vos revenus » la demande faiblit encore. C'est le cycle bien connu de la récession.* » Dominique Strauss Kahn, avril 2020

Or dans le même temps, de nombreux sociologues et climatologues appellent quant à eux de leurs vœux au « monde d'après » fait d'essentiel, de consommation raisonnée, de responsabilité. Étrangement, tous les scénarios catastrophes anticipés par les collapsologues partaient d'un drame écologique, il aura finalement été sanitaire. L'environnement est de toutes les conversations du « monde d'après ». « *J'espère que l'expérience du confinement modérera la bougeotte compulsive, l'évasion à Bangkok pour ramener des souvenirs à raconter aux amis, j'espère qu'il contribuera à diminuer le consumérisme, c'est-à-dire l'intoxication consommatrice et l'obéissance à l'incitation publicitaire, au profit d'aliments sains et savoureux, de produits durables et non jetables.* » Edgar Morin, *Le Monde*, avril 2020

Problème complexe que de résoudre cette équation : consommer et entretenir la demande, tout en respectant l'environnement. S'il est acquis que la responsabilité revient à l'offre et à la demande, comment réussir à faire mieux sans détruire un équilibre ? Comment définir la notion d'essentiel et réussir à dissocier besoin d'envie ?

Le consommateur est tiraillé entre incitation à consommer et injonction à limiter. On a le sentiment qu'il leur faut choisir un camp : optimistes militants – les responsables, ou lucides résilients – les pragmatiques. À défaut de choix politique, la possibilité de se décider « anti » ou « pro » consommation est le nouveau débat démocratique, qui réclame de se revendiquer l'un ou l'autre, en fonction de ses possibilités financières et de son éducation culturelle.

Cet article s'arrête sur ce paradoxe de la demande dans un secteur particulièrement complexe car non essentiel – en théorie – et extrêmement polluant, mais absolument fondamental dans sa fonction identitaire : la mode. Il abordera les solutions qui se structurent pour tenter de faire « mieux » et les nouvelles formes de médiations marchandes que celles-ci induisent.

Tous responsables ?

L'obsolescence esthétique

Julien évoquait à juste titre l'oxymore que représente l'idée même de « consommation responsable ». Il est intéressant dans un premier temps de revenir sur ce glissement de responsabilité, qui aujourd'hui est majoritairement aux mains des consommateurs, de la demande donc plus que de l'offre. C'est la consommation qui se doit d'être responsable, plus que la production.

On connaît bien le principe d'obsolescence programmée, les marques produiraient volontairement des produits à durée de vie courte pour inciter au renouvellement. Depuis 2015, elle est punie en France au titre de « délit ». L'obsolescence programmée fait porter aux marques et à leur marketing incitatif la seule responsabilité du consumérisme. Ce principe descendant de l'offre forçant la demande est supplanté dans les réflexions actuelles par celui de la demande qui pousse l'offre. On parle alors d'obsolescence esthétique, psychologique ou culturelle. Les marques ne sont pas seules responsables de la frénésie consumériste, le consommateur en tant qu'incitateur au renouvellement a sa part de responsabilité dans le modèle économique actuel. L'exemple le plus commun est celui des produits technologiques : on renouvelle nos smartphones ou autres gadgets technologiques bien plus fréquemment que de besoin. La durée technique d'un téléphone portable est estimée à plus d'une dizaine d'années, mais les Français en changent tous les 2,5 ans. (Ademe)

L'industrie de la mode n'est pas en reste, le consommateur achète des articles à l'envie bien plus qu'au besoin. Par une mécanique de désir, il achète un nouvel article pour remplacer un ancien toujours en état d'usage, ou pour accumuler.

Il est « l'incitateur » qui contraint ainsi, par une mécanique concurrentielle, les marques à toujours produire du neuf, et à un rythme frénétique.

L'institut Mac Kinsley identifie comme facteur clé de succès la capacité des marques de l'industrie de la mode à innover très vite et à adapter leurs discours et leurs produits, pour répondre à une nouvelle demande[1]. Le rythme effréné des collections qui ne sont dorénavant plus saisonnières, mais multi-saisonnières (une dizaine par an) impose aux créateurs un effort considérable de créativité, et les force à reprendre en référence des collections passées, faute de temps. Plus question aujourd'hui de proposer uniquement les sacro-saintes collections bi-annuelles, on voit défiler dorénavant collections croisière, capsules, pré-collections, prêt à porter, couture, etc. Elles s'enchainent à un rythme qui dépasse les saisons, et enjoignent les créateurs, pour répondre à cette demande de voir du neuf, à puiser leur inspiration dans du déjà-vu. Autrefois certains éléments d'une précédente collection pouvaient inspirer, aujourd'hui, la reproduction est parfois intégrale et littérale.

La réalité actuelle des comportements démontre bien que l'antithèse de la limitation de la consommation, la « fast-fashion », n'est pas morte : la production textile a en effet doublé ces 15 dernières années. La consommation de jeans, articles *a priori* « durables » et robustes, démontre l'exaltation consumériste actuelle : 2,3 milliards en sont vendus chaque année. Or pour les fabriquer, il faut du coton : culture la plus polluante du monde, qui sollicite à elle seule un quart des pesticides utilisés dans le monde, 3e culture la plus utilisatrice d'eau d'irrigation après le riz et le blé. Il faut ajouter à cela l'eau nécessaire à blanchir et teindre ce même jean. Au total sont utilisées l'équivalent de 300 douches pour produire un seul jean, autant le rendre durable donc. Mais la durée de vie d'un vêtement est loin d'être un critère de choix primordial pour le consommateur, et c'est en particulier en cela que celui-ci participe au phénomène d'obsolescence esthétique.

L'utilisation du vêtement, c'est-à-dire le nombre de fois qu'un vêtement est porté a chuté de 36 % en 10 ans dans le monde. En Chine, ce nombre atteint même 60 %[2]. Jean Baudrillard parlait d'addiction à l'objet, de dépendance (Le système des objets, La société de consommation). Le vêtement, de par sa fonction identitaire, rend le consommateur dépendant ou « accro » au renouvellement. Avec pour conséquence de faire de l'industrie de la mode la seconde industrie la plus polluante au monde, après la pétrochimie. Face à ce problème sociétal de frénésie consumériste, qui induit évidemment gaspillage et déchets, le consommateur est de plus en plus enjoint à limiter, réduire, consommer moins et mieux, aller à l'essentiel.

La déconsommation représente pour certains la solution, mais un tel bouleversement de comportements, est-il réaliste et à quelle échéance ? Le développement durable suppose deux concepts : la garantie de besoins essentiels à assurer, qui est prioritaire, et l'idée de limitation pour que l'environnement puisse répondre

1. https://modelab.fr/perspectives-internationales-mode-et-textile/
2. Fondation Ellen MacArthur, *Pour une nouvelle économie de la mode*, nov. 2017.

à nos besoins actuels et à venir. Il ne s'agit pas de prôner l'ascétisme, mais bien de concilier les besoins des individus et les contraintes environnementales. Et dans cette ambition, l'envie est à différencier du besoin.

La possibilité de l'essentiel

Marché consumériste, hautement pointé du doigt pour son irresponsabilité écologique, non essentiel *a priori*, mais tellement désirable : la mode. Le marché de la mode a perdu en 10 ans 15 % de sa valeur (source IFM). Que les motivations soient économiques ou engagées, la tendance est structurelle : en 2018, 44 % des Français et en particulier 51 % des femmes déclarent avoir réduit leur consommation de vêtements dans l'année. D'ici 2025, 51 % des consommateurs prévoient de dépenser plus dans la seconde main, quand 20 % des personnes prévoient de dépenser moins dans la fast-fashion. Comment interpréter cette tendance baissière ? Les optimistes y lisent une rationalisation de la consommation devenue donc plus responsable, les pragmatiques un effet de la crise de 2008 sur le pouvoir d'achat. Qu'en disent les consommateurs eux-mêmes ?

Pour 60 % des Français il s'agit avant tout d'un choix économique (hausse des prix du secteur et baisse du pouvoir d'achat). À l'inverse, les 40 % restants déclarent qu'il s'agit d'un choix conscient et politique, d'une volonté de « consommer moins mais mieux », par « souci écologique et éthique », ou d'une volonté de « désencombrer son stock ». Ce sont eux les premiers à faire le choix de l'essentiel, ou tout du moins le déclarent-ils. « *Dans mon domaine* (socio-anthropologie), *on a l'habitude de dire que les individus sont tous des menteurs de bonne foi !* » (Fanny Parise, université de Lausanne)

Difficile de faire la part des choses dans cette dualité des individus, sans doute certains cumulent-ils même conjointement les deux motivations. Les consommateurs sont complexes à interpréter, entre déclaration et réalité, et complexes à comprendre, à la fois acteurs et sujets de dynamiques sociales. L'aspiration à faire mieux est là, la contrainte prix également.

Les consommateurs se disent en particulier conscients et soucieux des risques : pour la santé (40 %), l'humain (37 %) et l'environnement (23 %). Mais dans la même étude, seuls 20 % d'entre eux déclarent avoir acheté un produit de mode responsable. Entre envie de mieux faire et réalité de l'achat, le paradoxe du consommateur s'affiche dans cette contradiction entre ses attitudes – ce qu'il dit penser – et ses comportements – ce qu'il fait réellement. S'il se déclare de plus en plus conscient des limites de cette mondialisation textile, il ne renoncera pas facilement ni rapidement à payer plus cher, et donc à perdre en pouvoir d'achat, ni à limiter son plaisir de consommer.

« Les produits à longue durée de vie existent d'ailleurs, mais les consommateurs préfèrent souvent se tourner vers leurs équivalents bon marché, quitte à en changer plus régulièrement. Les gens disent vouloir des biens durables mais, dans les faits, force est de constater qu'ils aiment bien le changement[1]. »

Le consommateur n'est, quoi qu'il en soit, pas seul responsable, l'effet entre obsolescence programmée et esthétique étant combiné (la poule ou l'œuf). Les marques gardent leur part de responsabilité dans l'amélioration de ce système.

La responsabilité apaisante des marques

Le rôle des marques dans ce potentiel changement de paradigme est déterminant et apaisant pour le consommateur. Leur fonction initiale est logiquement de précéder les besoins des consommateurs et d'organiser un marketing de l'envie, principe marketing encore plus prégnant sur le marché de la « fast-fashion ». Dans celui-ci, elles sont extrêmement agiles à copier les podiums, produire et vendre des reproductions à moindre prix, avec comme cible de prédilection les jeunes, qui acceptent dans leur grande majorité les règles de l'obsolescence programmée des articles, voués à ne vivre que quelques mois, en règle générale le temps d'une saison.

Toutefois, conscientes de la dynamique favorable à la consommation responsable, elles se sentent dans l'obligation de s'adapter et d'adopter une stratégie plus éco-responsable. Quels que soient leur « mobile », se donner bonne conscience, retenir les consommateurs, ou par réelle préoccupation environnementale – au consommateur d'en juger –, elles font évoluer leur modèle de production. L'offre commence à se structurer pour tenter de faire mieux : 8 % des enseignes placent le développement durable au cœur de leur stratégie 2019 (étude IFM 2018). C'est notamment le cas de marques pointées du doigt pour leur surproduction, comme le groupe H&M.

Numéro 2 et ancien leader fast-fashion – doublé par Inditex, H&M se rachète une conduite en devenant extrêmement « bon élève » dans ce rattrapage écologique. La marque multiplie les initiatives en ce sens. En 2015, elle lance une collection à partir de vêtements recyclés. La formule démontre un certain bon sens marketing avec un branding « Close the Loop » parfaitement inscrit dans la tendance de l'économie circulaire. Paradoxe ultime de mélanger marketing, tendance et économie circulaire ! Aujourd'hui, elle contribue, au même titre que C&A ou Nike, à l'initiative de la très médiatisée Fondation Ellen Mac Arthur pour construire une économie circulaire pour les textiles, dont l'objectif est de travailler à la définition d'un nouveau système mondial des fibres. En 2019, le groupe a lancé en Suède, avec sa marque &Other Stories, Sellpy, une plateforme de revente en ligne, qui propose des produits de seconde main.

1. Tristant Vey, 2012 dans *Le Figaro*, « La fabrication à Dessein de Produits Fragiles est un Mythe ».

Si le sujet de l'équité se pose entre consommateurs, le pouvoir d'achat étant segmentant, il se pose également dans l'offre, la rentabilité l'étant tout autant. Les choix de production, avec un retour à une production locale sollicitée durant la crise sanitaire, ont des conséquences mondiales. Avec une croissance du commerce international à ce jour sans précédent, ralentir s'impose comme le seul moyen de ne pas épuiser nos réserves naturelles. Toutefois, la croissance des échanges a permis de réduire les inégalités entre les pays, de nombreux pays à bas revenus se développent grâce à cela. Les salariés des pays émergents qui travaillent à l'exportation ont bénéficié d'une amélioration de leur niveau de vie et de salaires plus confortables, d'un pouvoir d'achat en quelque sorte. Comment faire, dans ce cas, pour repenser ce modèle avide de ressources naturelles, sans menacer un équilibre global et les pays les plus dépendants des revenus de l'industrie de la mode ?

La relocalisation de la production à court ou moyen terme ne se fera qu'aux dépends des économies des pays en développement, avec un risque évident sur leurs habitants, si l'on va « trop vite », sans accompagnement de la suite. Il faut ralentir, mais à quel rythme, et comment, pour garantir l'équité aux pays plus fragiles et dont l'économie se fonde sur ces exportations ?

Consommer, un besoin essentiel ?

La période actuelle est propice à grossir les traits de nos comportements. Entre aspirations et réalité, elle interroge sur les notions de besoins et d'envies. Elle est également révélatrice de l'agilité qu'ont les individus à structurer un système pour continuer à consommer « autant », tout en théorisant le monde d'après, supposément plus raisonné et raisonnable.

Le confinement a permis d'expérimenter d'autres formes de consommation, à des échelles locales et en circuit court. Dans la région parisienne, les producteurs, dès la fermeture des marchés qui est habituellement leur canal de vente, ont été extrêmement agiles à se réinventer : réorienter leur offre pour organiser la vente et la livraison de leur produits (*via* les réseaux sociaux), les consommateurs se sont échangés les adresses, sites, numéros de téléphone de ces producteurs (*via* les réseaux sociaux), en un temps record. En parallèle, un grand nombre de start-ups ont considérablement augmenté leur communication (sur les réseaux sociaux) pour livrer également des produits bios, en direct du producteur, à un prix toutefois élevé, et donc pas à la hauteur de toutes les bourses.

Cela démontre et rassure sur les capacités de chacun à improviser extrêmement rapidement en cas de nécessité (la saturation des systèmes de livraison des chaînes hyper super), et à organiser une révolution des modes marchands habituels. Ces changements de comportements adoptés lors du confinement (plus de fait maison, de local), sont-ils conjoncturels ou structurels, pérennes ? Cela démontre quoi qu'il en soit nos capacités à recréer très rapidement un « marché » d'offre et de demande, à réinventer d'autres relations marchandes, pour remplir les frigos et ne « pas manquer ». L'individu a horreur du vide.

En temps de crise sanitaire, on se félicite de réduire nos dépenses « non essentielles » – beauté et mode en l'occurrence –, mais le marché du jeu vidéo explose littéralement. Alors qu'en 2019, le secteur réalisait déjà plus 137,3 milliards d'euros de revenus, la croissance pendant le confinement est de l'ordre de +50 % à +150 % selon les pays. Cela démontre qu'on reporte nos envies habituelles sur d'autres plus qu'on ne satisfait à nos seuls besoins.

Si les sociologues pensent le monde d'avant comme une réinvention possible, les économistes en revanche se préoccupent avant tout de trouver les remèdes pour empêcher une récession massive. Or le levier à activer pour amortir cette possible récession et réalimenter l'appareil productif est bien celui de la consommation. Car les Français ont consommé trois fois moins durant les deux mois de confinement et donc accumulé une épargne considérable : 55 milliards d'euros source Insee. « *Le défi de l'après-crise sera de leur donner confiance, pour transformer rapidement cette épargne en consommation et donc en croissance* » (François Villeroy de Galhau, gouverneur de la Banque de France, *Le Monde*, avril 2020).

Pour changer les modes de consommation, il faut que cela soit faisable et réaliste, du point de vue de l'économie et du consommateur. Demander au consommateur de diminuer, de ralentir, ne sera possible qu'en l'éduquant au fait que c'est nécessaire pour un résultat probant sur le moyen et le long terme. Or on l'a vu avec l'exemple de l'après crise sanitaire, les incitations sont nombreuses, de la part de l'offre, au sein de tout un système pensé sur la robustesse de la demande et de la consommation. Notre modèle économique est pensé comme tel (Keynes).

Dans un monde ultra-agile et fragile postcrise sanitaire, il faudra voir si la dynamique de « l'après » accélérera les mutations, si les consommateurs eux-mêmes ressortiront changés ou non. Les institutions pourraient également reprendre une responsabilité pour faire évoluer le système plutôt que l'adouber, et pourraient initier de directives plus solidaires, ou non. Le champ des possibles est ouvert, mais nul ne sait prédire l'avenir. La notion d'essentiel est quoi qu'il en soit plus que jamais d'actualité. Contraints à la sédentarité, nous avons eu le temps de nous poser la question de ce qui est essentiel (santé, planète, famille). L'après modifiera ou confortera notre système.

Sans présumer de la réinvention d'un « monde d'après », et sans parier sur un grand soir et un grand matin, il existe un modèle déjà en place, qui permet de concilier « consommation » et « responsable » : la consommation collaborative. Pas d'oxymore entre les termes, car elle réconcilie véritablement la volonté de faire mieux et les besoins (ou envie, à débattre) des consommateurs. En limitant les acquisitions et en optimisant l'usage d'un bien, nous économisons les ressources qui ont servies à le produire, tout en consommant encore. Ce système, même imparfait, permet d'avancer rapidement et mieux.

L'économie collaborative en marche

Le renouvellement du réemploi

De l'analyse des budgets des ménages français, il ressort que 25 % sont des biens qui pourraient être partageables (hors bien consommables et périssables, comme l'alimentation, les carburants, etc.). Évidemment, tous les biens de consommation n'ont pas les qualités requises pour être partagés.

De nombreux biens sont sous-utilisés. Un des enjeux d'une consommation responsable est donc de rapprocher la durée d'usage d'un bien de sa durée de vie réelle. L'habillement est le 1er poste de dépenses parmi les biens « partageables », la 1re source de déchet, et a le plus fort poids économique (31 %) de ces biens. Il est donc le 1er contributeur à cette potentielle nouvelle économie.

L'échange, marchand ou non, « peer to peer », permet de donner une seconde vie à ces biens sous-utilisés. Le principe de réemploi n'a évidemment rien de neuf, c'est une pratique ancienne et courante pour beaucoup. La plupart des produits dont les Français n'ont plus usage sont donnés ou revendus, plutôt que stockés ou jetés (étude CREDOC). Mais l'économie « peer to peer », permise en grand par l'explosion des usages digitaux, avec ses principes de désintermédiation et de monétisation des échanges, a renouvelé et amplifié cette pratique, pour en faire un système de marché nouveau.

On peut considérer qu'il s'agit bien là d'un marché parallèle, massif : selon les prévisions en 2025, il pourrait atteindre 572 milliards d'euros (rapport du Sénat). Dans le cas de l'habillement, il peut prendre diverses formes : location, don, troc, revente/achat de vêtements, etc. le marché de la seconde main est celui qui connaît l'essor le plus fulgurant ces dernières années, notamment depuis le lancement en France de la licorne Vinted que nous analyserons par la suite.

Comme dit précédemment, les responsabilités actuelles portent sur l'offre et la demande. L'économie circulaire propose un nouveau modèle applicable aux deux. Elle a fait en 2019 l'objet d'une loi, et a pour finalité de mettre en place des modèles alternatifs de production et de consommation, non plus linéaires, mais circulaires ou « en boucles ». Un des enjeux de l'économie collaborative est donc d'imposer un modèle alternatif de consommation, avec le développement de systèmes permettant l'échange, le prêt ou la vente de biens et services entre particuliers. C'est le collectif, et donc les communautés, qui vont jouer le rôle de distributeurs et de marchands. La digitalisation et les réseaux sociaux ont largement démocratisé ce système, avec le développement de multiples plateformes de consommation collaborative, quels que soient les secteurs, produits comme services ou connaissances.

L'économie collaborative, ou économie de partage, induit une évolution du modèle socio-économique, car elle suppose l'usage de biens et non plus leur possession : nous achetons une fonction ou un usage, et non plus un bien. Changement net de paradigme, notamment pour les marques dont on peut questionner la « nouvelle » valeur au sein de ce système. C'est avant tout l'acheteur et le vendeur qui sont évalués, la prime à la marque n'est plus majeure, supplantée par la confiance en le particulier.

Seconde main : achat en bonne conscience et en toute conscience ?

« *Le marché s'installe durablement dans un nouveau modèle, celui d'une nouvelle norme de consommation* », déclarait Gildas Minvielle, directeur de l'observatoire économique de l'IFM lors de la présentation des perspectives 2019 de l'Institut.

La théorie d'un modèle pur et « parfait », où les prises de conscience seraient massives et les consommateurs responsables, se heurte à la réalité des porte-monnaie et également aux motivations individuelles. Julien évoquait le fait que « voter avec son porte-monnaie » pouvait se transformer en examen de conscience, lourd à porter pour le consommateur. Cela implique également, pour ceux dont le porte-monnaie est vide, une abstention massive.

Sortir d'un système consumériste s'inscrit dans un temps long. Cela induit de limiter son plaisir de consommer, et en ayant la possibilité de le faire. Le dynamisme de l'économie collaborative peut dès à présent s'inscrire dans le « bien » à défaut du mieux. Si tout n'est pas pour le mieux et quelles que soient les raisons que les individus ont d'y participer, elle a pour conséquence un changement de comportements et un changement de perceptions envers les produits, qui ont désormais une durabilité et un prix « hors neuf », donc plus bas. Idéalement et en théorie, la responsabilisation devrait venir d'une prise de conscience, et la crise sanitaire pourrait jouer un rôle dans cette prise de conscience. Mais quoi qu'il en soit, mécaniquement, même inconsciemment, les comportements vont changer et tendre à aller vers le « durable », grâce au marché de la seconde main. Des nouveaux comportements qui sont voués à devenir des habitudes. Selon une étude américaine de ThredUp, d'ici 2028 les ventes de produits d'occasion devraient atteindre 64 milliards de dollars, dépassant ainsi l'industrie fast-fashion qui n'atteindrait alors que 44 milliards de dollars.

Les achats d'articles de mode entre particuliers sont en train de devenir une norme. En 2019, Selon l'IFM, 4 Français sur 10 en 2019 ont acheté des vêtements d'occasion, et près d'un Français sur deux auraient l'intention de renouveler l'expérience en 2020. Le nombre de consommateurs de seconde main a doublé en 10 ans. C'est logiquement l'essor des solutions digitales qui expliquent la massification de la consommation seconde main. Les ventes de vêtements en ligne étaient déjà un usage bien répandu – au total, les vêtements représentent un tiers des ventes en ligne.

D'élitisme à démocratisation

Toutes les études démontrent la dualité des motivations à participer à l'économie collaborative. La motivation principale déclarée est très nettement l'optimisation du pouvoir d'achat. Une étude de l'Institut Français révèle que pour 75 % des

Français, le prix est l'argument de vente principal de la mode de seconde main, quand les 25 % restants évoquent des motivations liées à l'écologie et à l'éthique. On retrouve toujours le même ratio de puristes et de pragmatiques, assez proche finalement de la pénétration de CSP+ et d'« autres » en France. L'économie collaborative a permis de cesser de faire de la consommation responsable une niche, elle est parvenue à la convertir en masse, avec des attentes différentes.

Si les plateformes d'économie collaborative permettent dorénavant l'accès à la seconde main à tous, elles recréent également une nouvelle structure sociale et symbolique en formant des micro-communautés de distinction de ses membres. On y retrouve un phénomène de reconnaissance basée sur « le même » : même goût, même discours et même bénéfice trouvé dans la consommation. Les communautés se choisissent et s'engagent autour du sentiment d'appartenance, consécutif d'un patrimoine culturel commun. Elles sont le nouveau marqueur.

Cette nouvelle économie ne démocratise pas pour autant l'accès aux marques, même si elle fait évoluer leur valeur. La seconde main peut être « qualitative », comme « bonne affaire », au même titre qu'on oppose brocantes et vide-greniers. Les motivations de ces deux possibles sont celles chiffrées par l'IFM.

La seconde main « qualitative », un choix d'élites? Pour 25 % des Français, la démarche « seconde main » est un acte politique et militant, une recherche de la « qualité de l'objet » et du mieux consommer. Cette quête permet de stimuler les imaginaires autour de l'objet, qui prime sur la marque, ce que la consommation de masse ne permet pas. Les articles échappent ainsi au principe marketing proposé habituellement par la marque. La durabilité du produit devient un critère de choix majeur et non plus annexe. Le consommateur, ou plutôt dans ce cas de figure, « l'usager », se soustrait aux diktats des tendances. La démarche est vertueuse. L'individu responsable se saisit de son pouvoir pour consommer moins et mieux. C'est ce consommateur, cet usager, qui va participer à essentialiser, désencombrer, faire soi-même (tendance upcycling du vêtement).

Néanmoins, cette démarche revêt parfois des traits élitistes. La lecture de nombreuses pages d'influenceuses peut prêter à critique, car d'une part elles donnent des conseils pour que l'art d'accommoder le *vintage*, l'anti gaspi, le minimalisme soient démocratisés dans leur communauté; mais en même temps, nous retrouvons souvent dans leur discours un champ lexical vantant leur acuité à découvrir la pièce d'exception. Elles se posent ainsi en porteuses du « goût légitime » (Bourdieu, *La distinction*).

Trouver la pièce essentielle reste le propre des averties, des pointues. Sous prétexte de lisser les inégalités en gommant l'identification rendue possible grâce aux marques, ça les exacerbe en réalité. Les marques sont des facilitateurs pour les personnes les moins « distinguées », au capital culturel « inférieur ». Elles sont pour elles des boussoles pour faire le bon choix et prendre le moins de risque possible. Pour ceux qui ne savent pas situer la valeur des objets avec justesse, les marques restent le repère de la valeur des choses. Elles sont un marqueur d'appartenance, un signe plus qu'une fonction.

La seconde main « bonne affaire » et « bon plan ». Le marché de la seconde main est plus vaste, et moins élitiste, que la seule recherche du bien de qualité. Si la recherche qualitative de seconde main, telle que définie ci-dessus, donne la prime au produit, la motivation principale des Français demeure la possibilité d'acheter à moindre prix. La démarche est différente, apolitique et pragmatique, et le rapport aux marques est lui aussi différent. Pour les consommateurs de seconde main « bon plan », la seconde main favorise le lien social, car elle leur permet d'accéder à des produits inaccessibles jusqu'alors, à hauteur de leur budget contraint.

Pour ces consommateurs, cette démarche pragmatique s'inscrit comme partie d'un ensemble : celui de la lutte des prix. Black Friday, ventes privées d'enseigne ou de marque, plateforme d'agglomération de marques en vente à prix cassés (Veepee, Zalando, Bazarchic, etc.), soldes. En 2018, près de 50 % des ventes du secteur de la mode ont été réalisées en soldes ou promotions (source : Kantar). Avec ces prix dégradés permanents, le consommateur a perdu l'habitude de payer un produit à son vrai prix et est extrêmement éduqué, tout autant que contraint, à rechercher avant tout le prix bas. Il est très habile et entraîné à tirer profit de la course aux promotions que se livrent les marques et enseignes. La seconde main est pour lui « tendance », non seulement car elle permet de se justifier d'avoir acheté mieux, moins et durable, mais surtout parce qu'elle permet de revendiquer sa fierté d'avoir fait l'achat malin à moindre prix. Le temps de montrer qu'on a acheté cher est fini depuis longtemps, à présent, le temps de montrer qu'on a acheté neuf est révolu également.

Ce consommateur change de pratique pour acquérir un produit, mais son appétit à consommer lui ne diminue pas. La seconde main « bonne affaire » a donc ses vices. En effet, grand nombre de produits troqués sont des produits neufs ou en « excellent » état. Le système alimente paradoxalement le marché du neuf et entretient ainsi obsolescence esthétique et obsolescence programmée.

La pérennité de la démarche interroge également : ne s'agit-il pas d'une simple mode qui viendrait à passer ? La prime reviendrait au plus offrant du moindre prix. Ce qui laisserait penser que ces 75 % de « participants » à l'économie collaborative n'y collaboreraient qu'un temps.

C'est sans doute du dynamisme des plateformes, dont une des plus fulgurante, Vinted, et de leur capacité à entretenir la pérennité du modèle, dont dépendra la possible conversion de comportements en habitudes à long terme. Le sujet de la temporalité pour ces consommateurs du plus offrant est déterminante. Les plateformes collaboratives permettent aujourd'hui un bien, mais elles doivent suffisamment transformer une pratique en habitude, pour permettre demain un mieux.

Le système Vinted

« Une des conditions de réussite de l'économie circulaire repose sur l'aménagement d'infrastructure intégrée afin d'attirer une « diversité d'exploitants et de favoriser leur synergie. »

Vinted s'inscrit dans cette démarche. L'objet de ce focus n'est pas d'analyser la plateforme en tant qu'entrepreneuse, ni de trancher ou de débattre sur l'impact social ou environnemental de son modèle ; mais plutôt de voir comment celle-ci est devenu un modèle de marché à part entière et son impact sur les marques et les consommateurs. Celle-ci ne se positionne d'ailleurs pas comme un modèle du genre : « *Nous ne prétendons pas être la solution complète à un mode écoresponsable, mais nous nous efforçons de rendre cette option de la seconde main pour les vêtements un choix facile et peu contraignant pour les gens.* »

Étude de cas

Vinted, les recettes d'un succès

Vinted, de par sa puissance, est devenu l'accélérateur de ce possible accès à la seconde main, et donc un amplificateur de la pénétration des consommateurs sur ce marché. À côté des plus niches Vestiaire Collective, Vide Dressing, Etsy, Resee, Byronesque, Selency, Ebay, Depop, etc., Vinted peut se vanter de réunir onze millions de membres sur sa plateforme, où plus de deux articles sont vendus chaque seconde.

« *Notre mission est de faire de la mode de seconde-main le premier choix dans le monde.* » Natacha Blanchard, PR Vinted, novembre 2019.

La plateforme se classe parmi le top 10 des sites e-commerce les plus visités de France (classement Fevad/Mediamétrie) et la dynamique s'accélère sans cesse : « *En un an, les transactions en France ont augmenté de 230 % avec 2,2 opérations chaque seconde* », se félicite le p-dg, Thomas Plantenga, octobre 2019.

La première condition du succès de Vinted s'explique par la gratuité accordée au vendeur. En 2015, au bord de la faillite, la plateforme a eu cette idée différenciante et gagnante de rendre le service gratuit pour les vendeurs. L'acheteur lui s'acquitte d'une commission minime de 70 centimes en plus des 5 % de commission prélevée sur le prix d'achat de l'article. Pas de prélèvement massif, donc de déperdition supplémentaire entre prix coûtant et prix de revente, un argument impactant face aux plateformes concurrentes.

En parallèle, Vinted a, dès son lancement en France, parié sur une stratégie de notoriété en étant très présente en communication. La mesure des ambitions de la plateforme, devenir leader et massif, a permis de faire d'une tendance déjà présente, un système économique à part entière.

La formulation de ce nouveau modèle de consommation repose sur des pratiques qui émergent de la société civile et ont dans le même temps un impact fort sur cette société, marchande et donc sociale. Ce changement systémique, encore jeune et mouvant, fait très vite évoluer les perceptions et les comportements. Vinted joue sur de nouvelles formes de médiations (notations, avis, etc.) qui permettent de rendre compte de la confiance (expériences passées) et de garantir ses prochaines manifestations (transactions à venir) entre une vendeuse/acheteuse.

L'ultra simplification de la démarche et l'ampleur du succès de la plateforme force à l'envisager comme un changement profond du modèle marchand. Le principe ingénieux du porte-monnaie Vinted le distingue également, car le consommateur et le vendeur sont une même personne. C'est un système qui permet de ne pas investir d'argent en dehors de celui-ci. Julien l'évoquait : « *Un modèle Amazon où producteurs et consommateurs sont la même audience.* » Les bénéfices agrégés sur le porte-monnaie pourront être réinvestis sans qu'aucune dépense n'ait été effectuée. Revendre un objet qui n'a plus d'utilité pour réinvestir dans un autre objet qui leur fait envie. Ce système simplifié à l'extrême en devient ludique.

Le risque à consommer est dorénavant porté par les participants à la communauté, et donc repose sur la confiance qu'on leur accorde, plus que sur les marques. Vinted a supprimé les intermédiaires et réunit en un seul individu prescripteur, consommateur et vendeur. Cela suppose de repenser les contours des structures marchandes. Ce ne sont pas tant les lois de marché offre/demande qui évoluent, mais bien la médiation marchande, au sens de système impliquant un lieu, des échanges entre personnes qui ont des rôles prédéfinis. Les rôles ont changé, ou plutôt sont revenus à « l'avant marque », revendeurs comme distributeurs s'entendent, sur un principe de confiance (la notation) autour d'un lieu digital qui le permet.

Nouveau système de consommation

Ce système entretient le réflexe de consommation, de demande. En effet, si participer à l'économie collaborative déculpabilise en surface les consommateurs de leur responsabilité environnementale, la frénésie semble toujours là, mais plus « propre ». En questionnant les membres Vinted, on comprend bien que la principale motivation n'est pas la limitation, mais bien l'accès à une autre forme de consommation.

Illustration

Points de vue de la communauté de « Vinties »

« *En un an, je n'ai effectué que de minimes dépenses pour des vêtements neufs, et plutôt chez des marques comme Uniqlo ou Zara, car elles sont à hauteur de mon budget. J'ai en parallèle renouvelé au moins la moitié de mon dressing, rempli maintenant de marques que je n'aurais pas pu acheter avant.* »

Au sein de la communauté, les Vinties interrogées expriment des motivations essentiellement « égoïstes » à leur participation au système Vinted. La réalité des bénéfices recherchés reste : changer de vêtements plus facilement, rapidement, voire pour certaines renouveler complètement leur dressing. « *Je renouvelle mon dressing avec des fringues de qualité non abordables habituellement* » *More for less*. C'est en particulier le cas chez les étudiants qui sont nombreux à déclarer : « *pour 30 €, je préfère me tourner vers l'occasion pour acheter moins cher ou plus* ». Pour eux, la seconde main est avant tout une stratégie de renouvellement accéléré de dressing.

Un des risques clairement identifié de l'économie collaborative est celui des rebonds : économiser d'un côté pour dépenser de l'autre. Cela entretient évidemment les comportements d'achat, qui sont tout aussi compulsifs que précédemment.

Pour d'autres, minoritaires, il s'agit bien de changer de mode de consommation, de ne pas investir dans le neuf moins qualitatif, de s'offrir des pièces plus durables, de se soustraire aux règles marketing dominées par les marques : « *J'achète de la qualité avant tout, je prends le temps de chercher* ».

Certaines enfin revendiquent une « no buy year », c'est-à-dire ne pas avoir acheté du « neuf », hors du marché de la seconde main. D'un certain point de vue, c'est « *mieux que d'avoir investi une bonne part de mon salaire chez Mango* », mais ça n'est évidemment pas une limitation de la consommation. Différemment mais pas nécessairement moins. Hors des injonctions du marketing des marques, mais pas nécessairement hors des règles marketing, le vendeur reprenant exactement, à titre personnel, ces mêmes règles.

Pour faire valoir une conséquence environnementale et sociale, les utilisateurs de plateforme devraient y participer d'une part pour vendre des produits non utilisés, dont ils n'ont plus l'usage (et qu'ils ne seront donc pas amenés à remplacer par un autre achat) ; d'autre part pour acheter des produits d'occasion en substitution d'un achat neuf. Le système Vinted interroge évidemment sur la réalité de l'achat d'occasion : se substitut-il réellement dans la pratique à un achat neuf ? Ou au contraire ne démocratise-t-il pas tout simplement des achats auxquels on n'aurait pas eu accès auparavant ? Dans la réalité, le vendeur délaisse le plus souvent un bien qui n'est pas hors d'usage, pour le remplacer par un nouveau plus attractif à ses yeux que l'ancien.

Quelles que soient les motivations à y participer, ce nouveau système marchand permet de consommer toujours, mais sans produire plus. On pourrait questionner le terme « déconsommation » dans un système comme Vinted, puisque pour la plupart des participants, la finalité recherchée n'est pas de consommer moins, mais cela implique toutefois une « déproduction ». Le temps et les efforts consentis par les marchands redonnent également une valeur plus nette à l'usage et une permanence à l'objet, qui n'était plus d'actualité dans un monde fast-fashion. Si tout n'est pas pour le mieux dans le meilleur monde possible, cela nous apprend néanmoins à cultiver notre garde-robe.

Quelles conséquences pour les marques ?

Bouleversement de la relation marchande

Dans ce système, la marque n'est plus qu'un critère parmi d'autres, ce qu'on évalue dorénavant avant tout, c'est la vendeuse elle-même, à la manière d'AirBnB. On donne de l'argent à une personne, non plus à une marque ou une enseigne, c'est une nouvelle forme de transaction à très grande échelle, et qui empreinte tous les codes marketing traditionnels. La vendeuse se professionnalise et fait son propre marketing, avec des logiques de réassortiment et de boost de certains articles : lucratifs pour Vinted (car monétisés) et efficaces pour la vente en faisant la « notoriété » d'articles. Elle peut également mettre en place des systèmes de promotion jusqu'à -50 % pour des lots d'articles, de la vente sous promotion. L'après-vente elle-même est systématisée et aux mains des marchandes.

D'instinct les vendeuses implémentent leur propre marketing et leur « personal branding », preuve qu'elles sont extrêmement éduquées aux bases du marketing et de la communication. Désirabilité, traitement de leur aura sociale (les commentaires), mise en avant de leurs collections, système de push (proche de traitement par algorithme, les algorithmes poussent les blockbusters), promotion dans la vente en lot, photos soignées, choix d'un possible réassort qui attire une clientèle. Tout, jusqu'à la distribution, avec une démarche logistique de stockage et d'envoi, est assuré par les vendeuses. Ses réflexes marchands se mobilisent assez naturellement.

La vraie révolution réside bien dans le fait que la fonction des marques dans ce système est gommée. Ce sont de nouveau les tenants de la transaction qui ont le pouvoir. Retour en arrière dans le rôle des marques, avec des « marchands » d'ores et déjà, même inconsciemment, formés aux codes du marketing (formalisés au préalable par les marques elles-mêmes). Ce ne sont donc pas les principes marketing qui s'en voient révolutionnés, car ils restent appliqués aux « vendeurs/distributeurs », mais bien les marques par une suppression de leur rôle même, l'usage et la fonction les dépassant. La marque consiste à faire acheter un signe, un marqueur, à la place d'un produit. Dans le cas de cette inversion, que deviennent-elles ?

La fin de la propriété et de l'imaginaire portés par les marques ?

La seconde main participe à un concept cher aux anticapitalistes : la fin de la propriété ! En acceptant de consommer seconde main, on accepte de porter des vêtements ayant appartenus à un autre et on se résout à sans doute revendre l'objet ultérieurement. Il « tourne » et n'appartient plus réellement à personne, la pièce est sans propriétaire. Cela pose la question de la valeur accordée à l'objet et encore plus à la marque. En effet, si un article n'est qu'en transit et ne m'appartient qu'un temps, si je n'ai pas consenti à un effort financier pour le choisir, je ne m'y attacherai pas. Cela participe à un détachement du matérialisme et de la possession individuelle, seul l'usage devient essentiel. On gomme totalement dans ce cas ce que les marques promettent avant tout : faire rêver, stimuler les imaginaires et permettre d'identifier.

Par essence, l'économie collaborative est une solution pour sous utiliser des biens, en favorisant l'usage plutôt que la possession. À l'opposé donc du principe de marque, qui sous-tend l'exact contraire : les produits sans marques n'existent pas, ou en tout cas, ne se vendent pas. Dans le schéma habituel de consommation de masse, le produit n'est qu'un élément de la marque, tandis que dans celui de la seconde main, c'est la marque qui devient une des caractéristiques parmi d'autres du produit. La valeur d'usage remplaçant la valeur symbolique, c'est tout le sens des marques qui s'en voit questionné.

La « revendabilité »

La population Vinted, c'est l'acheteur de demain. Aujourd'hui, Vinted est remplie de néophytes, qui, une fois éduqués à ce système, garderont cette conception différente de la consommation. Leurs comportements en ce sens précèdent leurs attitudes. Hier, on ne pensait qu'au prix investi lors de l'achat : demain il se pourrait qu'on réfléchisse en différentiel entre prix consenti à l'achat et prix d'une potentielle revente. Ce raisonnement, ancien dans le luxe (la revente d'un Kelly d'Hermès ou d'un Rolex, est rentable et le prix largement amorti) pourrait lui aussi devenir de masse avec l'avènement de la seconde main. Les plateformes digitales ont tellement facilité la démarche qu'il est dorénavant naturel de considérer le prix « juste » selon son amortissement ou son potentiel bénéfice à la revente (juste prix = prix à l'achat – prix à la revente).

Aujourd'hui, on achète en se disant que potentiellement on pourra revendre. Et par conséquent on se permet plus d'inconséquences dans son choix : « J'achète, au pire je le revendrai ». Cela gomme le risque de mauvais choix que permettait de prévenir la marque auparavant. La marque n'est ainsi plus la seule garantie pour prévenir le risque du choix, la possibilité de revendre la supplante.

Changement systémique de la perception des marques et des prix

Vinted exacerbe la nécessité pour une marque d'être « sociale ». La plateforme permet d'évaluer la valeur d'une marque par le prisme des consommateurs et des communautés. L'observation empirique de leur perception permet de « sentir » à quel point une marque est désirable ou ne l'est pas. Il est possible grâce au ratio de « revendabilité » de dire quelle marque est puissante et quelle marque est en souffrance. Au sein de cet écosystème qu'elles ne maîtrisent pas, comment peuvent vivre les marques ? Comment s'intégrer dans ces communautés pour donner, ou tout du moins, conserver la valeur de leur capital ?

Les membres d'une communauté ont tendance à choisir les mêmes marques. Les marques ont donc plus que jamais intérêt à jouer sur cette puissance sociale qui leur donneront ainsi une valeur élevée. En ligne sur les plateformes comme autrefois, tous les individus ont les mêmes envies au même moment. On peut se demander si des communautés comme celles de Vinted, qui se choisissent par centre d'intérêt, se cooptent, se notent, ont aujourd'hui pris le pouvoir sur les marques.

Vinted est un système de marché à part entière. Un marché où sont négociés entre consommateurs des articles de mode. Comme tout marché, il est dominé par la loi de l'offre et de la demande, mais sans intermédiaire. Dans ce système, où le pouvoir des marques est dégradé, certaines marques peuvent néanmoins se démarquer en étant très recherchées. Leur prix ainsi monte, car les acheteurs sont présents sur le marché. Pour les marques « désirables », l'enjeu sera de participer à cette économie circulaire, tout en trouvant des leviers de rentabilité. Il faut quand même vendre du neuf.

À l'inverse, si le prix d'une marque revendue tend à baisser, c'est qu'il y a plus de vendeurs que d'acheteurs sur la plateforme, et cela interroge sur la désirabilité, voire même la longévité de la marque. Pour les marques peu désirables, il peut s'agir d'un vrai cercle vicieux, car les marchands identifieront vite leur faible potentiel à la revente. Le consommateur considère ce risque de faible « revendabilité » comme nouveau critère de choix.

Le facteur prix est extrêmement révélateur de la valeur communautaire et sociale des marques. Le ratio entre prix d'un article neuf et prix de revente sur Vinted permet de segmenter diverses typologies de marques.

Désirabilité des marques

Le cas des marques désirables et sociales

Les marques « désirables » sont celles qui se revendent à un prix quasiment équivalent à celui du neuf, parmi les plus hauts observés. Elles se vendent de plus extrêmement rapidement, parfois aussitôt mises en ligne. Logiquement, ce sont les marques sociales qui tirent leur épingle du jeu dans les plateformes communautaires. Elles ont leurs « fans » Vinted, qui sont bien souvent les mêmes que ceux d'Instagram. Ces marques ont su pour la plupart profiter des réseaux sociaux, voire se créer grâce à eux. Ce sont des marques conversationnelles, elles appartiennent aux consommateurs qui les commentent, les évaluent, les notent. Le système de plateforme, en rendant le consommateur vendeur, accentue la puissance des recommandations interpersonnelles, et les marques désirables bénéficient de celles-ci. Il s'agit bien là de marketing viral, sous une forme renouvelée. Les membres d'une communauté ne propagent pas un discours qui viendrait d'une marque, mais involontairement, font malgré tout la promotion de certaines marques. La valeur de ces marques est déterminée par la manière et la tonalité dont les membres de la communauté s'en emparent et à leur potentielle « revendabilité ». Cette valeur virale prend l'ascendant sur la communication. Sézane par exemple ne prend jamais la parole en média, mais bénéficie d'une puissance sociale indéniable : 1,6 million de fans sur Instagram, et des produits, sitôt mis en vente, sitôt achetés, à prix élevés (110 € un pull neuf à l'achat revendu facilement 80 €).

Étude de cas

Sézane, LA marque sociale

Dès sa création, Sézane a su incarner une proposition sociétale. Sa fondatrice a dès 2009 mis en vente ses interprétations de produits de seconde main, recyclés et upcyclés. Avec un naming inspiré de son nom, Morgane Sézalory, la marque est précurseuse d'une tendance devenue massive. La marque pérennise aujourd'hui la cohérence de son story- telling, entre genèse, promesse et produit (la marque incite aujourd'hui ses clientes à l'upcycling).

Marque 100 % digitale dès son lancement (le site reste le premier canal de vente de la marque) elle a construit son aura *via* les réseaux sociaux, Instagram en particulier. Sézane a joué la désintermédiation dès le début, et créé la confiance grâce à cela : son succès s'est construit grâce à ses consommatrices, 1er médium de la marque. La communauté Sézane est extrêmement forte et partage un ton, des normes, des valeurs, un discours, en résumé une culture commune.

Ses choix marketing sont également malins et se démarquent de la concurrence. La désirabilité de la marque est en effet fortement liée à sa gestion des prix disruptive. Sézane, à contre-courant de l'industrie de la mode, ne pratique pas de politique de promotions ou de soldes. Habile également pour revendiquer une posture anti frénésie consumérisme. Néanmoins, on retrouve sur le site un espace « Atelier », dans lequel sont déstockés les fins de saison. Contrairement à d'autres marques ou enseignes qui produisent semble-t-il des articles à destination même des soldes, Sézane pratique bien une liquidation de ses articles, geste plus vertueux donc, et dans un branding traditionnel, le choix du nom de l'espace lui-même signifiant bien cela. Les réductions affichées dans l'Atelier Sézane sont de l'ordre de 30 %, et n'atteignent jamais les 60 % pratiqués par les marques fast-fashion, qui, dans l'esprit des consommateurs sont destructeurs de valeur. La désirabilité n'est pas la même à -60 %, le consommateur achète surtout un volume à ce prix, pas un univers.

Même constat en comparaison des marques de luxe accessible Ba&sh, Sandro, Claudie Pierlot, The Kooples et Maje qui pratiquent quant à elle des taux de démarque de l'ordre de 42 %, 32 %, 30 %, 24 % et 21 % (source : Retviews). Contrairement à ses consœurs qui affichent des prix supérieurs, mais suivent la loi des promotions, Sézane ne brade jamais ses collections, permettant une grande stabilité et lisibilité de son image prix, ainsi qu'une caution responsable.

À cette politique des prix s'ajoute une stratégie extrêmement intelligente de rotation des produits. Le vestiaire Sézane se compose de permanents, les best-sellers, mais la marque parie surtout sur des collections capsules renouvelées chaque mois, qui créent la surprise, le buzz et alimentent la désirabilité de la marque. Ses nouveautés présentées à un rythme accéléré, mais dans des volumes raisonnables, créent ainsi le désir à chaque sortie. Le stock est rapidement épuisé, car la production se fait en flux tendu par souci économique et par intelligence marketing. Les clientes, très présentes et actives sur les réseaux sociaux, s'enquièrent ou réclament immédiatement d'éventuels réassorts (eux-mêmes souvent vite épuisés) des produits qu'elles auraient ratés. La marque joue parfaitement sur les paradoxes des consommateurs. Elle propose à la fois des produits intemporels, qui durent et s'inscrivent dans la permanence, des articles à durée de vie longue donc, tout en mettant régulièrement en vente de nombreuses « éditions limitées » qui créent l'envie d'acheter. La marque sait entretenir, avec ses propositions d'éditions limitées en continu, une notion d'urgence de l'achat. Une marque dans l'ère du temps, qui incite à consommer (vite donc), mais plus responsable.

Enfin, Sézane s'inscrit dans la tendance « seconde main » qui fait prévaloir l'objet plutôt que la marque. Puisque l'utilité revient à l'objet, Sézane a fait le choix de « prénommer » ces articles. Elle market son produit et lui donne ainsi une valeur propre, quasiment autonome. En prénommant ses produits, elle leur donne un domaine d'expression identitaire et une valeur supérieure. Tous les articles Sézane ont leur propre prénom, au sens propre : Barry, Cooper, des must haves ! Sur Vinted, ces prénoms sont explicitement cités à la vente et en cas de manquement à cette règle, l'acheteuse priera la vendeuse de la renseigner sur ce point. Les Vinties les plus pointues, sauront reconnaître un pull Barry de la collection 2016 d'un pull Barry collection actuelle, la saisonnalité des intemporels donc...

Les marques « tendance » où comment faire tourner la fast-fashion

Les marques « tendance » se vendent généralement extrêmement rapidement sur Vinted, à un prix relativement haut par rapport à leur prix neuf. Une robe Zara neuve achetée 30 € peut se vendre 20 €. Cette catégorie est attractive grâce à son fort renouvellement de collections : une robe Zara peut être récente, mais déjà introuvable en magasin, sitôt mise en rayon, sitôt disparue. Zara, sur Vinted comme en réel, joue sur sa capacité de réapprovisionnement constant et sur le rythme effréné de rotation de ses nouvelles créations – micro-collections, pour faire augmenter la demande et les achats. On s'éloigne alors, et c'est encore plus marqué sur les publics jeunes, du principe de déconsommation. Dans le cas de cette typologie de marques, on voit bien que les pratiques tendent plus à l'hyperconsommation et entretiennent les habitudes à consommer beaucoup, vite et à moindre coût.

Il est intéressant de noter qu'entre leaders de la fast-fashion, la tendance Vinted ne semble pas démentir les résultats financiers, et place également Zara comme plus désirable qu'H&M dans son écosystème. Le positionnement mode proche du haut de gamme, à prix abordables l'emporte sur H&M et ses collections (pas de plus-value à la vente de la collection Conscious par exemple).

Dans cette typologie, la plateforme forme les individus à bien vendre et bien acheter et aux règles du marketing CtoC, sans bénéfice pour les marques, qui se revendent souvent neuves à moindre prix. Elles attisent chez les « marchandes » 2.0 le réflexe de sur-consommation et leur procurent un sentiment de puissance sur les marques.

Les marques « sous pression » pâtissent d'un marketing viral défavorable

Ce sont des marques haut de gamme, donc relativement chères à l'achat neuf, qui pâtissent d'un ratio prix neuf/prix de revente faible. Un manteau Comptoir des Cotonniers ou Gérard Darel vendu 350 € neuf sera revendu 100 € maximum. La faible désirabilité de ces marques sur Vinted interroge. Logiquement d'une part, avec une structure d'audience jeune, Vinted ne fait pas la part belle aux marques « adultes ». De plus, à l'inverse des « désirables » ou des « tendances », elles se vendent à un prix neuf relativement élevé, mais participent régulièrement à une bataille de promotions. Elles ont enfin un renouvellement de collections peu sensible, en se positionnant comme « classiques » et « intemporelles », elles optent pour la pérennité de leur collection. Ainsi, elles ne suscitent pas le même désir, ni la même urgence à l'achat. Leurs prix se négocient donc facilement, dans une tendance baissière. Insidieusement, leur réputation est affectée par la faible désirabilité dont elles bénéficient. La plateforme est en cela un bon indicateur des marques en danger – de mort ?

En conclusion

Le marché créé à partir des plateformes de vente de seconde main tend à devenir une norme et induit une dilution pérenne du pouvoir des marques. En tant que facilitateur d'interchangeabilité entre produits, il appauvrit leur fonction au sein des médiations marchandes. Vendeurs et acheteurs s'entendent et échangent sur un produit dans un espace, la plateforme, et deviennent ainsi les garants de la médiation marchande, au détriment des marques.

L'acheteur fait autant, si ce n'est plus, confiance aux capacités de choix et de conseil d'un vendeur qu'à la marque elle-même. Tout l'équilibre des médiations marchandes est ainsi bouleversé, la marque n'est plus seule marqueur de qualité, elle n'a plus la prédominance de la relation marchande. Le vendeur, qui est à la fois producteur et distributeur, est dorénavant le garant de la confiance, c'est lui qui va aider à orienter les choix de l'acheteur. La marque et sa valeur symbolique, au même titre que l'état du produit, ne sont qu'un élément du marketing dorénavant aux mains du vendeur. Seules les marques sociales ont un avenir dans cette nouvelle relation marchande.

En rééquilibrant les pouvoirs entre valeur de marque et valeur d'usage, et en redonnant de la valeur au vendeur/producteur, on se distancie des logiques de la consommation de masse. Les usagers du système de seconde main, CtoC donc, redeviennent clients d'un intermédiaire qui est leur équivalent, plutôt que consommateurs de marques. Un bouleversement des mécanismes de marché est bien en cours, qui tend à faire sortir de l'ère de la consommation de masse.

Étude de cas : Oui Family, Redonner vie à l'architecture commercial des marques SNCF

Julien Féré

2020... Comme d'autres secteurs avant lui (aérien, énergie, télécom, paris sportifs...), le secteur ferroviaire bascule dans le monde de la concurrence. De société en monopole, SNCF devient un des acteurs leader du ferroviaire : De par son activité SNCF Réseau, puisque celle-ci doit permettre à tous les acteurs qui le veulent de pouvoir entrer sur le marché, moyennant un droit de péage, comme sur une autoroute ; Et de par son activité SNCF Voyageurs qui – comme ses concurrents – opèrent du transport de personne, soit de façon conventionnée (sur ordre de la région ou de l'état), soit de façon libre (sur la longue distance et avec le train à grand vitesse).

Pour cette étude de cas, nous allons nous intéresser aux huit années qui ont précédé ce moment historique, et à la façon dont la SNCF a modernisé, tué, créé des marques pour construire une architecture de marque – et de communication – prête à résister à un séisme économique comme l'ouverture de marché. C'est un temps long – c'est vrai – dans une industrie complexe où le rebranding d'un train ou le changement d'un site de e-commerce peut prendre plusieurs années. Et comme dans d'autres industries (voir avant dans ce chapitre le cas France Télécom/Orange), la transformation a été faite de tâtonnements pour arriver à une proposition cohérente.

Cette étude de cas, vue par quelqu'un qui a travaillé à ces différentes transformations, a une valeur d'exemple. En effet, elle nous permet de tirer des enseignements sur le temps d'installation d'une marque, la dangerosité des réflexions en système et la capacité à faire évoluer son écosystème en fonction de la donne présente sur le marché...

Le TGV, le paradoxe d'un patrimoine français

Avec une notoriété qui a dépassé les frontières de notre pays, le TGV est une des fiertés françaises. Détenteur d'un record de vitesse sur rail, synonyme de modernité, de vitesse et de technologie, il dessert nos grandes villes depuis plus de quarante ans. Et son succès ne se dément pas, car chaque arrivée sur une nouvelle ligne (la plus récente : Paris-Bordeaux) est célébrée sur le territoire concerné.

Plus connu que ses voisins allemands (ICE) ou espagnols (AVE), il est synonyme de réussite française pour ceux qui l'ont créé (Alstom) et ceux qui l'exploitent (SNCF) en France et à l'international.

En revanche, du côté du branding, on est sur un constat très différent. Tout d'abord, la notoriété spontanée de la marque TGV est proche de 0 (5 % pour être précis). Comment expliquer cette apparente connaissance – qui a dépassé nos frontières – et ce manque de notoriété ? En fait, le succès et la dimension patrimoniale – presque politique – du TGV l'ont fait disparaître en tant que marque. D'ailleurs, on ne dit pas « je voyage avec TGV » mais j'ai pris le TGV. Comme on aurait pris l'avion, le bateau ou la voiture. De marque, nous sommes donc passés à un mode de transport générique, une nouvelle catégorie. C'est très positif dans le cas d'un switch de mode (quand on cherche par exemple à créer de la préférence face à l'avion), mais c'est beaucoup plus compliqué dans un marché concurrentiel.

Illustration

Ces marques qui sont devenues des génériques

Si vous mettez « kleenex » sur votre liste de courses, la personne qui sera au supermarché risque d'acheter des mouchoirs de marque de distributeur car elle ne saura pas si vous désigniez l'objet ou la marque. De la même façon, on peut ingérer un médicament générique en disant qu'on prend un Doliprane...

Ces marques-noms communs sont devenus de tels standards qu'elles sont passées dans le domaine public. Mais elles sont du même coup d'autant plus difficiles à défendre, car leur utilisation par le grand public est indifférenciée de celle d'un concurrent.

Le risque est donc double : perdre sa supériorité produit (car on ne distingue plus ce qui fait l'originalité de ce produit hébergé sous cette marque authentique vs un autre – c'est le cas de la substitution par un générique dans le cas du Doliprane) et être identifié par un produit uniquement alors qu'on asile une marque (c'est le cas de Mercurochrome qui développe des solutions de pansements, etc. et qui n'est vu que comme un liquide rouge pour soigner les plaies).

La banalisation de la marque TGV est allée de pair avec la banalisation de l'expérience TGV : rouler à 300 km/h, en train, pour aller aux quatre coins de la France tout en ayant la liberté de se déplacer, de travailler, de manger ou de dormir, est devenue quelque chose d'intégré. Quand le train arrive à l'heure et que tout s'est bien passé, personne n'applaudit ou n'a l'impression d'avoir vécu une expérience extraordinaire comme dans le cas de l'avion.

Parallèlement à cette banalisation, d'autres moyens de transports ont travaillé leurs lettres de noblesse. L'aérien, qui par les deux bouts s'est premiumisé (avec des expériences comme Emirates qui propose une cabine de douche en première) ou au contraire rendu accessible (comme Easyjet qui relie les grandes villes françaises aux capitales européennes à bas coût). D'autres modes de transport, comme le covoiturage (au travers de l'offre Blablacar) ou le bus longue distance (Flixbus) se démocratisent et séduisent de nouvelles populations, comme les jeunes par exemple. Le TGV est patrimonial certes, mais il n'est plus dans l'air du temps. Et dans les années 2010, il commence même, après des années de croissance continue du nombre de voyageurs, à perdre des parts de marché sur les autres modes de transport. Comme s'il était passé de mode...

Les expérimentations : la famille ID

Pour remédier à cet état de fait, et parce que la direction des « grandes lignes » de la SNCF a toujours eu une culture client et une envie de se réinventer, le groupe décide de créer un laboratoire sur rail de la mobilité et de lancer une offre complémentaire à son offre TGV en ajoutant des voitures sur des trains déjà existants pour créer IDTGV. Ce produit, construit à côté de l'offre classique, permet de faire varier tous les fondamentaux du produit de base : nouvelle politique de prix, nouvelle politique de distribution, nouveau marketing et bien sûr... nouveau nom.

Le préfixe ID accolé à TGV inscrit la filiation avec le produit traditionnel, mais le remotive pour créer un sentiment de modernité. On parie sur la notoriété du nom TGV (95 % de notoriété assistée !) tout en osant un anglicisme discret, ID se disant littéralement « Idea ». Évidemment la prononciation est francisée en « idée » et les différents concepts d'ambiance à bord viennent créer une gamme autour de nom de marque : IDZen, IDZap, IDNight. Le TGV a disparu pour faire de ID le centre de l'architecture de marque. À cette démarche de naming innovant (mais inscrit dans la filiation TGV) viennent s'ajouter de petits personnages et des couleurs en décalage du rouge SNCF pour rajeunir la communication et s'émanciper des codes d'un leader français en monopole. Parmi les innovations, on note la proposition du train en illimité, *via* un abonnement mensuel, et des animations à bord qui permettent, grâce à des partenaires, de transformer le train en boîte de nuit, en espace de rencontres, etc. La structure de cette équipe est souple, réduite, et consacrée uniquement à l'animation commerciale et l'expérience client, puisque les rames sont « tractées » par des TGV classiques qui gèrent la production des trains. IDTGV invente le scan des billets à quai (qui deviendra l'accueil embarquement) qui permet notamment de ne plus contrôler à bord et d'avoir uniquement des chefs de bord présents pour le bien-être des passagers. De nombreuses expérimentations seront faites également en matière de service à bord ou de restauration, et des systèmes de saisonnalité pour des trains pendant l'été ou pour les départs à la neige, fluctuant en fonction des besoins de cette clientèle loisir.

Cet état d'esprit « renaissance », fun et décalé fait des émules et le préfixe ID, qui incarne cet état d'esprit, va gagner par contagion tous les nouveaux produits qui seront lancés par SNCF dans les années qui vont suivre : IDBus, la filiale de bus longue distance née de la révolution des cars macrons, IDVroum, le service de covoiturage pour les trajets longue distance, IDCab, le service de taxi qui attend les voyageurs en gare, etc. Cette réutilisation massive montre l'engouement et l'énergie qui étaient contenus dans ce préfixe, mais ont également conduit à sa perte de sens. La contagion de « ID » dans l'ensemble des noms de marque de la SNCF a créé un effet de confusion et a fait perdre de sa force à la promesse de départ : inventer une autre mobilité en train.

L'épisode de IDTGV s'est soldé par la fermeture de l'offre, qui peinait à trouver son modèle économique, mais qui avait surtout permis de tester un grand nombre de solutions qui ont donné naissance, on le voit ensuite, aux marques stratégiques et structurantes de la SNCF sur la longue distance aujourd'hui. Au-delà de son succès du point de vue du grand public, qui a créé de la modernité pour la marque TGV, l'expérience a créé un élan managérial, de par sa proposition d'une structure à échelle humaine, le goût de l'essai (et de l'erreur parfois) et la liberté d'entreprendre. Autant de marqueurs qui ont essaimé dans l'entreprise et que les anciens d'IDTGV ont eu à cœur de véhiculer sur leurs nouveaux postes.

Naissance de OUIGO, la rupture avec la famille train

Il y a 7 ans, quand germe dans la tête des dirigeants de SNCF l'idée de faire un train à grande vitesse low cost, le projet semble fou – voire suicidaire – pour la grande maison. En effet, SNCF est sur un marché de la grande vitesse en monopole. Tout comme France Télécom avec l'abonnement du téléphone fixe dans les années 1990 ou Air France avant l'arrivée d'Easyjet, elle est dans une situation que les études marketing qualifient de « vache à lait ». En effet, elle peut pratiquer les prix qu'elle souhaite et faire sa rentabilité sur ceux qui n'ont pas le choix et doivent se déplacer en train. Son marché est énorme, l'infrastructure est là, et aucune menace extérieure ne pèse sur elle à court-moyen terme (même si on commence à parler de concurrence à un horizon 5-10 ans...).

Pourtant, les dirigeants ont en tête les expériences traumatisantes vécues par les acteurs monopolistiques des marchés qui se sont ouverts. L'abonnement France Télécom a été tué par Free qui a proposé un abonnement Internet à prix cassé *via* sa box, en incluant la VOIP (la nouvelle génération de téléphones fixes – révolutionnaire à l'époque et incluse dans son tripleplay). Easyjet a taillé des croupières à Air France (et toutes les compagnies domestiques nationales européennes) en réinventant le modèle de production du court et du moyen-courrier, et en donnant accès à l'avion à de nouvelles catégories – dont il a totalement capté la croissance.

C'est dans ce contexte que naît Aspartam. Avant d'être une réflexion marketing, ce projet est une réflexion de production, qui s'inspire du modèle Easyjet. En effet, dans les activités de transport, la ressource rare, qui vaut beaucoup d'argent (en investissement) et qui dimensionne la capacité à faire circuler, c'est le matériel. Que ce soit un avion, un bus, un train, c'est lui qui dimensionne l'offre et donc peut faire baisser/augmenter le prix en fonction de l'offre et de la demande (et donc du yield).

Étude de cas

Easyjet, d'un modèle client-centric à un modèle matériel-centric

Le succès d'Easyjet, avant d'être un modèle d'agressivité commerciale, c'est sa capacité à tenir les avions au sol moins longtemps entre chaque atterrissage/décollage, grâce à une logistique hors pair (dans laquelle le client joue un rôle actif, on va le voir), et à travailler des plans de vol qui maximisent l'utilisation de la flotte et du personnel navigant. Pour Easyjet, il n'y a pas de petites économies, et mis bout à bout, le temps gagné en nettoyage de la cabine représente des heures de vol supplémentaires, donc une rentabilité plus élevée de la flotte que les compagnies classiques.

Tout le monde consent à des concessions, en échange d'une baisse globale du coût de production, dont une partie est rendue au client *via* des prix en baisse par rapport aux acteurs traditionnels. En échange, ce même client attend plus longtemps dans les sas d'embarquement (il est pré-positionné avant que l'avion n'atterrisse !), il paye pour ses bagages (car c'est du coût logistique qu'Easyjet doit payer à l'aéroport, et du temps perdu en chargement sur le tarmac), il ne choisit pas sa place (source de coûts supplémentaires pour la compagnie) et il ne consomme à bord que contre un supplément. Au-delà de la maximisation des revenus ancillaires (les revenues annexes au coût du billet sec), cette stratégie standardise le voyage et maximise le flux voyageur au vol, et au global d'un plan de vol. De façon assez paradoxale, c'est le recentrage du client vers le matériel qui crée de la valeur (et non l'inverse).

Le modèle que cherche à créer SNCF au travers du projet Aspartam est assez similaire. La ressource en rame TGV étant limitée, elle va chercher à maximiser les rotations en privilégiant le maximum d'allers-retours possible, en densifiant le nombre de places dans une rame et en réduisant au maximum le temps passé en gare au profit de celui passé en circulation. Au départ, ce projet dont le nom est bien évocateur d'un allégement du mode de production, est d'abord une révolution industrielle.

Mais son succès vient également de sa conception marketing, qui est totalement cohérente avec son mode de production. Pour ne pas voir un Easyjet ferroviaire capter la valeur au moment de l'ouverture à la concurrence, comme cela a été fait sur l'aérien (20 ans après, Easyjet est aujourd'hui le leader européen de son secteur sur les vols courts et moyens courriers en Europe...), l'entreprise décide de créer une marque et un système marketing qui vit indépendamment de ses assets. Ce ne sera donc pas un TGV, ce ne sera pas du rouge et du statut d'entreprise publique comme les autres marques de la maison. Très éloigné de cet univers patrimonial, cela empruntera aux codes du low cost, notamment ferroviaire, mais aussi alimentaire car à cette époque ce modèle a fortement gagné la distribution avec Dia, Lidl, Aldi qui affichent des croissances insolentes.

C'est ainsi que naît OUIGO, un anglicisme francisé, et une grande première dans l'univers de la maison SNCF. Quand on le prononce, on entend « We go », une promesse simple, dépouillée et essentielle, à l'image du produit. Une rondeur également au travers du « O » d'attaque et de fin, et une dimension ludique qui va très vite s'incarner dans ses codes couleurs : le bleu turquoise et le rose fluo, déclinés dans l'intérieur des voitures, et sur la livrée du train. Comme pour Easyjet, il est décidé de recourir à des codes de communication « low costs » dans lesquels le produit lui-même est communicant. Pari réussi, ces trains colorés défraient la chronique et deviennent symboliques d'une révolution dans les transports.

Et la dynamique OUIGO, comme la dynamique Easyjet sur l'aérien, n'est pas synonyme de destruction de valeur – comme on pourrait le croire sur un modèle low cost. Au contraire, la croissance du marché de la grande vitesse – et du train en général –, vs les autres modes de transport, repart à la hausse. Au travers de son offre simple (un prix yieldé pour un voyage à grande vitesse et des options – valises, prise électrique, espace calme, etc.), OUIGO a conquis des populations non-utilisatrices du produit TGV, jugé trop cher, trop compliqué ou tout simplement trop traditionnel...

Le rebranding de Voyages-sncf.com

Quelques années plus tard, le lancement de OUIGO est un succès qui ne se dément pas : ouverture de nouvelles destinations, augmentation du nombre de voyageurs transportés jusqu'à atteindre 50 millions en 2020, et croissance de la notoriété continue pour l'offre et la marque, les fondamentaux sont là. Le modèle a un peu évolué – comme d'ailleurs le modèle Easyjet... – en passant par exemple des gares bis (Marne la Vallée, Massy Palaiseau) aux gares parisiennes mais l'essentiel des ingrédients sont bien présents et les clients ne s'y trompent pas puisqu'ils restituent dans les études la promesse d'origine : la grande vitesse à petit prix.

Le succès dépasse même les attentes, puisque quatre ans après son lancement, OUIGO apparaît comme une des marques les plus fortes et les plus attractives du portefeuille SNCF. Alors que la marque de l'entreprise apparaît comme faisant partie du patrimoine, mais également partie-prenante des grèves, des retards, de la grogne contre les cheminots, la marque OUIGO est marquée par son énergie, sa dimension ludique et sa relation client basée sur la simplicité. Étonnamment, c'est la marque low cost de la SNCF qui concentre et détient la valeur client... et TGV, qui s'est peu à peu effacée comme marque, comme Voyages-sncf.com, le portail de distribution, apparaissent plus proches de la dynamique SNCF que de la dynamique OUIGO. Il semble donc que l'offre commerciale de la SNCF se développe à deux vitesses !

Pour remédier à cela, un scénario extrême est privilégié : couper les marques qui ont une relation commerciale avec les clients (TGV et Voyages-sncf.com) de leur marque mère SNCF qui porte le poids (en positif et en négatif) d'une réputation service public. Faire de SNCF la marque entreprise – mais aussi la marque de la crise – et rendre aux marques commerciales le monopole du transactionnel et de la relation client dans le cadre d'une prestation de service.

Sur le papier, cela semble cohérent. Dans les faits, comment procéder ? Et peut-on réellement s'attaquer au rebranding d'un géant comme Voyages-sncf.com ? Pionnier d'Internet, premier site e-commerce de France, supporterait-il un changement de nom alors que sa notoriété est totalement installée ?

Certes, le nom « Voyages-sncf.com » n'est pas le plus ergonomique d'Internet : il est très long, pour un nom de domaine, et contient des caractères comme « - » du 6 qui sont au mieux source d'erreurs, et au pire, source de dilution du trafic, en créant une dépendance aux moteurs de recherche. Par ailleurs, le nom a vieilli, car l'entreprise est un des pionniers de la distribution et du e-commerce sur Internet, mais au milieu d'Amazon, de AirBnB ou de Uber, la marque fait figure de dinosaure du numérique. L'inclusion du « .com » dans son nom de marque fait écho à un temps où il était nécessaire de dérouler l'url en entier pour pouvoir signaler qu'il s'agissait d'un site et non d'un autre réseau de distribution.

Qu'à cela ne tienne, SNCF décide de faire table rase et de profiter de cette réflexion globale sur l'architecture de ses marques commerciales pour tenter un coup de virage total. En capitalisant sur les assets de sa marque low cost pour créer la colonne vertébrale de son système de nom de marque. Le « OUI » de « OUIGO » passe du statut de préfixe à celui de racine. Alors on tourne autour de ce « OUI » car il a la force de la simplicité, mais il est tellement simple qu'il n'est pas forcément propriétaire, surtout dans un univers du voyage et des voyagistes où tout a déjà été déposé par d'autres. Pour contourner ce problème juridique, et pour garder un fort attachement à l'entreprise, une martingale se présente : il y a quelques années, le « .SNCF » qui était disponible sur le marché a été acheté par l'entreprise sans être utilisé au niveau du grand public.

L'hypothèse « OUI.SNCF » emporte tous les suffrages, car elle dessine clairement un lien de filiation avec OUIGO – c'est le brief de départ et le pari de miser sur l'énergie positive de cette marque –, tout en désignant l'activité de distribution digitale (grâce à ce « . » qui indique un nom de domaine) et en créant une filiation avec la marque « SNCF » comme dans le cas de Voyages-sncf.com. Car *in fine*, ce qui a créé un climat de confiance et poussé de nombreux Français à confier pour la première fois leur numéro de carte bleue sur Internet, c'est cette caution de la marque « entreprise publique » qui protège les données et crée la confiance. La marque « OUI.SNCF » est née, au moins sur le papier.

S'ensuit une bataille juridique car déposer une marque qui se résume à « oui » n'est pas une mince affaire en propriété intellectuelle, que ce soit au niveau de l'INPI ou au niveau des noms de domaines. Pour cela, il faut avancer masquer en évitant le plus possible d'ébruiter le projet. Moins ceux qui possèdent des droits de propriétés sur des marques approchantes sont au courant, moins la valeur de rachat sera importante.

Puis l'énorme défi technologique : celui de la transition. Contrairement à l'univers du train, où le déploiement de OUIGO et le branding de son matériel s'est fait par phase, sur Interne, il faut un grand soir et un grand matin. Il faut que l'on se couche avec Voyages-sncf.com sur son téléphone et qu'on se lève au petit matin avec une application OUI.SNCF. Pour cela, les équipes techniques travaillent d'arrache-pied. On pense évidemment à la page d'accueil, ou à l'icône de l'application, mais au-delà, une relecture et modification de l'ensemble des pages du site est nécessaire. À cela s'ajoute un travail de référencement au travers des moteurs de recherche (car le trafic ne doit pas pâtir de ce changement de nom), en compensant notamment le référencement naturel qui va mettre du temps à se constituer par du référencement payant. Et une campagne de communication, qui passe par des relations presse (forcément, ce type de rebranding fait couler beaucoup d'encre, encore une fois les médias se demandent pourquoi SNCF tue la poule aux œufs d'or ! – car ils n'ont pas l'avenir en perspective) et une campagne de publicité « la diva » qui met en scène la nouvelle marque et ses différentes offres en s'éloignant totalement de l'univers traditionnel des publicités ferroviaires.

À ce rebranding s'ajoute un changement de positionnement : d'agence de voyage généraliste, OUI.SNCF se recentre sur ses missions de distributeur de transport, et encore plus de distribution ferroviaire. Car au-delà du potentiel positif de la marque OUIGO, ce changement de nom est également l'opportunité de créer plus de ponts entre l'univers du transporteur (OUIGO) et celui du distributeur (OUI.SNCF) en impliquant une proximité naturelle et une immédiateté de cousinage à l'heure où la distribution est déjà ouverte à la concurrence et où OUIGO peut s'acheter sur Trainline. L'avenir de la distribution ferroviaire en ligne pour SNCF en France est lancé...

Un ancêtre nouveau-né… TGV INOUI

Pour compléter cette architecture de marque commerciale, la dernière marque à connaître un rebranding est également la plus vieille : TGV. En effet, même si les deux noms « OUI.SNCF » et « TGV INOUI » ont été conçus ensemble et pensés dans un écosystème global qui comprend OUIGO, la marque n'était lancée qu'en septembre 2019 alors que OUI.SNCF est lancée en décembre 2018. Ce délai permet d'étaler les changements de nom et de permettre à chaque marque de s'installer. Ainsi, le grand public n'a pas plusieurs nouveaux noms à absorber en parallèle, et les prises de parole peuvent se faire de façon échelonnée dans le temps.

Pour construire le nom « TGV INOUI », le challenge principal qui réside dans cette création est la différenciation avec OUIGO. En effet, la commande est la même que pour OUI.SNCF, créer un effet « famille » dans les noms des marques qui gèrent la relation commerciale chez SNCF, que ce soit sur la partie distribution (OUI.SNCF) ou sur la partie transport (TGV INOUI et OUIGO). Cependant, l'enjeu est de bien faire comprendre au client que le nouveau TGV n'est pas OUIGO et de ne pas venir perturber la promesse de simplicité de la marque OUIGO qui est bien restituée par ses clients et plus généralement par le grand public. Il ne faut donc pas créer un effet de gamme en introduisant – comme ça a été le cas sur l'expérience précédente avec le préfixe ID- un effet de gamme : OUItrain ou OUITGV par exemple. Il faut que les deux marques transporteurs de la grande vitesse partagent un air de famille, mais qu'elles soient suffisamment différentes pour proposer deux promesses opposées, et que le client final s'y retrouve.

Le choix est donc fait de casser la dynamique de création des noms en utilisant le « OUI » en suffixe et non en préfixe. Cette inversion permet la distanciation en laissant à OUIGO le privilège de son jeu de mot sur l'anglicisme, et en donnant à la nouvelle marque une existence à part entière et non en creux par rapport à celle déjà créée. Seul problème : le son « oui » en fin de mot est très peu usité en langue française et sa prononciation n'est pas toujours aisée. Il n'existe même que 19 noms communs dans la langue française qui se terminent de cette façon, dont certains (chaoui, méchoui) sont en fait des emprunts à d'autres langues étrangères. Et les 19 noms comprennent également « oui » qui est utilisé pour construire « OUI.SNCF ».

L'attention se porte alors sur le mot « inouï ». Plusieurs raisons peuvent l'expliquer. Tout d'abord ses significations : au sens propre, cela veut dire « jamais entendu », et au figuré « extraordinaire ». Deux pistes de sens qui sont en cohérence avec la volonté de renouveler l'expérience de voyage de la grande vitesse, et d'augmenter la perception de qualité. Mais c'est à double tranchant, car on sait que les Français aiment se moquer de la SNCF et que cela peut se retourner contre l'entreprise de placer la barre trop haut dans son nom de marque... De plus le mot est très français et sa signification (et sa prononciation) au niveau international ne sont pas vraiment un atout. OUIGO peut facilement s'exporter, « inouï » est un mot très français – ce sera sa coquetterie...

La deuxième raison pour laquelle le mot est intéressant, c'est sa graphie. Par l'enchaînement de ses voyelles et de ses consonnes, « inouï » peut se lire dans tous les sens. Et son centre de gravité, représenté par le « O » central est fertile en évocation pour un moyen de transport ferroviaire qui se veut être une bulle de confort. Les dés sont jetés, la marque « TGV » va disparaître pour devenir « INOUI ».

Méthodologie

Comment créer un nom de marque

Même si beaucoup de fantasmes gravitent autour de la création de marque, il n'existe pas de recette miracle pour créer un nom de marque. Cependant, il faut disposer de deux types de ressources. Des ressources sémantiques, pour pouvoir explorer différents types de vocabulaire et travailler sur les champs lexicaux, et des ressources créatives (de type conception-rédaction) pour pouvoir créer à partir des champs lexicaux ainsi explorés. Dans les années 1990, il y a eu beaucoup d'émois autour de la création automatique, la marque Haägen Dasz étant réputée avoir été créée par ordinateur. Il existe de nombreux cabinets de créations de noms de marque, un des plus connus étant le cabinet Nomen. Néanmoins, une grande partie de la création leur échappe, les entreprises cherchant souvent à éviter les risques de fuite en montant des équipes très resserrées, épaulées par leurs conseils habituels. Le sujet de la confiance est prégnant dans ce type de projets.

Voici une méthodologie pour créer facilement un nom de marque :

1. Positionnement : le nom de marque est très court et ne peut tout contenir. Il faut partir du positionnement précis et en définir des axes de signification. Le travail avec les équipes projets – pour comprendre les points saillants de celui-ci – est fondamental à cette étape ;
2. Gisements de sens : à partir du positionnement et des axes de signification, un travail en chambre permet de définir tous les champs lexicaux afférents aux significations. Ces longues listes de mots sont un préalable au travail de création ;
3. Longues listes : le travail de création privilégie la quantité à la qualité. À partir des lignes de champs lexicaux, des mots sont créés, par déformation de mots existants, de fusion (mots-valises) ou de raccourcissement. Le recours aux langues étrangères peut également être envisagé ;
4. Shorts listes et sélection : suite au travail de création (en chambre), l'équipe projet sélectionne les mots à fort potentiel. Cette dernière phase peut nécessiter de multiples allers-retours avec l'étape 3 pour aboutir à des choix satisfaisants ;
5. Validation juridique : les noms retenus doivent être disponibles ou à vendre pour être finalement retenus. Cette étape permet de circonscrire le champ de la création dans le réalisable.

Mais le sort en décidera autrement... En effet, en mai 2017, quelques jours avant la présentation officielle du nom à la presse sur une motrice TGV de génération océane (voir l'encart « illustration » ci-contre), le Parisien révèle que la SNCF s'apprête à changer le nom de ses traditionnels « TGV » en « INOUI ». L'information n'a pas été diffusée en interne, le journaliste est extrêmement critique, voire polémique et c'est un tollé sur les réseaux sociaux. L'entreprise est taxée d'apprenti-sorcier en matière de création de nom de marque, des experts spécialistes du marketing et de la communication sont vent debout et se moquent ouvertement du choix qui a été fait. L'opinion publique s'émeut de ce changement et ce qui était une mise en cohérence de l'architecture des marques commerciales devient une affaire d'état. Derrière cette émotion – non feinte – du grand public, et derrière cette façon de se moquer des choix de SNCF se cache une blessure plus profonde : les publics externes et l'interne se plaignent de la disparition de la marque TGV.

C'est alors qu'est révélé un fait qu'aucune étude n'avait montré : les Français ont un attachement très fort pour cette marque et ce que cela révèle du patrimoine technologique et émotionnel. Ils ont tous un souvenir d'enfance liés au TGV et même s'ils ne la considèrent pas vraiment comme une marque, ils ont l'impression qu'elle leur appartient et qu'elle constitue leur histoire. TGV n'est plus la marque à faire disparaître, mais un atout à valoriser. Et l'entreprise fait volte-face, elle entend les remarques de ses agents et du public et ajoute à « INOUI » le préfixe « TGV ». La marque « TGV INOUI » est née, un exemple unique de co-construction entre une entreprise et l'opinion publique, sur une offre de service aussi importante que celle-ci.

La marque est officiellement présentée au moment de l'ouverture de sa dernière ligne à grande vitesse (Paris-Bordeaux) pour mettre en avant le renouveau de ses TGV classiques. Ouverture qui coïncide avec l'inauguration d'une nouvelle génération de matériel TGV appelée l'Océane. Plus confortable, moderne et avec une voiture-bar qui change totalement l'expérience de la restauration à bord, il est décidé que ces trains seront les flagships de l'expérience projetée de la nouvelle marque TGV INOUI...

Illustration

La séquence révélation du nom TGV INOUI

Cette courbe issue de l'outil publique disponible gratuitement en ligne Google Trends (https://trends.google.fr/trends/?geo=FR pour sa version France) permet de suivre l'évolution des requêtes associées à une personne, une marque ou un mot.

Ici, nous avons choisi de suivre la requête « TGV INOUI ». Elle permet de mettre en avant les différentes séquences dans la révélation du nom de marque :

- avant la semaine du 28 mai 2017, aucune mention du nom de marque ;
- semaine du 28 mai, fuite dans la presse puis révélation officielle qui crée un pic de requêtes lié aux publications sur les réseaux sociaux et dans les médias ;
- peu de reprises entre le 28 mai 2017 et le 16 septembre 2018 ;
- semaine du 16 septembre 2018 : lancement officiel de la marque, avec une communication par voie de presse, en interne et une campagne de publicité. Le pic de requêtes dépasse pour la première fois le buzz du lancement.

Depuis, la courbe est à tendance ascendante et semée de pics de visibilités liés aux actions de communication de la marque et à la conjoncture (grèves, etc.).

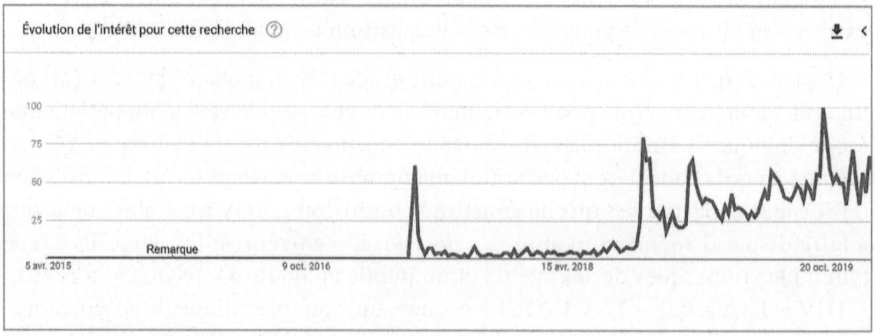

La relation de l'écosystème à SNCF

Dans ce cas de rebranding de tout un écosystème, nous avons peu abordé le sujet de la marque SNCF en soi. La question de la marque SNCF avec ses marques commerciales a évolué sur les dix dernières années qui ont vu passer ce rebranding.

Tout d'abord, la marque OUIGO, lors de sa création, s'est totalement affranchie de la filiation avec celle-ci et de ses codes. Disparition de la marie-louise caractéristique des communications du groupe à cette époque, et peu (voire pas) d'affichage de la marque mère. À un tel point qu'en externe (les clients) et en interne (les agents) ont souvent cru que OUIGO était a minima une filiale, voire une entreprise différente. Et cela ressort encore aujourd'hui dans les études. La volonté de créer un concurrent interne a presque trop bien fonctionné...

En parallèle, au même moment, la marque TGV était totalement absorbée dans la marque SNCF. Disparition du logo escargot pour une typographie bâton en avenir, et prises de parole publicitaires où la marque SNCF apparaît comme la marque émettrice. Avec un corollaire : quand l'entreprise était touchée par une crise (panne géante à Montparnasse, grève, etc.), toutes les entités asilées sous la marque SNCF dont TGV plongeaient et suivaient la même tendance : chute de la préférence, de la considération, de la note d'image.

Dans l'écosystème actuel, il a été décidé de créer une filiation permanente mais discrète. Le logo SNCF est présent sur tous les trains, toutes les publicités, tous les points de contact comme une marque de réassurance, synonyme de sécurité et de fiabilité. Chaque marque vit avec un territoire d'expression qui lui est propre, et chaque prise de parole commerciale profite à SNCF et l'ancre dans la modernité. OUIGO et le train à grande vitesse accessible à tous apporte de la démocratisation au groupe. TGV INOUI et son expérience de voyage renouvelée apporte de la modernité. En revanche, à l'inverse, en cas de crise, c'est la marque SNCF qui prend la parole. Et son image en est fortement touchée, au contraire de ses marques commerciales, qui sont identifiées par les clients comme des marques transactionnelles. Il y a donc une circulation ascendante, mais pas descendante de l'influence entre les marques, qui s'apportent mutuellement tout en jouant sur leurs terrains de prédilection. Le corporate pour SNCF, le commercial pour TGV INOUI, OUIGO et OUI.SNCF.

Penser la marque (et son architecture) comme un ensemble en évolution

Cette étude de cas, au-delà de la vertu de l'exemple d'une grande entreprise nationale, nous montre qu'en matière de branding, le temps est un élément qu'il faut toujours prendre en compte. Une architecture ne se décrète pas, et il n'y a jamais un grand « avant » et un grand « après » en la matière. Au contraire, le système doit être assez ouvert pour permettre d'accueillir et d'asiler de nombreux possibles, au fur et à mesure de l'évolution de l'entreprise.

Cela vaut pour les marques actuelles, dont les positionnements sont amenés à évoluer comme on l'a vu. Ainsi, OUIGO est passée du statut de marque indépendante « hors univers SNCF » au centre de gravité d'un écosystème basé sur le « OUI » et revendiquant sa filiation à la marque SNCF, comme un élément d'un ensemble et d'une stratégie commerciale.

Par ailleurs, cette étude de cas nous fait également prendre conscience que la variable « temps long » est essentielle à la poursuite d'une stratégie de branding et d'une réflexion sur l'architecture des marques. En effet, la photographie à un moment donné ne permet pas de prendre en compte l'évolution et les dynamiques qui sont à l'œuvre. Elles peuvent être d'ordre économique (avec la montée en puissance d'un modèle ou d'une marque dans le portefeuille) ou d'ordre communicationnel (avec la construction de la notoriété et l'expansion d'une marque ou d'une autre).

Car le branding est une affaire de temps, ce que sous-estiment souvent les décisionnaires en entreprise. Installer une marque n'est pas une affaire de mois, mais une affaire d'années. Dans un projet de transformation, on estime souvent les bénéfices qui sont liés à la nouveauté, mais on sous-estime les désavantages du changement (une société qui donne une prime à ce qui vient de naître?). Or, le cas de la « disparition » potentielle de TGV au profit de INOUI le montre : c'est en mettant en scène cette disparition que l'on a redécouvert la valeur de TGV et son ancrage patrimonial dans le cœur des Français.

Par ailleurs, il n'existe pas de vérité absolue en matière de branding. Souvent, on demande un avis sur un nom, sur un logo, sur une identité. Or celles-ci sont parties prenantes d'une stratégie globale : commerciale, marketing, voire politique. Cette discipline ne peut pas s'évaluer *ex nihilo* car elle est partie-prenante des fondamentaux de l'entreprise. C'est à la fois une résultante (la conséquence des partis pris stratégiques qui ont été posés) et le début d'une dynamique interne et externe qui va aider l'entreprise à se transformer. Une marche à franchir dans une stratégie globale...

L'anti-consumérisme, un mode de consommation comme les autres ?

Mélanie Rauscher et Julien Féré

Leurs raisons sont multiples : environnement, bien-être animal, dégoût, rejet du système, ils sont de plus en plus nombreux à appeler à une décroissance globale de la consommation, voire à aller jusqu'à un retrait total de la société « de consommation ».

Pour l'exercice, poussons le raisonnement jusqu'au bout pour imaginer comment vivre dans une société de non-consommateurs ou de dé-consommateurs. Une société où les opérations commerciales (comme le black Friday qui arrive en novembre et est à chaque édition un record de surconsommation !) seraient bannies de l'espace public...

Anti-consumérisme, un profil unique ou une myriade de causes ?

J. F. : Les données Kantar pour le marché français sont formelles : nous sommes en décroissance sur de nombreux marchés. Hygiène-beauté, habillement, autant de secteurs qui connaissent depuis quelques années des croissances structurelles négatives, tout système de distribution confondu. Qu'est-ce que cela veut dire? Que notre système capitaliste basé sur la croissance permanente d'une année sur l'autre atteint un plafond. Il y a une limite au-dessus de laquelle, même sur des sociétés matures, on ne peut pas vendre plus de dentifrices, plus de manteaux, plus de shampoings.

Le constat est même contraire : on a soutenu la croissance et la consommation par des logiques mécaniques (promotions, sur-stockage, etc.) et ce soutien artificiel s'essouffle. Pire, il semble même que les Français se « raisonnent » dans leurs consommations : sur l'hygiène par exemple on ne peut pas leur faire appliquer plus de cosmétiques/de gels douche/de produits de beauté et pour la première fois depuis le XIXe siècle, la génération qui arrive se lavera moins souvent que la précédente... Donc il y a une dé-consommation en masse de certains secteurs...

M. R. : Il existe effectivement une lame de fond commune, mais on ne peut pas traiter tous les secteurs et tous les individus de la même façon : les causes sont propres à chaque secteur et les raisons incombent à chaque parcours personnel. Tandis que la consommation de cosmétiques baisse, celle des nouvelles technologies et de la culture, du divertissement ne cessent de croître. Les français ne consomment pas forcément moins, mais différemment. De plus, du point de vue du consommateur, les motivations qui poussent à la déconsommation ont évolué. Comme toute tendance, cette pratique était d'abord préemptée par une cible niche. Dans le cas de la déconsommation, les pionniers étaient fortement politisés et appliquaient leurs principes notamment au travers de leurs habitudes de (non)-achat. Depuis, la déconsommation s'est répandue et un public plus large, moins politisé, moins engagé, s'est laissé séduire par la tendance. Certes, cette cible cherche à contribuer positivement au collectif en achetant de façon plus raisonnée, mais pas seulement. Cultiver son propre potager, mettre en place un compost maison, faire sa lessive soi-même, c'est aussi une mode. Y adhérer est une façon de revendiquer sa contemporanéité (le fait d'être en phase avec son époque). Au-delà d'un engagement pour le collectif, c'est une mise en scène d'un *storytelling* personnel.

La dé-consommation serait donc un comportement social ?

J. F. : Il y a une érosion de certains marchés, qui ont été marketés de façon intensive et ont grossi plus vite que la demande (l'habillement ou le mobilier en sont des exemples extrêmes, où Leboncoin taille des croupières à Ikea), mais pourtant, les discours sont souvent orthogonaux avec les actions de nos concitoyens. Par exemple, cette année, la France a atteint un record de consommation de viande par individus, alors même que tout porte à croire (le développement des rayons vegan en grande distribution, les discours médiatiques, les actions des associations qui montrent des images choquantes sur les réseaux sociaux...) que la société va dans un sens contraire. Tout se passe comme si les consommateurs dissociaient symboliquement les actes et les discours. Ils consomment des produits carnés mais n'en cautionnent pas l'image...

M. R. : Les marques sont les miroirs des aspirations des contemporains. Et les marques à la mode aujourd'hui tendent vers la déconsommation ! La marque Patagonia, pionnière sur le discours de la consommation raisonnée, connaît un succès grandissant auprès des jeunes urbains. La jeune marque de prêt-à-porter parisienne Maison Standard commercialise quant à elle des vêtements intemporels de qualité et se positionne en opposition à la fast fashion et en faveur de la pérennité. Elle est allée jusqu'au bout de sa démarche en refusant de pratiquer des soldes, comme rempart à la frénésie consommatrice. Plus étonnant *a priori*, l'enseigne internationale Sephora revoit entièrement la recette de ses produits MDD (Marque De Distributeur), pour qu'ils soient naturels autour de 90 %. Cela s'inscrit dans une logique de déconsommation, puisqu'il s'agit bien de mettre moins d'éléments (chimiques), au profit de formules plus simples, plus « pures ». Si de jeunes marques naissent avec de telles propositions et si les grandes marques font évoluer leur modèle, c'est bien parce que les consommateurs attendent d'elles qu'elles les aident à moins (et surtout mieux) consommer.

Peut-on recréer un système d'échange sans refaire la consommation de masse ?

M. R. : Oui, c'est possible. Les plateformes comme Le Bon Coin ou Vinted l'ont déjà mis en place. Elles permettent à tout un chacun de vendre et/ou acheter des biens d'occasion et ainsi de profiter du plaisir de la consommation, de la nouveauté, sans que cela nécessite de produire plus. Des marchés parallèles fermés qui conjuguent déconsommation et consommation finalement. Des marques comme H&M se sont également lancées dans l'aventure de l'économie circulaire, en permettant aux clients d'amener leurs vieux vêtements en boutique pour qu'ils soient recyclés en échange d'un bon cadeau. Ce type de système est voué à se répandre davantage, car il permet aux consommateurs d'acheter en toute bonne conscience, de faire des économies et de limiter l'impact négatif de sa consommation sur le monde.

J. F. : Dès qu'on parle de système, on parle de reproduction à grande échelle et donc d'industrialisation de la consommation. Si on prend Vinted cité par Mélanie, par exemple, la matière première est de la récupération, mais le système (sa logistique, son fonctionnement, sa distribution) l'apparente à une production de masse. Alors certes le produit de départ existe déjà, en revanche, on met le consommateur au travail : il doit mettre en vente ses produits, faire ses paquets, gérer sa logistique, gérer sa réception et son après-vente. L'entreprise Vinted a inventé un modèle génial où elle met le client en situation de production et « économise » (au sens capitaliste) au travers de la mise en relation. Un modèle Amazon où producteurs et consommateurs sont la même audience. À l'échelle d'une ville, tous les systèmes de monnaie parallèle (le SEL, etc.) recréent à terme un système de consommation. On ne sait aujourd'hui pas sortir de notre modèle. Alors oui on peut payer avec une devise fictive, qui n'existe qu'entre les consommateurs, mais il reste une marchandisation médiatisée de services ou de produits entre particuliers. C'est également le cas sur les plateformes d'échanges de bons procédés comme Manomano...

Utiliser les armes du capitalisme pour le combattre, un choix de raison ?

M. R. : Toute marque, même si elle ne le souhaite pas, utilise les armes du capitalisme. Par exemple, de nombreuses petites marques d'origine biologique ou naturelles présentent dans les enseignes biologiques spécialisées font volontairement le choix d'un packaging épuré, d'apparence peu travaillé, éloigné des codes visuels contemporains. Cela donne une impression d'un produit « non-marketé ». Pourtant, malgré elles, ces marques ont défini des règles en termes de communication propres à leurs marchés. Ce « marketing de la déconsommation » trouve son public, puisque les grandes marques s'en inspirent, notamment les géants de la distribution qui cherchent à redorer leur image. Avec son programme « Act for Food », Carrefour a mis en place des actions concrètes pour favoriser le mieux manger (traçabilité des aliments, réduction des pesticides, du sel et sucre etc.). Cette approche peut sembler manquer de sincérité, mais les conséquences peuvent être positives ! Communiquer sur la déconsommation, bien qu'*a priori* antinomique, est indispensable pour éveiller les consciences et faire évoluer les comportements. La marque peut et doit jouer un rôle actif dans le changement des habitudes des consommateurs.

J. F. : Pour moi, la publicité ou le marketing n'appartiennent pas au système capitaliste. Ce sont des moyens qui ont connu un véritable essor grâce à la société de consommation et qui servent (et propagent) des idéologies. On le voit quand on analyse la communication des associations anti-pubs dans le métro : elles détournent les affiches et placardent des slogans qui sont dignes des meilleurs publicitaires. Pour faire un parallèle on se retrouve dans le même cas de figure que les hackeurs qui sont souvent embauchés par les entreprises qui créent des antivirus pour se protéger contre le hacking. Il y a un sujet de moyens, et des finalités qui sont opposées.

Au final, je rejoins Mélanie sur le fait qu'utiliser les armes du capitalisme est un moyen d'ouvrir les consciences. Cependant, ce qui me dérange, c'est que ces entreprises (distributeurs bios, marques engagées, etc.) utilisent des codes de non-marketing en prônant une supposée transparence des pratiques et des finalités (nous ne sommes pas là pour faire du bénéfice – tiens !). Étrangement, la dé-consommation n'est pas alors la finalité mais devient le moyen de faire de la consommation. On se retrouve donc plus facilement manipulé car on était engagés...

En définitive, on peut utiliser des moyens marketing au service de la dé-consommation, en revanche, instrumentaliser la dé-consommation au servir d'une stratégie marketing, c'est manipuler...

Pourquoi consommer est-il vu comme un péché ?

J. F. : Ma théorie est que notre société contemporaine a besoin d'un péché originel pour pouvoir avancer. Un fond de religion sans doute, qui crée les conditions d'un vivre ensemble raisonné. À une époque, tout le monde se comportait civilement en société pour ne pas aller en enfer. Et si on s'était mal comporté, on avait les moyens de se racheter en « finançant » ses péchés auprès de l'Eglise, grand médiateur du divin. Désormais, nous cherchons d'autres idéaux qui font tenir notre société, et travaillent des comportements tendus vers une norme : la consommation modérée, voire la non-consommation en est une... À moins que consommer soit vu comme un péché car cela rime un peu avec plaisir.

M. R. : Consommer, c'est aussi assouvir un désir, succomber à une tentation, tomber dans le piège du plaisir immédiat. C'est donc se détourner de son être ! Ainsi, consommer est anti-essentialiste. L'éphémère plaisir provoqué par l'acte d'achat s'oppose à la permanence de l'être. Cette pensée est d'autant plus présente dans notre société actuelle. La crise des subprimes déclenchée en août 2007 aux USA a mis en lumière nos excès et a ouvert la porte à une plus forte critique de notre système capitaliste. En réponse à cela, la tendance est à l'écoute de soi, de son esprit et de son corps à travers le yoga et la méditation de pleine conscience, et au rejet de la fuite vers des plaisirs matériels. À cela s'ajoute la prise de conscience collective de l'impact négatif de la consommation sur l'environnement, qui renforce de nouveau la critique de la consommation. Tant les fondations de notre culture judéo-chrétienne que les courants de pensée actuels nous conditionnent à rejeter la (sur)-consommation. Du moins dans le discours ! A voir si nos comportements changeront véritablement...

Étude de cas : Monoprix : renaissance d'une marque

Jean Patrick Chiquiar

Comment un supermarché du quotidien est-il devenu pendant plus de 10 ans l'enseigne préférée des urbains ?

À la fin des années 2000, l'enseigne Monoprix connaît un fort ralentissement. La concurrence en centre-ville s'intensifie, le différentiel prix peine à se justifier, les achats se font de plus en plus exceptionnels. Sans s'en rendre compte, Monoprix devient l'enseigne que l'on fréquente pour recevoir ses amis le samedi soir et a perdu de sa dimension quotidienne.

En 2008, sous l'impulsion de Hubert Hémard et Remi Guigou alors Directeur Général Adjoint et Directeur de l'image et de la marque, une compétition d'agence est lancée pour revaloriser l'image de marque et renouer avec la croissance business. En ressort une nouvelle plateforme de marque, construite autour d'une nouvelle vision :

« C'est parce que le quotidien revient tous les jours, qu'il a de l'importance. »

Et d'une nouvelle mission de marque : « Réenchanter le quotidien ».

Cette nouvelle plateforme de marque va fixer ce que va incarner la communication de Monoprix pendant plus d'une décennie.

À l'origine de cette plateforme…

Non au quotidien quotidien

Cette nouvelle plateforme de marque va définir un nouveau mot d'ordre pour Monoprix :

NON AU QUOTIDIEN QUOTIDIEN

Et pour incarner ce nouveau motto, il fallait trouver le symbole de ce quotidien que l'on ne voit plus, auquel on n'accorde plus d'importance, qui se répète inlassablement sans qu'on n'y fasse plus attention. Ce quotidien que l'on subit plus que tout, c'est la Marque Propre. Cette fameuse MDD (Marque De Distributeur) que l'on achète car elle est moins chère, car « elle fait le boulot » comme on dit… Cette marque dénuée de plaisir, au design austère, inventée par Carrefour et ses Produits Libres en 1974 avec le slogan « sans nom, aussi bons et moins chers ».

Et si Monoprix refusait de faire comme les autres distributeurs,

Et si Monoprix refusait cet état de fait,

Et si Monoprix réussissait à faire de sa MDD une marque aussi bonne et moins chère certes, mais avec une image, un attrait, une forme de désir.

C'est de cette vision que sont nés les packagings Monoprix avec leurs bandes de couleur, leur esprit Pop Art et leurs jeux de mots légendaires pour incarner à merveille ce NON AU QUOTIDIEN QUOTIDIEN. Il ne s'agissait en aucun cas d'une campagne pour vanter les mérites de la MDD Monoprix, mais bien une campagne de Marque qui se servait de la MDD comme symbole de son nouveau positionnement.

Le beau au prix du laid

La source d'inspiration de cette campagne de communication qui marquera sa décennie a été sans conteste Denise Fayolle. Vous ne connaissez sans doute pas cette personne, mais c'est pourtant elle qui a inspiré le plus ce qu'est devenu Monoprix

Dans les années 1950, Denise Fayolle était la Directrice du Style et de la Promotion chez Prisunic, racheté quelques années plus tard par Monoprix. Sa devise était « le beau au prix du laid ». Pendant toute sa carrière, elle a œuvré pour rapprocher la création artistique et la fabrication industrielle à moindre coût. En 1968, elle crée l'agence Mafia avec Maïmé Arnodin et conseille les 3 Suisses, Yves St Laurent, Jean-Paul Gaultier, Sonia Rykiel, Emmanuel Kahn ou encore Sir Terence Conran qui lançait la marque Habitat en France. La campagne de lancement du nouveau positionnement de Monoprix en 2009 est un vibrant hommage à sa philosophie avec ce pack de lait et ces mots « LE LAIT CA PEUT ÊTRE BEAU ».

C'est l'esprit de Denise Fayolle qui perdure dans toutes les collections Capsule que Monoprix réalise chaque année sur la mode ou la déco avec de jeunes créateurs qui font eux aussi du beau au prix du laid. La journaliste franco-quebecquoise Sophie Chapdelaine de Montvalon raconte, à l'aide de nombreux documents inédits, comment ces « deux femmes d'exception ont réussi à faire descendre la création dans la rue ». À lire pour plus d'inspiration : *Le beau pour tous* – Sophie Chapdelaine de Montvalon – éd. L'iconoclaste.

Les ingrédients créatifs de cette identité de marque

La Pop Culture

Si la MDD va être l'arme fatale pour dire NON AU QUOTIDIEN QUOTIDIEN, si Denise Fayolle va en être l'inspiratrice, Andy Wharhol et ses Campbell Soup joueront eux aussi un rôle déterminant dans la Direction Artistique au global.

Pour avoir réussi à mettre des produits de grande consommation dans un musée, Andy Wharhol sera une source d'inspiration pour les graphistes, designers et Directeurs Artistiques ayant conçus les packagings Monoprix. Une boîte de conserve, des bandes de couleur, des mots bien sentis et nous voilà face à la nouvelle identité de la marque Monoprix dont les campagnes de Publicité sont aujourd'hui exposées au musée des Arts décoratifs. Chacun son tour !

Les Bayadères

Des couleurs, des rayures de différentes tailles, se sont répandues partout : sur les packs, les PLV, les réseaux sociaux, les mailings, les annonces presse, les affiches dans la rue… bref tous les éléments de communication de la marque pendant plus de 10 ans.

Le Packaging va devenir le média de la marque, et les bayadères son signe identitaire avec un acte de bravoure en rupture avec les codes en linéaires : masquer le produit lui-même avec un design total. Donner envie d'acheter le produit par la beauté de son design et l'esprit de ses jeux de mots, plutôt que par la mise en scène de sa valeur organoleptique. Un acte de désobéissance majeur, croisé avec un annonceur kamikaze et vous obtenez la plus belle page de l'histoire publicitaire d'un distributeur en France de ces 20 dernières années : 3 Gold Lions aux Cannes Lions, 2 Grands Prix Stratégies de la publicité en moins de 10 ans, 1 Grand Prix Effie… aucune autre marque ne peut se targuer d'aussi belles reconnaissances tant business que créatives.

Les jeux de mots

« *It's raining nems* »,

« il a le physique et l'emmenthal »,

« c'est la mûre a la plage »,

« on ne se pêlera plus »…

Autant de petits moments de grâce pour parler de produits de consommation courante. NON AU QUOTIDIEN QUOTIDIEN, c'est aussi une façon de surprendre au quotidien à travers tous ces traits d'esprits disséminés parmi des milliers de références dans les linéaires des 315 magasins Monoprix. C'est plus de 2000 références refaites la 1re année et environ 1000 les années suivantes avec la même exigence en termes de tonalité et un respect absolu de la charte graphique. Et ce sont des centaines de témoignages de clients qui racontent leur bonheur d'avoir découvert une petite phrase les ayant faits sourire en faisant leurs courses et justifiant d'y retourner chaque semaine.

Et pour orchestrer cet univers, les leviers sont aussi originaux que les messages

Le choix de la proximité avec le digital, média du quotidien

À partir de 2013, Monoprix s'empare des réseaux sociaux. En effet, quoi de plus quotidien que Facebook ou Instagram dans la vie des gens aujourd'hui. C'est de cette réalité qu'est née la ligne éditoriale de Monoprix sur ces réseaux. Festival de Cannes, St Valentin, Coupe du monde de football, Roland Garros, Fête de la musique… tous les prétextes sont bons chez Monoprix pour réenchanter le quotidien avec des faux packagings de produit sur les réseaux sociaux.

Et quand un nouveau phénomène de société fait l'actualité, obligation est faite de s'en emparer et de le détourner. L'exemple du lancement du jeu Pokémon est à ce titre emblématique. Alors que le jeu n'est pas encore sorti en France mais est déjà un phénomène mondial, nous observons le comportement des joueurs les plus assidus et découvrons qu'ils partent chasser les Pokémons aux aurores, utilisent leur pause déjeuner pour repartir en chasse et quittent leur travail pour un afterwork quelque peu physique, puisqu'ils arpentent plusieurs kilomètres pour trouver le Pokémon qui leur manque. C'est en partant de cette observation qui se reproduit au quotidien que Monoprix a l'idée de lancer le Kit du Dresseur : un kit de produits utiles aux chasseurs de Pokémon -eau vitaminée, recharge de portable, pansement contre les ampoules, barre énergétiques, crème solaire… Un simple tweet posté le jour du lancement officiel du jeu en France donnant rendez-vous à tous les chasseurs de Pokémon au Monoprix de St Michel à 15 heures et c'est la cohue. Plus de 3 000 personnes qui se ruent pour gagner le kit de produits, un service de sécurité dépassé, un nombre de repost incroyable de la photo du kit pour les heureux gagnants et le buzz est lancé. Un simple tweet, une bonne activation et on devient le Trending Topic de la journée. C'est l'agilité de la marque qui lui a permis de compenser le manque de moyens en paid par du earned media.

Lait drôle la vie

Pour les 85 ans de Monoprix, la marque interroge l'agence sur la mise en place d'un événement promotionnel autour de la thématique de l'anniversaire. La belle affaire ! Encore un énième anniversaire à célébrer avec son lot de promotions à -50 % pseudo exceptionnelles.

Pour dire NON AU QUOTIDIEN QUOTIDIEN de la promotion, nous avons complètement transformé le sens de l'opération. D'une opération promotionnelle, nous en avons fait une opération relationnelle pour célébrer le lien affectif indéfectible qui unit les consommateurs à l'enseigne depuis 85 ans. Un dispositif jamais vu avec un film de 4 minutes diffusé à la TV en exclusivité sur les chaînes de la régie M6 et au cinéma et une activation digitale pour donner une deuxième vie à ce dispositif. La 1re brique de ce dispositif réside dans ce film culte pour la marque qui narre l'histoire d'amour d'un couple de collégiens qui se déclare sa flamme en s'échangeant des petits mots des packs Monoprix, « Tu me fais Crackers », « T'es l'ananas de ma vie », « je te nem ». Ils se retrouvent 10 ans plus tard pour s'échanger des mots d'amour à nouveau : Lait drôle la vie.

En parallèle de ce film, 12 fins digitales différentes ont été tournées. C'est au total près de 10 millions de vidéos vues pour le plus petit plan média TV du monde : 17 spots et 35 GRP, pour le plus long film jamais diffusé sur une chaîne de TV Française à cette époque. L'effet est immédiat : l'engouement du public pour cette campagne se traduit directement en magasin où Monoprix renoue avec la croissance. Cette campagne se voit récompensée d'un Gold Lion en 2017 au festival international de la publicité : les Cannes Lions. Pour P.J Pereira, Président du jury, « vous avez réussi à me faire passer 4 minutes avec la marque sans que je ne m'en rende compte ». Cette campagne est citée en référence dans son ouvrage « The Art of Branded Entertainment ». En parallèle, cette campagne reçoit le Grand Prix Effie 2017, seul prix récompensant l'efficacité business prouvée des campagnes. C'est la 1re fois en France, qu'une même campagne reçoit un Gold Lion et le Grand Prix Effie. Ou quand Créativité et Efficacité vont enfin de pair !

L'obligation de toujours se réinventer : urban proof

À partir de 2018, Régis Schultz alors Président de Monoprix, décide de réorienter le discours de la marque autour de deux piliers : Minimiser les contraintes, Maximiser le plaisir. Dès lors une forte orientation service se développe chez Monoprix en particulier sur le thème de la livraison.

Pour soutenir ce thème en communication, Monoprix nous demande de faire la suite de « Lait Drôle la Vie ». Mais si on dit NON AU QUOTIDIEN QUOTIDIEN dans la vie de tous les jours, pourquoi refaire la suite d'une publicité déjà vue? C'est ainsi que nous proposons une campagne qui prend un contrepied total par rapport à la campagne précédente, mais qui pourtant en conserve les ingrédients majeurs : démontrer l'utilité de Monoprix dans la vie des gens de la façon la plus entertaining et jamais vue qui soit. De cette conviction naît la campagne « The Worst Song in the World » : Une jeune femme devant supporter la pire chanson du monde sur sa playlist car elle a les bras chargés de paquets de courses, au lieu d'utiliser le service de livraison à domicile pour éviter cette corvée.

Lorsque nous devons présenter cette campagne au client, nous devons chanter une fausse chanson pour lui faire comprendre le concept. Pas facile… il faut une sacrée dose de confiance entre un client et son agence pour valider une telle approche. Le client ne demande qu'une chose : que la chanson soit en Français pour que les gens puissent comprendre les paroles. On leur a juste répondu qu'on voulait faire la pire chanson du monde, pas la pire chanson de France pour les convaincre de garder les paroles en anglais. Pour faire cette campagne, nous décidons d'interroger les Traktor.

Les Traktor forment un collectif de réalisateurs ayant œuvré pour les plus grandes marques mondiales et ayant réalisé des campagnes pour Nike, Fedex,

Miller, Levis, etc. Réalisateurs les plus primés au monde pendant deux années consécutives, les Traktor n'avaient pas accepté un script Français depuis près de 5 ans. Les convaincre de travailler pour une marque française avec un petit budget de production a été un petit miracle. Mais quand la qualité de l'idée est là et les conditions réunies, rien n'est impossible.

Tout dans cette pub fait référence aux années 1980, aux solos de saxo improbables, aux images kitch de cette époque. Pas facile de faire la pire chanson du monde avec le look de l'époque, tout en ayant une Direction Artistique impeccable. Et c'est pourtant l'exploit réalisé par les Traktors avec ce film qui sera lui aussi couronné aux Cannes Lions d'un Silver et sera désigné meilleure campagne de l'année au Grand Prix Stratégies de la Publicité et au Hit CB News avec la 5e étoile.

THE END

En 2019, coup sur coup Régis Schutz, Florence Chaffiotte et Nicolas Gobert, respectivement Président, Directeur Marketing et Directeur de l'image et de la marque quittent l'entreprise pour voguer vers de nouveaux challenges. Nous ne résisterons pas à la vague de changements qui va suivre et qui va conclure 10 ans d'une de plus belles sagas de l'histoire de la publicité Française et du secteur du Retail à n'en pas douter.

3 Gold et 1 Silver à Cannes, 2 Grands Prix Stratégies de la publicité, 1 Grand Prix Effie… et pourtant Monoprix choisit de changer d'agence. LAIT PAS DROLE LA VIE…

3.3 *Méthode : Comment « stopper » une marque et orchestrer sa disparition (après l'avoir créée) ?*

Étude de cas : OUIBUS, Va, vis et reviens

Béatrice Godineau

Quoi de plus stimulant, dans la vie d'un marketeur, que de donner naissance à une marque, de la faire grandir puis de la faire disparaître et renaître sous une autre forme? C'est l'histoire d'une petite marque de SNCF, OUIBUS, devenue BlaBlaBus quatre ans plus tard.

Première « petite » mort et renaissance : iDBUS devient OUIBUS

Tout débute en 2011 par une fulgurance marketing : SNCF se prépare à la fin de son monopole sur le marché ferroviaire des voyageurs, prévu une dizaine d'années plus tard. Les marques low cost de mobilité, à la fois transporteur et distributeur de leur propre offre, ont le vent en poupe. SNCF décide de créer deux offres *low cost* : OUIGO et iDBUS, des voyages en autocar longue distance. Ces deux nouvelles marques sont lancées en 2013 : OUIGO sur le marché français et iDBUS « en cabotage » c'est-à-dire pour assurer des liaisons entre deux pays européens (mais non intra-pays, vous suivez ?).

Trois ans plus tard, en 2015, sous l'impulsion du ministre de l'Économie de l'époque, Emmanuel Macron, le marché français des Services librement organisés (SLO) projette de s'ouvrir. En effet, le projet de Loi pour la croissance, l'activité et l'égalité des chances économiques doit passer devant l'assemblée nationale en juillet 2015. Si cette Loi est votée puis promulguée, à partir de ce moment-là : n'importe quelle entreprise pourra organiser des voyages en bus longue distance à l'intérieur du territoire français. Ce projet de Loi, communément appelée « Loi Macron », va mettre fin à plus de 67 ans de monopole assumé du ferroviaire en France ! La France, un pays qui plus est carrefour des mobilités terrestres. Autant dire que pour SNCF, pas question de laisser ce marché stratégique à d'autres, même si un bus ne contient « qu'une cinquantaine de places ». Si des français veulent prendre des bus longue distance à la place des trains, autant qu'ils montent dans un bus SNCF !

Dès juin 2015, SNCF se met en pole position. La décision est prise de mettre fin à la marque iDBUS pour se lancer sur ce futur nouveau marché et ce, pour deux bonnes raisons marketing.

- D'abord, parce que sa filiation sémantique est associée à l'innovation (suffixe iD) et à un produit en fin de vie (iDTGV) et non au nouvel étalon low cost (OUIGO).
- Deuxièmement, parce que la marque iDBUS n'a pas de forte notoriété auprès des français en raison de sa faible couverture du territoire. Normal, le marché domestique n'existe pas encore, contrairement à nos voisins européens dont les entreprises de voyages en bus sont des poids lourds historiques.

Naturellement, la stratégie de ce nouveau branding se fixe sur la création d'une filiation forte avec OUIGO, marque emblématique de la stratégie low cost du groupe. Mais aussi sans doute, parce que OUIAUTOCAR ne fonctionne pas super bien... Par ailleurs, le mot BUS est universel. Choix est donc fait d'appeler cette nouvelle offre : « OUIBUS », le préfixe « OUI » devenant par là même, le chef de file optimiste d'une nouvelle approche client.

iDBUS DEVIENT OUIBUS

Une fois le nom choisi, reste à concevoir la bonne stratégie de lancement. La demande est claire : les équipes ont moins de 2 mois pour lancer cette nouvelle marque sur le marché français avec l'ambition de se positionner comme leader dès l'ouverture. Toujours aucune date d'ouverture n'est définitivement posée, mais le projet de Loi semble en bonne voie d'adoption. La *to do list* est folle, mais à l'impossible, nul n'est tenu. En 6 semaines, il s'agira donc de :

- Construire le réseau idéal pour capter une clientèle nouvelle sans phagocyter les clients du train.
- Réunir toutes les conditions pour circuler : autorisations auprès de l'autorité régulatrice, l'ARAFER), nouveaux autocars, hangars de stationnement et bien sûr, des conducteurs déjà formés.
- Structurer l'entreprise : nouveaux collaborateurs pour répondre aux expertises pointues (Yield management, network...), locaux, etc.
- Opérer le rebranding intégral d'iDBUS en OUIBUS. Autrement dit : la conception d'une nouvelle identité graphique, le recovering complet d'une trentaine d'autocars répartis aux quatre coins de l'Europe, le rebranding du site marchant en 6 langues, la récréation complète de la signalétique des « gares » routières, des lieux de ventes, créer des tenues pour les « capitaines », etc.
- Trouver les bonnes agences pour aider à concevoir le plan de lancement de la marque : le tone of voice, la pub, le plan d'influence et bien entendu la production de tous les contenus nécessaires.

Et tout cela (et d'autres choses bien sûr), en pleine période estivale. Après beaucoup de suées et quelques nuits blanches, les équipes sont prêtes à lancer la nouvelle marque low cost de SNCF, OUIBUS.

Crédit photo : Maxime Huriez – médiathèque SNCF

« Oublie que tu as aucune chance, vas-y, fonce ! »

Si je dis à Jean-Michel « *Sais-tu que pour aller de Lille à Bordeaux, désormais, tu peux prendre le bus ? Tu mettras 12 heures* ». Pensez-vous que Jean-Michel va me répondre « *Super ! Merci pour le bon plan* » ? Pas vraiment. Jean-Michel, comme bien d'autres est déjà très habitué… à sa voiture personnelle, au co-voiturage ou encore au train bien sûr. Et en plus, nous avons de la chance car Jean-Michel me croit quand je lui dis qu'il peut faire un voyage en bus. D'autres me diraient : « *Ah bon ? Ça existe ? T'es sûr ? Jamais vu ça* ». Bref, il va falloir un bon coup de pouce pour faire comprendre aux Français :

1. Que les voyages longue distance en bus existent.
2. Que c'est cool (même si c'est long).

SNCF décide donc de voir en grand. Pionnier incontesté de la mobilité collective au taux de notoriété de 100 %, l'entreprise lance OUIBUS en assumant l'endossement SNCF et en construisant une marque résolument légère et décalée, populaire et drôle afin de décupler d'emblée sa visibilité et son attractivité médiatique et de se différencier du ton habituel des produits SNCF dans le but d'attirer de nouveaux clients. Rappelons que traditionnellement, sur les marchés low cost, les marques annoncent leur lancement en réalisant un marketing d'acquisition (achats de mots-clés) ultra-puissant et très commercial, centré sur le prix. Autrement dit : le prix, le prix, le prix avec une visibilité maximum dans les parcours de conversion des clients en digital.

Né un 3 septembre 2015

Voir en grand, c'est faire monter rapidement la notoriété de la marque OUIBUS et la connaissance de ce nouveau marché, car un leader est avant tout un *market maker*. Le plan de lancement est orchestré en accompagnement de la montée en puissance rapide (et stratégique) du réseau de destinations. Car qui dit low cost, dit volumes.

Illustration

La montée en charge rapide du réseau Ouibus

Au moment du lancement

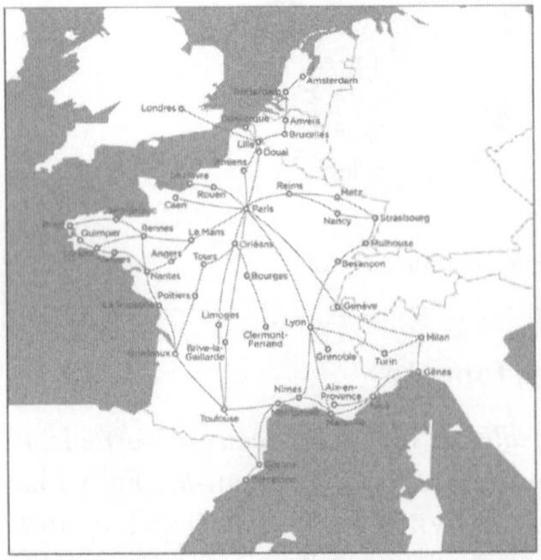

3 mois après

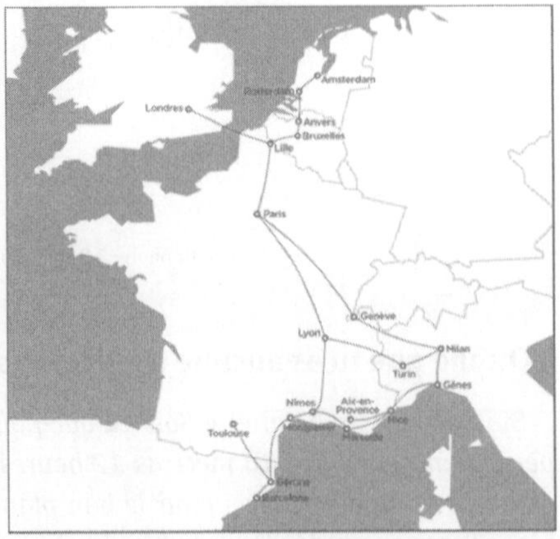

Crédit : Evelaine Guilbert pour Ouibus

Le concept général du lancement se formalise autour des bonnes nouvelles que représentent ce nouveau marché et l'arrivée de SNCF sur ce dernier.

- Le 3 septembre, le lancement de OUIBUS est orchestré par SNCF, qui utilise tout son savoir-faire habituel afin de transformer tout lancement de marque en événement médiatique. La prise de parole est portée par le triptyque dirigeant de l'époque : le président, Guillaume Pepy, la Directrice Générale de Voyages SNCF, Rachel Picard, et le Directeur Général de OUIBUS, Roland de Barbentane. Elle est suivie du départ inaugural du premier bus à la gare de Paris Bercy, dès le lendemain. Plusieurs dizaines de retombées presse suivent très rapidement. C'est un succès médiatique immédiat et important : les journalistes évoquent la nouvelle offre de « voyages en bus longue distance » de SNCF, la future bataille du marché (5 opérateurs sont sur la ligne de départ !) et le positionnement inattendu de SNCF.

La SNCF lance 130 lignes d'autocars sous la marque Ouibus

Le groupe public réplique à ses concurrents sur le marché domestique de l'autocar longue distance, libéralisé cet été par la loi Macron. Il change le nom de sa filiale IDBus et lance dès ce vendredi ce nouveau service avec un objectif de 4 millions de voyages en 2016.

Lire plus tard | 09 | Commenter

- Dans la foulée, la marque OUIBUS et plus particulièrement son « *tone of voice* » facétieux sont lancés par une campagne digitale « *les interdits ridicules* ». Cette dernière dénonce le caractère burlesque de l'interdiction des voyages longue distance en bus avant la promulgation de la Loi. Une manière pour SNCF de jouer avec humeur la fin connue et annoncée de son propre monopole. Les 3 films sont encore visibles sur le site de Culture Pub (http://www.culturepub.fr/videos/ouibus-les-interdits-ridicules-la-soupe/).
- Fin septembre, les films de la campagne sont diffusés au cinéma pour faire connaître l'offre aux cibles étudiante et *senior*, cette dernière étant particulièrement friande de voyages en bus, comme en témoigne le succès des tour operators en autocar.
- En décembre 2015, le réseau OUIBUS s'est étoffé mais surtout, c'est la période phare de l'année pour tout transporteur : Noël et tous ses voyages pour retrouver la famille. Il est temps d'élargir encore la cible et de parler aux Français... et surtout à tous ceux pour qui une offre de dernière minute sera un bon plan, quand les autres moyens de transport ont déjà fait le plein de clients depuis des semaines. En effet, l'offre de voyages longue distance en bus est une offre alternative à la voiture et au train. Il n'y a peu voire pas d'anticipation. Ainsi, communiquer en décembre pour des voyages en... décembre est un excellent choix stratégique : les réservations sont au rendez-vous, OUIBUS impose son existence dans l'esprit des Français.

- Résultat : en moins de 3 mois, la marque OUIBUS se hisse marque numéro 1 en notoriété devant les autres compétiteurs avec une énorme avance de points (plus de 40 points d'écart en notoriété assistée avec la marque suivante).

Étude de cas

OUIBUS et ses compétiteurs : des stratégies opposées mais une même dominante, y aller à fond !

Un des nouveaux entrants, plateforme digitale majeure et largement connue à échelle européenne, met en place une stratégie de lancement et de soutien de son offre 100 % centrée sur l'acquisition « pure » de trafic :

D'abord, en injectant massivement et régulièrement de l'offre et des destinations sur le marché. Outre le nombre de lignes en tant que tel, chaque ligne compte de nombreux points d'arrêts entre le point de départ et la destination finale, permettant ainsi d'élargir considérablement la promesse client (et même si la demande n'est pas toujours là).

Ensuite, en mettant en place un marketing d'acquisition digital offensif sur l'achat des mots-clés, allant même jusqu'à mettre dans la description de son site « Oui au bus » pour capter le trafic de OUIBUS.

Complété par un marketing opérationnel physique, local et ultra-présent sur les lieux clés des cibles visées. Ainsi, l'ouverture du marché et les périodes phares ont été soutenues avec la distribution de coupons de réduction, de flyers dans les auberges de jeunesse, les gares routières, les facs, etc.

Enfin, sur le plan médiatique, en jouant à fond la carte du challenger ou de la petite PME face à l'empire SNCF.

OUIBUS quant à lui, a fait le choix de créer le marché (*market maker*) et de parier sur un haut niveau de notoriété et de familiarité afin, notamment, de diminuer sa charge financière d'acquisition pure.

Poids lourd en France, poids plume eu Europe

Les voyages longue distance en bus représentent un quatrième choix modal après la voiture personnelle, le covoiturage et le train. La survie d'un opérateur sur ce marché dépend donc de sa capacité à injecter rapidement du choix et du volume sur le marché, le tout à petits prix. Or, OUIBUS n'a ni la capacité technique, ni financière pour développer des centaines de lignes en quelques semaines à peine. Dès septembre 2015, l'entreprise signe ses premiers contrats de sous-traitance avec plusieurs entreprises régionales spécialisées dans le domaine du bus, des « poids lourds » du secteur. Ce partenariat permet d'accélérer très rapidement la capacité de déploiement en France *via* un « simple » rebranding des bus dédies de ces opérateurs.

Sur ce marché du quatrième choix, il n'y a pas de place pour tout le monde. Très rapidement, certains opérateurs jettent l'éponge et le marché se concentre à peine 9 mois après son ouverture. Dans ce contexte, OUIBUS propose à l'un des opérateurs, Starshipper – qui fédère une trentaine d'entreprises locales de transport –, de le rejoindre en tant que franchisé et en contrepartie d'un rebranding sous marque OUIBUS. En effet, la marque OUIBUS est numéro un en notoriété, avec une très large longueur d'avance et est également très bien installée en tant que distributeur digital avec ouibus.com et son application mobile. Comme nous sommes dans un livre, nous ne partagerons pas les longues discussions. En revanche, nous irons droit à la conclusion, celle du deal ! En juin 2016, Starshipper devient OUIBUS.

Avec un nombre décroissant d'opérateurs, la conquête du marché se poursuit, la guerre d'acquisition de clients fait rage, tout comme celles des prix. Là encore, les stratégies diffèrent, en fonction des modèles de chaque entreprise. Pour un modèle de distributeur pur, où les coûts fixes sont principalement des coûts marketing et IT : seule compte l'acquisition de trafic sur la plateforme digitale et l'acquisition de nouveaux clients. Or, parmi les concurrents, une des marques est un distributeur déjà très installé et puissant dans le reste de l'Europe. Aussi, la conquête du marché français est une petite partie d'une bien plus vaste conquête : celle de l'Europe, voire du monde.

Méthodologie

L'outil de monitoring préféré chez OUIBUS

Chaque semaine, les équipes OUIBUS ont suivi et monitoré beaucoup d'indicateurs. Parmi ces derniers, l'outil Google Trends qui retrace la popularité des requêtes sur Google était fortement plébiscité pour sa facilité d'utilisation. Ci-dessous, la courbe OUIBUS figure en bleu face à son principal concurrent en rouge. La première courbe représente le marché français, la seconde tous les pays.

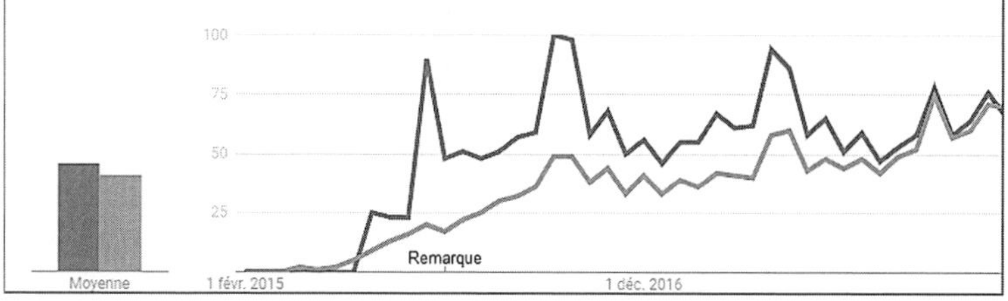

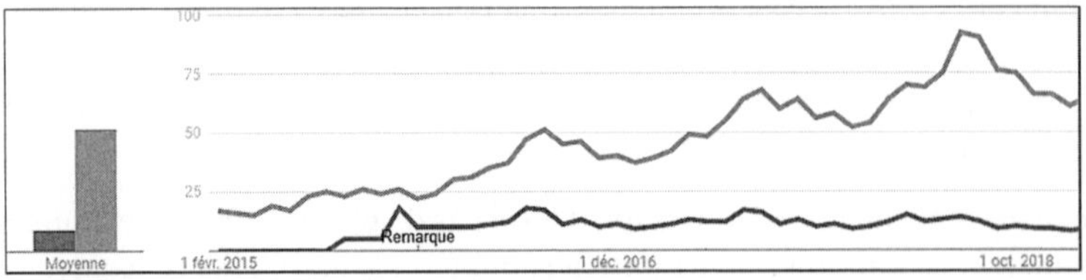

2017 est l'année de la maturité en matière de connaissance client. En réalité, le marché du bus longue distance se révèle être un marché de courte/moyenne distance (de 100 à 250-300 km) ou de très longue distance (plus de 800 km) avec des clients prêts à faire deux jours de voyage et de multiples arrêts (de nuit !) pour rejoindre le sud de l'Europe depuis l'Est ou le Nord. L'offre entre 300 et 800 km est quant à elle largement couverte par la voiture ou préemptée par le TGV en France.

C'est aussi un marché impitoyable où les clients sont de véritables traders, qui arbitrent selon 3 critères : le prix, critère de choix ultra-majeur, les destinations et l'horaire. Les clients n'hésitent pas à réserver jusqu'à l'heure du départ, quitte à reporter leur voyage si le bus devait être plein. Avec un compétiteur principal puissant et présent dans toute l'Europe et avec cette nouvelle donne, la présence de OUIBUS en Europe n'est pas un nice to have mais bien un must have.

Or, comme deux ans auparavant, OUIBUS n'a pas la capacité humaine, financière ou encore l'avance européenne de son premier concurrent pour se développer et faire connaître sa marque ultra rapidement et dans autant de pays stratégiques (Allemagne, Royaume-Uni, Pologne, Espagne, Italie, Pays-Bas notamment).

Aussi, OUIBUS décide de se rapprocher de partenaires puissants dans leurs pays domestiques : Alsa, numéro 1 du voyage en bus en Espagne, et le leader britannique National Express. Toutefois, difficile de proposer à ces poids lourds du secteur – qui plus est des marques historiques – un rebranding « frenchie ». D'autant que c'est plutôt OUIBUS qui a besoin de la notoriété de chaque marque sur leur territoire national. Aussi, une alliance est signée en décembre 2017 et les billets pour l'Angleterre, l'Espagne, le Portugal, l'Italie sous marques Alsa, National Express et Marino apparaissent sur le site OUIBUS, gonflant ainsi son réseau et les possibilités de voyages.

La marque quant à elle, continue de s'émanciper en France et garde sa large avance de notoriété, et ce, en dépit d'un investissement média très fortement décroissant. Le ton, le style est là, et le pari d'une marque connue, fun et reconnue est gagné. OUIBUS a imposé son style décalé, allant jusqu'à proposer un stretching audacieux, OUICROQUETTE, le temps d'un été. La campagne digitale est encore visible sur le site de l'ADN (https://www.ladn.eu/adn-business/news-business/actualites-agences/ouicroquette-ouibus-lance-son-service-de-garde-danimaux/).

En route vers une seconde « seconde vie »

En 2018, OUIBUS a donc noué plusieurs partenariats en France et en Europe et dispose d'une avance de notoriété solide en France. Le marché du bus longue distance a « pris » plus d'un million de voyages au co-voiturage en France comme le montre le rapport de l'ARAFER. Le marché est là, les clients aussi. Mais la conquête de l'Europe doit s'accélérer. Or, en dépit de l'énergie et des adaptations régulières de modèles opérées par OUIBUS, les possibilités d'extension en Europe dans un temps court sont limitées. En effet, la connaissance locale de ces marchés, pour la plupart historiques et déjà très « matures » tout comme l'injection importante de fonds sont nécessaires.

C'est aussi cette année-là, en mars 2018, qu'une partie des syndicats français appellent à la grève en prévision de la réforme prochaine du système des retraites. Pendant cette grève qui impacte fortement SNCF, OUIBUS parle avec... BlaBlaCar. Ensemble, ils décident de nouer un partenariat de distribution pour répondre de manière plus forte aux besoins des français en cette période. Ce premier rapprochement ne sera pas le dernier (mais là encore, nous sommes dans un livre et allons vous livrer directement la conclusion) : en novembre 2018, un projet de rachat est signé entre BlaBlaCar et SNCF pour la reprise intégrale de OUIBUS.

Deuxième grande et belle mort : OUIBUS devient BlaBlaBus

En rachetant OUIBUS, BlaBlaCar s'offre un réseau de bus longue distance déjà structuré en France. En effet, BlaBlaCar est déjà présent et puissant en France sur le covoiturage, mais il est aussi très développé à l'international autour de deux business : le covoiturage bien sûr, et le bus longue distance en Russie et au Brésil notamment. En dépit de la très forte notoriété de la marque en France et de son ton et son style bien installés, il n'est pas question de conserver la marque OUIBUS dans la durée, et ce, tant pour BlaBlaCar que pour SNCF.

En effet, le préfixe « OUI » est fortement attaché à SNCF et encore plus depuis que le site voyages-sncf.com est devenu oui.sncf fin 2018 et que TGV a renouvelé son expérience clients sous bannière TGV INOUI. Par ailleurs, la volonté de BlaBlaCar est de consolider sa position au niveau mondial sur le marché du bus et de le faire dans l'univers de sa propre marque et plateforme, ce qui est logique pour une communauté rassemblant 90 millions de membres et présente dans plus de 20 pays.

C'est reparti ! Tout comme il a fallu orchestrer le lancement puis entretenir la marque OUIBUS pendant 4 ans, il s'agit à présent de la faire disparaître progressivement, sans brutalité afin de ne perdre aucun client ou transaction, puis de la faire renaître sous une autre forme avec un nouveau nom et une nouvelle identité graphique. Logiquement et en filiation avec le premier stretching opéré par BlaBlaCar avec « BlaBlaLines » – offre de covoiturage domicile-travail – le nouveau nom sera (roulements de tambours) : BlaBlaBus.

Pour le marché français, l'objectif est donc donné de capitaliser au maximum et le plus longtemps possible sur la notoriété de OUIBUS et de basculer progressivement vers le nouveau nom BlaBlaBus. C'est le choix assumé d'une transition longue afin de profiter pleinement de la puissance de la première marque au profit de la seconde.

Concernant le lancement de ce produit dans les autres pays européens où BlaBlaCar souhaite s'implanter, se réimplanter et où OUBUS était parfois déjà présent, le choix se porte sur le lancement direct de BlaBlaBus.

C'est de nouveau une *to do list* incroyable qui anime les équipes BlaBlaCar et OUIBUS pour développer l'inventaire et construire en un temps record cette nouvelle offre sur tous ces marchés. L'enjeu n'est pas de construire une nouvelle marque qui vivrait de manière relativement autonome. Non, il s'agit de lancer et installer un nouveau mode de voyage dans l'écosystème déjà développé de la marque BlaBlaCar, dont la notoriété et l'image sont très fortes. Ce nouveau mode « bus » par BlaBlaCar vient enrichir l'inventaire de mobilité de blablacar.com et de l'application. C'est une offre additionnelle et complémentaire au covoiturage, les deux répondants à des attentes de mobilité partagée à petits prix, de dernière minute pour les clients.

4 ans après la naissance de OUIBUS, la petite marque de SNCF est devenue, en quelques clics, une nouvelle marque produit BlaBlaCar. OUIBUS est mort, vive BlaBlaBus !

Les auteurs

Karine Berthelot-Guiet, professeure des universités au Celsa-Paris-Sorbonne, Directrice du Celsa, membre du Gripic et responsable de la thématique Médiations Marchandes. Elle a dirigé pendant 17 ans le Département Marketing, Publicité du Celsa, co-dirigé l'équipe d'accueil le GRIPIC (Groupe de Recherche sur les Processus d'Information et de Communication) et été Directrice adjointe de l'école déléguée à l'image et à la formation continue. Elle est spécialiste de la publicité, de ses discours et de ses imaginaires. Elle a publié en 2105, *Analyser les discours publicitaires,* en 2013, *Paroles de pub, la vie triviale de la publicité* et a dirigé *La marque objet communicationnel, Communication et Management*, n° 1 et 2 ; elle est co-auteur, en 2014, de *La fin de la publicité*.

Après un parcours en lettres et en communication au Celsa, **Margot Besnier** s'est spécialisée dans une approche sémiologique du branding. Doctorante au Celsa Sorbonne Université, elle finalise actuellement sa thèse de doctorat sur les imaginaires de la Parisienne, en s'intéressant aux thèmes du corps, du commerce de l'identité et de la ville, tout en bénéficiant d'un terrain d'immersion exploratoire et privilégié pour l'analyse des imaginaires professionnels en acte. Après trois ans passés au planning stratégique de l'agence KR Wavemaker, elle est actuellement en charge de l'identité des marques commerciales de Voyages SNCF.

Anne Bock est Directrice adjointe de la communication de Voyages SNCF. Elle était auparavant Directrice du planning stratégique de KR Wavemaker. Après un diplôme marketing d'école de commerce (EDHEC) et une expérience en marketing de marque média, elle a rejoint le monde des agences de communication en 2007, dans un premier temps en tant que directrice d'études, puis en tant que directrice de planning stratégique. Intervenante occasionnelle dans le monde universitaire (EDHEC, CELSA, ISCOM, ISEG) qu'elle découvre en même temps qu'elle y intervient, elle a pour objectif de partager sa culture hors du sérail, à savoir l'opérationnalité des méthodes pour comprendre, anticiper, et répondre aux besoins de consommateurs.

Diplômé du CELSA, **Virgile Brodziak** se forme au planning stratégique dans des agences de réputation internationale (Publicis, McCann, Ogilvy…) avant de devenir en 2016 directeur général de JWT. Aujourd'hui, il dirige Wunderman Thompson Paris et Canteen Consulting au sein du groupe WPP et accompagne de grandes marques françaises et internationales dans la définition de leur stratégie.

Jean-Patrick Chiquiar est co-fondateur de l'agence Rosapark qu'il a créée en 2012 au sein du groupe Havas avec Jean-Francois Sacco et Gilles Fichteberg. Il était précédemment Directeur Général de Publicis Conseil entre 2007 et 2011 et Vice-President de Young & Rubicam entre 1996 et 2006. Tout au long de sa carrière, Jean-Patrick a conseillé de grandes marques Françaises ou Internationales parmi lesquelles Monoprix, SNCF, Skoda, Decathlon, La Française des Jeux, Orange, PMU, Axa, Intermarché, Fnac, Barilla, Kodak, ou encore Auchan. Il compte à son actif deux Grand Prix Effie (Decathlon et Monoprix) ainsi qu'une quinzaine de Lions a Cannes pour Monoprix, Thalys, PMU, Skoda, SNCF, Rowenta, Jardiland, Samusocial ou encore Innocence en Danger. Aujourd'hui l'agence Rosapark compte 130 collaborateurs et a été élue « International Agency of the Year » par le magazine américain Adweek en 2018.

Julien Féré est directeur de la communication de Voyages SNCF, l'entité qui pilote la communication des marques transporteurs (OUIGO, TGV INOUI, INTERCITES) et distributeurs (OUI.SNCF) de la grande vitesse. Sa carrière s'est construite sur le planning stratégique au sein d'agences média (Mediacom, KR media, Starcom), de publicité (EURO RSCG C&O, Plan Créatif) et d'instituts d'études (CSA). En parallèle de cette activité de praticien, il analyse les pratiques des professionnels. Docteur en Sciences de l'Information et de la communication au CELSA, auteur d'une thèse sur les tendances, il est aujourd'hui Professeur Associé au CELSA où il enseigne les imaginaires de la communication et du marketing et la rhétorique de la prospection. Photo © Francois Marechal.

Diplômée de la Sorbonne et de l'ESCP, titulaire d'un DESS de sémiologie et linguistique, **Stéphanie Foucard** est experte en évolution des comportements liés à la consommation et à l'environnement, enjeux d'intérêt général et mécanismes d'engagement citoyen. Après un parcours en agences de communication, Stéphanie rejoint Citeo en 2009 et dirige aujourd'hui le pôle Mobilisation et Engagement, où elle définit la stratégie de communication pour faire progresser le geste de tri et pilote une équipe dédiée à toutes les dimensions du changement comportemental : outils de connaissance du consommateur-citoyen, information et éducation au développement durable, services digitaux, réseaux sociaux, campagnes nationales, partenariats associatifs, programmes territoriaux, nudges...

Titulaire d'un DESS de Banque et Finance à l'Université Paris Panthéon Sorbonne, **Béatrice Godineau** a travaillé dix ans dans la publicité chez Young & Rubicam au service de marques de grande consommation et de projets : Décathlon, Danone Ultra-Frais, Ford, La vache qui rit, les brasseries Kronenbourg, Volvic, Grand Optical, Mission interministérielle de lutte contre les drogues, la Française des jeux, etc. Elle travaille depuis plus de 10 ans au sein du Groupe SNCF sur son cœur d'expertise en stratégie de marque et communication (SNCF, OUIBUS) mais a également développer des projets en transformation interne, en marketing digital ou encore en expérience et relation client. Béatrice est passionnée de stratégie, de marque, de transformation et de facétie au quotidien.

Partner chez Sopra Steria Next, **Malika Kaoua** est sponsor des activités de conseil Excellence Client du cabinet qui regroupe plus de 200 consultants. Ces derniers s'y engagent pour réinventer chaque jour l'expérience que vivent les clients des grandes entreprises et les citoyens des grandes administrations en France comme en Europe. Pendant plus de 20 ans, elle a accompagné les Directions Marketing, Commerciales et Relation Client pour les aider à améliorer en continu l'expérience qu'elles offrent à leurs clients B2C et B2B et diffuser la culture client dans toute l'entreprise. Malika pilote, depuis deux ans, la transformation de l'Image de Sopra Steria Next (plateforme de marque, nouvelle expérience client, collaborateur, candidat et partenaire, stratégie de communication et contenus...).

Pascal Laroche est actuellement Directeur général adjoint de l'agence média Premium. Il exerce depuis plus de 23 ans des fonctions dans les agences média au service des annonceurs qu'il conseille dans leurs stratégies plurimedia. De formation école de commerce, il a ainsi été amené à prendre des responsabilités dans les plus grands groupes de communication français au profit de comptes de secteurs très variés, alimentaires (dans ce contexte, il a été pendant plusieurs années le responsable du compte Coca-Cola France) mais également automobile, corporate, assurance, boissons, avec des problématiques BtoB et BtoC. Il a également beaucoup participé au développement des agences en travaillant sur des compétitions nationales et internationales et, en parallèle, il a été professeur à l'ECS.

Séverine Lèbre Badré exerce depuis plus de 25 ans des responsabilités de communication corporate, d'influence et de marque. Partenaire chez Havas (alors EuroRSCG), elle est depuis 1997 Directrice de communication dans les secteurs des utilities, de l'environnement et des télécommunications. Elle a été amenée à traiter de stratégies globales de réputation et d'influence, en particulier pour accompagner les transformations des marchés des utilities et des télécommunications en France et en Europe. Elle a été intervenante à Sciences Po Paris et Paris Sorbonne Celsa.

Depuis 2012, **Déborah Marino** est en charge de la stratégie au sein de l'agence Publicis Luxe, dont elle est aussi directrice générale adjointe. Elle y a conjugué une approche mêlant la recherche de performance stratégique et d'engagement culturel pour des marques telles que Cartier, Bottega Veneta, Montblanc, Swarovski, ou l'Oréal Luxe. Planneur stratégique par curiosité, elle a exercé dans diverses agences de Duke (pour Nike, Nissan, Guerlain ou le CIO), à Ogilvy (pour Kraft, Coca Cola Cie, Cisco, J&B or Mattel) ou BBDO (Mars group, Wrigley's, Pepsi). Enseignante par vocation, elle recherche avec ses étudiants les fils invisibles qui sous-tendent nos comportements et attitudes, au Celsa (professeure associée), à la Sorbonne Abu Dhabi et à Sciences po, au travers de la psycho-sociologie, de la culture digitale ou de la stratégie.

Caroline Marti est professeur des universités en Sciences de l'Information et de la Communication, responsable du département Marque du CELSA et chercheure au GRIPIC. Focalisée sur les approches communicationnelles des médiations marchandes, elle s'intéresse particulièrement à la communication des marques, à leur rhétorique dans le cadre publicitaire mais aussi hors cadre, phénomène qu'elle analyse sous le prisme de la « dépublicitarisation », notion qu'elle a posée en 2005. Elle a depuis poursuivi ses recherches sur les médiations culturelles des marques (*Médiations culturelles de marque. Une quête d'autorité*, à paraître en 2019). Elle analyse les pratiques mais aussi les représentations et imaginaires des professionnels du marketing et de la communication et notamment leurs conceptions de la communication et de la consommation. Enfin, elle s'intéresse aux évolutions de la consommation contemporaine et en particulier aux discours des consommateurs sur Internet.

Rachel Picard, née à Lyon le 11 décembre 1966, est une dirigeante d'entreprise. Diplômée de HEC, elle a débuté sa carrière à la direction des ventes de la station de ski Valle Nevado au Chili, avant de rejoindre Eurodisney, au poste de manager ventes du parc, de 1991 à 1993. De 1993 à 2000, Rachel Picard intègre Frantour (groupe SNCF puis groupe Accor), successivement comme responsable marketing (1993-1995), puis dDirectrice marketing et communication (1995-1997) et directrice Voyages Europe. De 2000 à 2004, elle est directrice générale des Éditions Atlas Voyages. Elle rejoint SNCF en 2004, au poste de Directrice marketing et ventes de l'agence en ligne Voyages-sncf.com, dont elle prend la direction générale en 2007. Après un passage à la tête de Thomas Cook France en 2011 et 2012, elle revient chez SNCF fin 2012 en tant que directrice générale de Gares & Connexions et entre au comité exécutif de SNCF. En 2014, Rachel Picard prend la direction générale de SNCF Voyages (TGV) jusqu'au début de l'année 2020. Rachel Picard est Présidente du Conseil d'Administration de Criteo, administratrice de La Compagnie des Alpes, et membre du Conseil de surveillance de Yves Rocher Participations. Photo © Francois Marechal.

Après dix années passées aux États-Unis, **Mélanie Rauscher** est arrivée en France pour poursuivre ses études à Sciences Po Lyon, puis au sein du CELSA Sorbonne, École des Hautes Études de Sciences de l'Information et de la Communication en Master 2 Stratégies de marque. Elle a commencé sa carrière en agence média dans le groupe Publicis et a ensuite rejoint le GroupM en tant que responsable des Insights Consommateurs pour des clients comme Danone, Mars, Volkswagen ou H&M. Passée chez CBA, une agence de design parisienne, elle est intervenue sur les problématiques stratégiques des marques comme Nestlé, Naturalia ou Moët & Chandon. Elle travaille désormais à son compte. Elle est également intervenante au sein du CELSA en Master 2 et MBA pour des cours en stratégie de marque depuis 2016.

Imprimé en Italie par «La Tipografica Varese Srl» Varese